U0731553

上海滩三大亨的政坛江湖

SHANGHAITAN SAN DA HENG

DE ZHENG TAN JIANG HU

卜翔国 张强 邵云瑞 张登波 高延勇 著

图书在版编目（CIP）数据

上海滩三大亨的政坛江湖／邵云瑞等著.—北京：团结出版社，2010.10

ISBN 978－7－5126－0203－8

Ⅰ.①上… Ⅱ.①邵 Ⅲ.①黄金荣（1867～1953）－生平事迹 ②杜月笙（1888～1951）－生平事迹 ③张啸林（1877～1940）－生平事迹 Ⅳ.①K828.9

中国版本图书馆 CIP 数据核字（2010）第 164040 号

出　版：团结出版社

（北京市东城区东皇城根南街 84 号　邮编：100006）

电　话：（010）65228880　65244790（出版社）

（010）65238766　85113874　65133603（发行部）

（010）85113694（邮购）

网　址：http://www.tjpress.com

E－mall：65244790@163.com（出版社）　65228880@163.com（投稿）

65133603@163.com（购书）

经　销：全国新华书店

印　装：三河腾飞印刷厂

开　本：170×240 毫米　1/16

印　张：13

字　数：235 千字

印　数：6000

版　次：2010 年 9 月　第 1 版

印　次：2010 年 9 月　第 1 次印刷

书　号：ISBN 978－7－5126－0203－8/K·590

定　价：25.00 元

（版权所属，盗版必究）

前　言

提起旧时上海滩三大亨黄金荣、杜月笙、张啸林，几乎无人不知、无人不晓。然而，人们只知道他们是旧上海黑社会的三大巨头，对于他们的政治生涯却不甚了了。对此，以往的史书虽多有披露，但或语焉不详，或只涉及某个人、某些片段，难以令人窥其全貌。本书旨在通过介绍黄金荣、杜月笙、张啸林与国民党政府、日伪之间的微妙关系，力求全方位地向读者展示曾经横行上海滩的三大亨的跌宕起伏、浮浮沉沉的政治生涯。

本书基本按照历史发展的脉络，逐一介绍上海滩三大亨与国民党政府以及日伪之间关系的来龙去脉。由于历史本身是繁杂纷纭的，加上三大亨与国民党、日伪之间关系的复杂性，所以，如果完全按照历史顺序，叙述起来颇为不便。因此，本书在照顾历史顺序的基础上，对某些内容的先后次序作了一些调整。

评价历史和历史人物必须采取历史主义态度。所谓历史主义态度，就是把历史事件、历史人物放在当时的环境和条件下予以客观评价。本着这种态度，我们恪守“不为爱者讳过，不为憎者加罪”的原则，努力做到基本史实力求反映历史和人物的本来原貌，但也不刻意追求细枝末节的真实。当然，史书是人写的，必然反映作者的立场和喜怒哀乐。此番苦心，衷心希望读者能够理解。

为了增加可读性，本书尝试采用章回体裁写作。这无疑增加了写作的难度，要多耗费一些精力，可谓自讨苦吃。但博得读者的喜爱，乃是作者的最大追求。

目　录

第一章

安清复明各有旨
清帮洪帮两架车

要讲上海滩三大亨黄金荣、杜月笙、张啸林的故事，必须先从旧中国的黑社会势力说起。

提起旧中国的黑社会势力，人们会马上联想到两大帮会组织——清帮与洪帮，继而脑海中就会浮现出一个个或满口黑话、举止诡秘，或横眉立目、袒胸露腹的流氓、无赖形象。旧中国的黑社会势力给人留下的这种印象，完全是由其劣迹所致。他们画地为牢，走私贩毒，杀人越货，可谓无恶不作。但实际上，他们并非历来如此。在其历史上，他们有的也曾书写过杀富济贫、反抗朝廷压迫的一页。伟大的民主革命先行者孙中山先生就曾加入过洪帮，并被封为“洪棍”（洪门称“元帅”为“洪棍”）。资产阶级民主革命家、辛亥革命时期的风云人物陈其美，也曾做过清帮大头目，并利用其身份，争取了一些帮会人士参加革命。

为了弄清近代中国两大帮会组织的底细，必须了解它们产生、发展及其演变的历史。

洪帮，俗称红帮，又称洪门。提起洪门的起源，还有一连串曲折的故事。

相传，洪门始祖是山西平阳府太平县人洪英。洪英又名洪盛英，是明崇祯四年的进士，曾做过抗清名将史可法的幕僚。清军入关后，继续向南推进。督守扬州的史可法派洪英赴燕京探听清廷的虚实。一路上，洪英联络各地的反清志士，准备组织一支反清抵抗力量。史可法殉难后，洪英逃到安徽芜湖，投奔了名将黄得功。黄兵败自杀后，洪英率余部继续抗清，但终因力量对比悬殊而屡战屡败。清顺治二年（1645 年），洪英死于芜湖附近的三汊湖。

洪英死后，他的五个学生蔡德忠、方大洪、马超兴、胡德帝、李式开，发誓要继承先师的遗志，反清复明。他们五人先是投奔了明潞王。不想明潞王很快投降了清廷，于是他们便到台湾投奔了郑成功。

清顺治十八年（1661 年），郑成功为了加强将士的团结，推进反清复明的大业，仿效梁山泊众英雄的做法，在台湾开立了“金台山”，堂名为“明远堂”。郑成功和他的部下兵将歃血为盟，结为兄弟，宣誓要灭清复明。这样，金台山、明远堂就成为洪门开山立堂的肇始。当时，郑成功的这支武装不叫洪门，而叫“汉留”，意为汉人留下来的精英。实际上，汉留和洪门是一回事。所以，后来洪门奉洪英为始祖，尊郑成功为武宗，把他们作为洪门的创始者来纪念。

为了发展大陆上的抗清力量，郑成功派洪英的五位学生蔡德忠等回到大陆。他们潜到福建兴化府浦田县九龙山，投少林寺方丈智通削发为僧。少林寺僧众精于武艺，各地慕名而来的习武者甚多。蔡德忠等五人便从这里开始发展大陆上的洪门组织。蔡德忠、方大洪、马超兴、胡德帝、李式开五人后来被洪门尊为“前五祖”。不久，郑成功的侄子郑君达也投了少林，与蔡德忠等人共谋反清大业。

清康熙五十九年（1720 年），西鲁犯边，清军屡败，群臣无计可施。为此，康熙降旨，不论军民僧道，有能平定西鲁者，赏千金，封万户侯。为了取得清廷的信任，以便继续发展秘密组织，郑君达揭了皇榜，率少林寺众僧出征，与西鲁兵交战。不满三个月，就剿平西鲁，班师回朝。康熙欲分封众僧以示奖赏。但是，除了郑君达受封为总兵外，其余人皆不愿意受封，仍回寺修道。

天有不测风云。众僧回寺后，在少林寺武功排第七的马福仪因调戏郑君达的妻子和妹妹，被智通方丈逐出山门。马为报复，向清廷告密。清廷把郑君达看管起来，并派兵围攻少林寺。在清兵的攻打下，少林寺被焚。众僧中只有十几个人逃出，其中就有蔡德忠等五人。

蔡德忠等五人逃至江西龙虎山时，得到勇士杨仗佑、方惠成、吴天成、林大江、张敬之等的救护。这五人被洪门封为“中五祖”。此后，杨仗佑等五人跟随蔡德忠等逃到广东惠州宝珠寺。在那里，他们又得到寺僧吴天佑、洪太岁、姚必达、李式地、林永超等相助。这五个人也参加了蔡德忠等人的反清事业，被洪门后人称为“后五祖”。在前、中、后五祖的努力下，洪门的势力日渐强大起来。

蔡德忠等人后来辗转到了湖北，与万云山万云寺的方丈万云龙和“白鹤道人”陈近南联合起来。万云龙原为明潞王部将，在山东兵败后跑到湖北出家为僧。陈近南是清翰林院学士，因谏阻清廷火烧少林寺而被黜。他们两人曾于雍正九年在四川组织“汉留”，开立“精忠山”。他们与蔡德忠等人会合后，常把附近的下普庵后堂的红花亭作为谋事地点，发展洪门组织。很快就有从各地赶来的上千人参加。其中有个叫朱洪竹的，据说是崇祯帝的孙子，大家拥立他为盟主。雍正十二年（1734 年）七月二十五日丑时，陈近南在红花亭主香，同盟结义，拆“洪”字为“三八二十一”，作为会中暗号。从此，“汉留”改名为“洪门”，对外称“天地会”，取“指天为父，指地为母，撮土为香，歃血证盟，结拜兄弟，共同起义”之义。

洪门会盟后，由陈近南主持招兵买马，准备在军事上继续打击清王朝。开始时虽取得了一些胜利，但因寡不敌众，洪门大军终为清军所败。陈近南由此认识到倒清时机未到，于是将会众分散，并留下了一首诗作为日后联络的凭证。诗曰：

五人分开一首诗，身上洪英无人知，
此事传与众兄弟，后来相会团圆时。

乾隆十四年（1749年），洪门在广东惠州再次聚义。此时陈近南已死，这次聚会由吴天佑等五人主持。不久，吴天佑等也死去，洪门事业由明朝遗臣、曾参加过“红花亭大聚义”的苏洪光主持。苏洪光认为，“天地会”这个名字，义中有天地而无人，失去了天时、地利、人和“三才配合”之理，所以把“天地会”改名为“三合会”，取“以天为父，以地为母，以日月为姐妹，把天时、地利、人和三者合而为一”之义。苏洪光此时已改名为天佑洪。他率三合会会众再次起义。起初，势如破竹，杀得清兵望风而逃。后因为中了清军的离间之计，而为清军所败。三合会不得不分散部属，徐图发展。

又过了数年，清朝因为外患日亟，暂时放松了对三合会会众的搜捕，三合会得以第三次结盟起义，改名为“三点会”。其义一是取“洪”字偏旁三点水之意，二是取阴阳五行相生相克以水济火之法。洪门认为，满清是水德，汉族是火德，以火敌水，自然不敌。今用三点水，以水济火，水满则溢，溢则倾。三点会成立后，重建组织，严密会规，制订了严厉的赏罚制度和各种暗语密法，以严格保守秘密。相传，洪门的组织系统和各种设施是在三点会时期建立和完善起来的。在这一时期，洪门一面在各地包括海外广泛建立组织，开立山堂，一面在内地各处建立“公口”粮台和大小码头。粮台、码头类似今日之秘密联络点和兵站。这大大加强了洪门组织的行动能力。同时，为加强内部团结，洪门内部又制定了“三十六誓”、“二十一则”、“十禁”、“十刑”等帮规。此后，洪门组织进入了大发展时期。

清帮，俗称青帮，又称安清帮，也是清初以来流传最广泛、影响最深远的民间秘密结社之一。清帮形成的时间稍晚于洪帮。其早期组织是在清朝雍正初年为了承运漕粮而形成的，但帮中人却把它的历史渊源推前到明朝，以明永乐朝文渊阁大学士金幼孜为其第一代祖师。

金幼孜，号碧峰，明洪武年间进士，江苏南京人。他曾官拜文渊阁大学士，后因看到仕途险恶，于是离开官场，转而衷心仰慕起达摩禅师。他最先在栖霞山紫云洞修炼，后又转至五台山求戒，拜佛门禅宗临济派三十六代传人鹅头禅师为师，取名清源。这就是清帮以达摩为始祖，把金幼孜尊为第一代祖师的来历。

清帮所供奉的第二代祖师是罗清。罗清，字净清，甘肃兰州府人，是明嘉靖年间的举人。据说他带兵平边时，在一次血战中，明军受困，断粮三日，情况十分危机。这时，有一和尚前来，说他们寺内有清源禅师北征时储藏下来的粮食。罗清派人去取，果如其言，明军因此获救。在班师途中，罗清登上五台山，访求清源禅师的遗迹。当看到清源禅师的经典等遗物时，罗清深受感动，即到清源禅师的塔下拜他为师。

清帮第三代祖师名陆逵，号道元，江苏镇江府丹徒人。他因仰慕罗清之名，曾到五台山求道。后领命到西北宣传教化，为回汉民订立约法，使各守其制，两不相犯。为奖赏陆逵之功，康熙封他为靖国尊人，并加封其师罗清为一清佛祖。

以上金、罗、陆三人，被清帮中人奉为“前三祖”。因为他们都与佛教禅宗有着渊源关系，所以后来的清帮组织都带有一定的宗教色彩。

清帮的真正祖师，是被帮中人供奉为“后三祖”的翁岩、钱坚、潘清三人。

翁岩，字福亭，号德慧，江苏常熟人。翁岩出身秀才，后弃文到河南少林寺习武。他好与绿林好汉交往，并加入了天地会。翁岩性情刚毅，不善辞令。

钱坚，字福斋，号德正，江苏武进人，为人精明勇敢。他曾从父经商，后改习拳术，并加入天地会。他与翁岩同是天地会首领张岳的部下。

潘清，字清宇，号德林，浙江杭州人。他为人勇义，好交游，武艺亦佳。

传说，翁岩和钱坚二人奉张岳之命，到安徽寻访有“小孟尝”之称的潘清。三人一见如故，遂结拜为异姓兄弟。结拜后，三人一起出门访求志同道合的朋友。他们在杭州听了陆逵讲道之后，对陆逵十分钦佩，要求拜陆逵为师。陆逵见三人虔诚，慨然应允。

此时，康熙皇帝驾崩，雍正即位。陆逵告诉翁、钱、潘三人：清廷对漕运苦无办法，你们三人下山投效清廷，趁机可将各个粮米帮派联合起来，组成一个统一的组织，一来是你们三人应成之功业，二来也是你们未了之尘缘。三人听了，叩谢教导之恩，随即下山。

雍正三年，清政府悬榜招贤，以便加强对漕运的管理。翁岩、钱坚、潘清三人前往河南抚署，揭榜承担漕运的组织工作。当时，清政府每年要将江南各省的粮食用船只经大运河运往北京，这种运粮方式叫作“漕运”。

清廷为了管理运粮的船只和水手，专设“漕运总督”之职，并将各地漕运组织分成许多卫、所、联，最下面的组织是“帮”，这一套组织被称为粮帮。翁、钱、潘三人揭榜后，联络旧有的粮帮，统一了粮帮组织，在河南开封建立了一个“安清道友会”。这便是“清帮”的正式发端。

为开办漕运，翁、钱、潘三人首先建立造船厂，统一尺寸，绘成图样，亲自监工造船。传说共造了九千九百九十九只半。第二步是协助清廷开办浚河工程，动员民工16．5万人，开浚了河道，打通了南北水运。与此同时，他们大开香堂，广收门徒。据称，开帮之初，清帮分为三房：长房翁岩按八仙之数收弟子八人，尊翁岩为祖父，号称“在会”，开“翁佑堂”；二房钱坚开“钱保堂”，按二十八宿之数收学生二十八人，尊钱坚为“先生”或“老官儿”，号称“在官”；三房潘清开“潘安堂”，按三十六天罡之数收徒三十六人，尊潘清为“老头子”，号称“在帮”。三人共收七十二徒。但后来，翁、钱二人去内蒙古、青海拜佛，一去不回，只有潘清一支发展起来，成为清帮的主流。

清帮成立后，在杭州武林门外宝华山建立了家庙，并公议拟定了十大帮规、十禁、十戒、香堂仪式、孝祖规则、家法礼节等规矩。这样，其内部组织结构也逐步完备起来。清帮的十大帮规是：（1）不准欺师灭祖；（2）不准藐视前人；（3）不准爬灰倒笼；（4）不准奸盗邪淫；（5）不准江湖乱道；（6）不准引法代跳；（7）不准扰乱帮规；（8）不准以卑为尊；（9）不准开闸放水；（10）不准欺软凌弱。十禁是：（1）不准拜二师；（2）父子不准同一师；（3）师死不准再拜师；（4）关山门不准重开；（5）徒不收不准师收；（6）兄弟字派有高低；（7）本帮与本帮引道；（8）师过方代师收徒；（9）在道不准诽谤道；（10）香头低不准爬高。十戒是：一戒万恶淫乱；二戒截路行凶；三戒偷盗财物；四戒邪言咒语；五戒讼棍害人；六戒毒药害生；七戒假正欺人；八戒聚众欺寡；九戒倚大欺小；十戒烟酒骂人。

清帮、洪帮形成后，为了维系其自身的生存，除制订了各自的帮规之外，还创制了一些“专门词汇”，即暗语、黑话。不仅如此，它们还形成了各自不同的组织形式。

与清帮相比，洪门内部不太强调采取强力统治手段。洪门的组织形式以横向关系为主，活动不限于某一个地区或某一个职业部门，而是着重发展横向的同辈、同僚关系。成员之间不因在社会上的职位高低而影响其内部的兄弟关系。洪门内所谓的“大哥不大，么满不小”，指的就是这个意思。这说明，这个以下层群众为主体的组织继承了中国农民求均等的传统。但是，他们又不可避免地具有历史的局限性。洪帮内部同样有严格的等级制，给所谓兄弟平等关系蒙上了浓厚的封建等级色彩。

与洪门横向关系为主的组织形式不同，清帮内部以纵的关系为联系纽带。它以严格的辈字制和师徒传承制为自己的最大特色。凡拜师入门者，各按字辈排序。清帮的前二十四字派是：清、净、道、德、文、成、佛、法、能、仁、智、慧、本、来、自、性、圆、明、行、礼、大、通、悟、学；后二十四字派是：万、象、皈、依、戒、律、传、宝、化、度、心、回、临、持、广、泰、普、门、开、放、光、照、乾、坤。入门弟子与师父之间的关系如同父子一般。这样，前后世代相传，就使全体成员都置于一个等级森严的封建家族的序列之中。清帮的这种辈字制和师徒传承制，最集中地体现了秘密结社中封建性的一面。它使家长统治、特权思想、蒙昧主义、偶像崇拜等在帮内占了主导地位。这就决定了它在政治上不可能有进步的要求和行动。

在各种因素影响下，社会各阶级、阶层、社会集团，有时会改变自己固有的轨迹，产生新的分化与组合。作为近代中国黑社会帮派组织两架马车的清帮和洪帮的变化就是一个很好的例证。

清、洪帮在其成立后的很长一段时间内，互相之间泾渭分明，水火不相容，争执甚至殴斗时有发生。洪帮为此曾规定，凡帮中弟子不得加入清帮，否则将受到严惩。可是到了后来，尤其是清朝灭亡之后，双方逐渐合流，两帮成员之间相互渗透的跨帮现象日益增多起来。不仅如此，两帮的性质也因形势的变化而日益接近，甚至重合起来。

清帮在成立之初并不是一个臭名远扬的组织，而是一种职业及政治、经济斗争的互助团体。在雍正和乾隆年间，它原本是一个较公开的组织。但后来因有帮中弟子参与反清活动，特别是太平天国运动期间，更有不少帮中弟子与太平军将士同生死、共患难。这样，清帮就遭到了朝廷的厉禁，由公开转入地下，其内部也相继发生了严重分化。一部分放弃了原来的职业，转而从事武装贩运私盐的活动；而更大一部分则涌向了上海、南京、镇江等地，成为与地方实力派及帝国主义租界势力相勾结的邪恶力量。

洪帮的蜕变也与此相类似。在成立之初，洪帮曾高举“反清复明”的大旗，与清廷进行了不屈的斗争。在太平天国运动时期，它曾一度与太平军结成同盟，并肩战斗。在辛亥革命时期，有不少洪门志士参加了各地的起义。但随着清廷的覆灭，由于形势的变化，它逐渐变得面目全非，成为严重危害社会的一股恶势力。

民国时期，清帮、洪帮的组织日益膨胀，势力迅速发展。同时，帮会中的上层分子也开始与新老军阀、官僚政客及帝国主义租界势力进一步勾结起来。而帮会中原先的一般分子，一旦做了“老头子”，也莫不竞相趋炎附势，走上帮会流氓政客化的道路。以清帮为例，从民国初年到抗日战争时期，清帮势力恶性膨胀，出现了闻名全国的黄金荣、杜月笙、张啸林等流氓大亨。他们因为反共有功，受到蒋介石的青睐。蒋介石称他们“深明大义”，是“识时务之俊杰”。在蒋介石政府的支持和纵容下，清帮首要分子开始成为社会上的头面人物。特别是杜月笙，由于有特务头子戴笠做居间人，与蒋介石关系极为密切，所以在上海一带呼风唤雨，盛极一时。

通过以上挂一漏万的介绍，读者会对清、洪两帮的源流、性质及组织形式等有一个大概的了解。然而，还有一点必须加以说明。在通常情况下，人们往往把清帮与洪帮相提并论。而事实上，洪帮的社会影响远不及清帮。个中缘由主要有三：

其一，两帮对统治者的态度不同，因而受到的待遇有很大的区别。民国以前，洪帮以反清为宗旨，清帮则标榜安清。故此，清政府对洪帮的政策是务必要斩草除根，永绝后患；而对清帮则常常网开一面。民国期间，尤其是在蒋介石执掌权柄时期，清帮和蒋介石政权互相勾结，互相利用，关系一度很热。而洪帮尽管也和蒋介石有过勾结，但与蒋介石的关系则始终没有热起来。尤其是因为洪帮激进分子王亚樵多次谋刺蒋介石，蒋介石对洪帮戒意更深，防范更严。这不能不在一定程度上妨碍洪帮势力的发展。

其二，尽管清洪帮都属于黑社会，但在民国年间，清帮事实上已经是一个公开或半公开的社会组织，而洪帮的保密程度则一直很高。洪帮成员一般也不轻易公开自己的身份，其内情鲜有人知。这是洪帮发展不如清帮的另一个原因。

其三，清洪两帮的地理分布也在一定程度上影响到它们的发展程度。清帮主要分布在运河两岸和长江中下游的城市，如杭州、上海、南京、镇江、安庆等地。这些地方经济发达，人口稠密，交通便利，极大地便利了清帮势力的发展。洪帮的分布区域尽管比清帮要广泛些，但主要集中在南部中国的广大地区，如两广、两湖、福建、四川等地。所谓“清帮一条线，洪帮一大片”就很好地概括了清洪两帮的分布特点。而“清帮一条线”与“洪帮一大片”相结合，则使中国广大的城市、乡村都有了清洪帮的组织网络，致使清洪帮对中国社会发生了广泛的影响。

正因为清洪两帮对中国社会有广泛影响，所以近代中国的统治者往往很重视它们的作用。蒋介石就是其中的一个。他早年就加入了清帮，深知帮会势力不可小视，因此，他一直与清帮保持着密切的关系。特别是在他上台后，更是千方百计地利用黑社会势力对付共产党和革命群众，为维持自己的独裁统治服务。正因为如此，才有了本书所要记述的上海滩三大亨在政坛浮沉的种种故事。

第二章

其美异国遇同乡
介石沪上识清帮

天道无知，苦思公十年旧雨；
中原多故，乃坏汝万里长城。

以上是一副挽联。不知读者是否知道它的作者？这副挽联的作者不是旁人，乃是中国近代史上的风云人物——蒋介石。那么，蒋介石为什么要写这副挽联？挽联中被他尊称为“公”的又是何人？要回答这两个问题，需要从蒋介石的身世和他早年的一些活动说起。

蒋介石，谱名周泰，小名瑞元，上学时取名志清，后改名中正，介石是他的字。1887 年（清光绪十三年），蒋介石出生于浙江奉化溪口镇一盐商之家。其父蒋肇聪，字肃庵。据《武岭蒋氏家谱》一书记载：“他精明能干……和他打交道的人，知他嘴上说得好听，凡事都占三分便宜，镇上给他起了个诨号，称他为埠头黄鳝。”蒋介石的母亲王采玉是蒋肇聪的继室，年轻时曾守过寡，并在当地的葛竹庵带发修行过一段时间。蒋母精于女红，并粗通文字，能诵《楞严经》《金刚经》等经卷。蒋介石童年时，家境富有，生活优裕。祖父和父母爱之如宝，溺爱骄纵，养成了他特有的性格脾气。顽皮的他四五岁时就常在家门口的清溪中嬉戏。有一次，山洪突然而至，差点将他卷走。及稍大，更加争强好胜。他常召集一些年龄相仿的孩童玩打仗游戏，自称为大将军，登高指挥。更有甚者，一次蒋氏族人去祠堂参拜祖宗，拜后大家排队领取芝麻糖饼。蒋介石硬要抢先领取。因受人阻挡，他便躺在地上滚得浑身是泥，然后挤入人群中。别人只得远远地躲开，结果他占先领得了糖饼，然后旁若无人地大口嚼了起来。人们看他大有乃父之风，于是也给他起了个诨号，称他为“瑞元无赖”。蒋母看他过于顽皮倔强，想对他加以管束。在他五岁那年，把他送入了家塾，师从任介眉，读《三字经》《百家姓》等。从此，蒋介石开始接受启蒙教育。塾师虽对他严格要求，但蒋介石顽劣成性，不听管教，故也奈何他不得。光绪二十年（1894 年），蒋介石改入本地族人蒋谨藩所设的私塾就读。受教的课程先是《大学》《中庸》，继而《论语》《礼记》等。这期间，蒋介石的祖父、父亲先后去世，家境骤变，财势渐失。但他并没有因此而收敛他的顽性。有一次，他竟扮成传说中吊死鬼的模样，把同塾的一个小同学吓得昏死了过去。蒋母原是一个性急、要强的女人，连遭不幸后，平时忍气吞声，一心指望儿子将来能出人头地。如今见儿子不断惹是生非，气得她捶胸顿足，伤心不已。

帝国主义列强纠集八国联军进犯北京后，中国社会危机与民族危机日益深重。清朝统治者为了维持其统治地位，不得已打起了“新政”的旗号，其中就有废除旧式科举制度、设立新式学堂、提倡出国留学的内容。在这之后不久，宁波和奉化等地开始出现新式学堂。而这时的蒋介石刚刚参加了县城的“童子试”，结果名落孙山，失去了考秀才的资格。“新政”给他带来了新的希望。他决定入新式学堂，另寻出路。光绪二十九年（1903年），16岁的蒋介石进入奉化县城新设立的凤麓学堂读书。但他在那里只待了两年，随后转入了宁波的箭金学堂。箭金学堂的老先生顾清廉，学问渊博，治学严谨。他除了讲解经学外，还讲解先秦诸子及曾国藩的文章，对当时的时政也加以介绍。蒋介石很爱听顾清廉讲课，尤其爱听其中有关曾国藩的内容。对于《孙子兵法》，他也很感兴趣。在这一时期，蒋介石在学业和思想上都发生了一些变化。

光绪三十二年（1906年）初，蒋介石转入本县龙津学堂读书。这时，他萌生了到日本学习军事的念头。促使他产生这种想法的主要原因，一是当时的中华民族多灾多难，当政的清政府腐败无能。在中法战争、中日战争中，清政府相继落败，割地赔款，丧权辱国。1905年在中国领土上爆发的日俄战争，小国日本竟然战胜了庞大的俄罗斯帝国，令人惊愕。“中国要强盛，就要学日本”，成了当时许多爱国青年的共识。于是，青年学子东渡日本留学蔚然成风，其中尤以学习军事者居多。二是当时蒋家境况已大不如前，在乡里的地位已完全丧失，不时地还要遭到当地官吏的无理勒索，使蒋家母子大受其辱。蒋介石立志要出人头地，光宗耀祖。恰在此时，有几个同乡要去日本。蒋介石在龙津学堂上过几个月的日语课，且颇有收获。于是，在征得母亲的同意后，蒋介石便与几个同乡结伴踏上了赴日本的旅途。

光绪三十二年春（1906年4月），蒋介石第一次来到了日本。他本是来学习军事的，但由于日本政府与清政府间有协定，只有经清政府陆军部的保送，才准进日本的军事学校学习。蒋介石没有得到清廷的保送，无法进入军校学习，无奈，只得先到东京的清华学校学习日语。在那里，他遇到了一位对他日后产生巨大影响的人物。此人就是本章开头所引挽联中被蒋介石尊称为“公”的陈其美。

陈其美，字英士，1878 年 1 月生于浙江吴兴的一个富商之家。他有兄弟三人。哥哥陈其业，字勤士。弟弟陈其采，字蔼士。陈氏三兄弟在中国近代史上都是赫赫有名的人物。老大陈其业乃是后来国民党内极有权势的陈果夫、陈立夫的父亲，他本人也曾担任过国民参政会参议员、国大代表、全国工商联理事等职。老三陈其采曾先后担任过国民党江苏省和浙江省财政厅长、中央银行常务理事、中国银行董事、交通银行代理董事长等职。陈家所以如此显赫，在很大程度上要归功于行二的陈其美。可以说，无论是陈其业、陈其采，还是陈果夫、陈立夫，他们的发迹之路都是由陈其美给铺下的。

陈其美幼时入塾读书，粗通文墨。但他父亲希望他学习经商的本领，以便子承父业。这样，陈其美 14 岁时来到崇德县石门镇，在善长典当铺当了 12 年的学徒。学徒期间，他不仅办事勤快，更因其思想观念比较激进和坚决反对封建迷信而为大家所注目。据说，有一次，他饭后和一位朋友到城隍庙游玩。一入庙门，只见到处香烟缭绕，一群群善男信女在泥菩萨面前顶礼膜拜。见此情景，他不禁又好气又好笑，对着泥菩萨斥骂道："老百姓已经受到愚弄，你还在这里骄横自在，假作正经。"说着，乘人不备，挑了两个模样最丑的菩萨带回店中，用鞭子一边抽打，一边审问，然后将其弃于水中。

1903 年初，陈其美因感到石门地方狭小，消息闭塞，见闻不广，来到了上海，在同康泰丝栈当助理会计。随后不久，又进入理科传习所学习先进的文化知识。当时的上海是学生爱国运动的中心，也是反清运动的中心。在上海的两年中，随着与志士仁人的交往，知识见闻的增长，陈其美越发感到现实的黑暗，一心渴望能到外国去增长见识，接受新思想。这年的夏天，陈其美在其弟弟陈其采（时为清朝新军中的一名军官）的资助下，东渡扶桑。

抵日后，陈其美先后在警监学校、东斌陆军学校学习警政、军事。在校期间，他学习非常刻苦，成绩始终保持优良。1905 年 8 月，孙中山先生在日本东京创立了中国第一个资产阶级革命政党——中国同盟会。这年冬，陈其美加入了同盟会。加入同盟会是陈其美在民主革命道路上迈出的重要一步。此后，他遍交俊杰及谋国之士，为实现心中的理想而四处奔波。在他结识的人当中，日后最有名的就算是将介石了。

陈其美和蒋介石的相识是通过周淡游介绍的。周是陈其美的同学，也是蒋介石的奉化同乡，当时正在东京警监学校念书。尽管蒋介石比陈其美小十岁，但由于二人是来自浙江的同乡，更由于他们在脾气个性、素养甚至外形上都很相似，所以二人初次见面就觉得情趣相投，言谈合拍，彼此留下了深刻的印象。蒋介石和陈其美的这次异国相识，不仅影响到蒋介石日后的政治生涯，而且也成为他日后接触黑社会的一个契机。

中国近代社会的两大帮派组织清帮和洪帮，形成于清朝康熙、雍正年间。到辛亥革命前后，其组织日益扩大，往上与达官贵人相互勾结，向下渗入到社会的各个角落。尤其值得一提的是，它们还与以孙中山为首的资产阶级革命党人有了密切的联系。上海由于其优越的地理位置，则成了清、洪帮与资产阶级革命党人进行联络的一个重要据点。

19 世纪末到 20 世纪初，中国资产阶级革命风潮日趋高涨。在这股革命风潮中，无论是社会上的一些激进分子，还是孙中山、黄兴等革命派人士，不约而同地把目光投向清、洪帮，把它们视为一种不可忽视的社会力量。正因为如此，1894 年兴中会成立后，孙中山便积极地吸收洪门中人入会，并于 1903 年在檀香山亲自加入了洪门致公党，担任“洪棍”一职。1900 年，另一个资产阶级革命党人唐才常在上海成立正气会，这是近代上海的第一个秘密政治组织。在这个组织当中，就有不少清帮和洪帮分子。除孙中山、唐才常之外，还有不少革命党人如黄兴、陶成章等，也都曾以某种方式利用过帮会。而在这方面取得成效最大的则首推陈其美。

陈其美与帮会的交往始于 1903 年前后。他结识的第一个帮会人物大概要算是应桂馨了。应桂馨是制造民国年间轰动一时的宋教仁被刺案的主凶之一，浙江宁波镇海人。此人年轻时就加入了清帮，是帮中“大”字辈成员。由于此人多次遭朝廷追缉，不得已逃回乡间隐匿。其父怕他再惹事，就给他五万银元，让他创办了一所学堂。不久，他以兴学为名，强夺了族祠公产，引起公愤，族人欲将学堂查封。正在此时，该校一名教务员因为有事到了上海，偶遇故交陈其美，闲谈间提起了此事。说者无心，听者留意。陈其美因久闻应桂馨在会党中之名声，就想通过调解此事，结交应桂馨。果然，没过多久，陈其美就亲自由上海赶到宁波，调解、平息了这场风波。应桂馨深受感动，特地拜见了陈其美。二人由此结下了因缘。

1906 年春，已是同盟会会员的陈其美，奉孙中山先生之命由日本回到上海。回国后，他便开始着手策动江浙一带的革命活动。在这期间，他与江浙一带尤其是上海的秘密帮会进行了广泛的联系，积极开展它们的工作，努力把浪迹江湖的草莽英雄纳入到资产阶级民主革命的洪流中来。为了便利工作的开展，他加入了清帮，不久就成了“大”字辈中的一名大头目。“大”字辈是当时清帮中的一个地位很高的辈分。据统计，抗战前，清帮成员中，“大”字辈的在全国只有 37 人，在上海则仅有 5 人。这种帮会身份，一方面掩护了陈其美在上海的革命活动，在发动起义时还能动员本帮弟子参加；另一方面，也使他沾染上了不少流氓习气。而他的这种流氓习气，又深深地影响了他的同乡蒋介石。

再说蒋介石到日本后，不得已进了东京的清华学校学习日语。可他本来是想学习军事的，这使他感到非常懊恼。恰好这年冬天，他收到了母亲的一封来信，催他回去帮忙料理一件家事。于是，蒋介石急匆匆地赶回了故乡。光绪三十三年（1907 年），清廷陆军部设在保定的全国陆军速成学堂开始招生，蒋介石应考后被录取。这年末，清廷陆军部决定从全国陆军速成学堂中选拔一部分学生赴日留学。蒋介石通过考试获得了陆军部的保送，得以享受公费到日本留学，学习军事。光绪三十四年（1908 年）春，蒋介石再次来到日本，进入东京振武学校炮兵班学习军事。他在该校毕业后，正在实习期间，就奉召回国参加辛亥革命。此后，蒋介石再也没有去日本留学，因此，他的学历应该是日本振武学校毕业。

然而，蒋介石当上国民党首领后，其学历也随其地位的上升而上升。1929 年出版的《中国国民党年鉴》在介绍蒋介石时，说他“保定陆军速成学校肄业，日本士官学校毕业”。此后，国民党的宣传就以此为准，顺流而下。

蒋介石在学习之余，并没有忘记他的同乡，一有机会便跑去拜见陈其美。蒋介石对这位同乡十分钦佩，常以“陈其美第二”自喻。而陈其美对蒋介石也十分赏识，寄予很高的希望。陈其美回国后，两人仍保持书信来往。光绪三十四年（1908 年）夏，陈其美介绍回国度假的蒋介石加入了同盟会，由此开始了蒋介石政治生涯的重要一步。与此同时，陈其美还将不少他在东京结识的密友，如张群、黄郛、邵元冲等人介绍给了蒋介石。这些人以后都成了蒋氏执政的忠实助手。此后不久，陈其美又把蒋介石引见给了孙中山。正是凭借陈其美的奖掖与扶持，蒋介石不仅结识了孙中山，并逐渐赢得了孙的器重。蒋还进一步循着陈其美的足迹，加强了与江浙财阀的联系。由此可见，称陈其美为蒋介石的政治师父，并不算过于夸张。而实际上，蒋介石不仅从陈其美身上学会了怎样从政，而且也学会了怎样和帮会打交道，怎样利用和控制帮会。

由于陈、蒋二人的关系，蒋介石每逢假期回国，常住在上海，在陈其美的指挥下从事一些活动。陈其美是上海清帮中的“大”字辈人物，在帮会中的势力很大。据当时上海《民立报》记载：“当时上海的戏院里，茶馆、酒楼里，澡堂、妓院里，无论哪个角落都有他的党羽。所以一辈革命同志无论有什么活动，都要拉他入伙。”陈其美为从事革命活动，不仅在租界里设立了革命机关，甚至还在妓院里联络革命党人，佯为纵情声色，实为遮掩侦者耳目。而蒋介石则经常跟随陈其美出入酒馆、戏楼、茶肆等场所，与清帮中人称兄道弟。通过这些活动，蒋介石不仅亲眼看到了帮会的势力，对帮会有了感性的认识，而且也感到清、洪帮等黑社会组织有一定的群众基础，是一股可以利用的力量。这就为蒋介石日后发展与黑社会组织的关系奠定了最初的基础。

到此，相信读者对本章开头的那副挽联的上句已有所了解。那么，挽联的下句又该作何解释呢？这要从陈其美所从事的一些民主革命活动讲起。

1911 年 10 月，震惊中外的武昌起义爆发。正在江浙一带活动的陈其美给已从振武学校毕业，正在日本陆军第十三师团第十九联队实习的蒋介石发了一封十万火急的电报，召他马上回国参加革命。接到电报后，蒋介石便约了张群、陈星枢等人，乔装打扮，星夜乘船离日回国。见到蒋介石，陈其美十分高兴，当即委派他负责组织发动杭州起义。

这年 11 月 3 日，陈其美率领有清帮成员参加的敢死队、商团和学生武装等，在上海发动了起义。次日，上海光复，陈其美被选为沪军都督。而蒋介石则在上海起义前的头一天，与陈其美的另一得力干将王金发赶到了杭州。4 日，蒋介石与王金发率领一百余名在上海招募的“先锋敢死队”队员及部分浙江新军，发动了杭州起义。第二天，杭州光复。

上海、杭州的光复，对辛亥革命的成功起了极大的推动作用。陈其美、蒋介石在起义过程中互相协助，感情进一步加深。起义胜利后不久，两人即正式义结金兰，成为异姓兄弟。从此，蒋介石改称陈其美为大哥，时为 1911 年冬。

按照蒋介石本人的性格，他是很难屈居于别人之下的。即使是对孙中山，一言不合，有时他也会拂袖而去。但对陈其美，他却言听计从，唯其马首是瞻。由此可见，陈其美对蒋介石影响之深。

辛亥革命胜利后，陈其美控制了上海，并企图将势力范围扩展至浙江。但他和江浙一带另一实力人物、光复会领袖陶成章矛盾很深。在陶成章出任浙江都督已成定局的情况下，陈其美决定采取极端措施，除掉陶成章。陈其美与蒋介石经过密谋后，决定刺杀陶成章。1912 年 1 月 4 日，蒋介石指使收买的光复会叛徒王竹卿等人，潜入上海法租界广慈医院，用手枪将陶成章击毙在病床上。刺陶成功后，为避风头，陈其美安排蒋介石去了日本。

1913 年春天，蒋介石又回到了上海，在陈其美所部任团长兼教练官，追随陈其美从事孙中山领导的反袁斗争。斗争失败后，孙中山总结了经验教训，于 1914 年建立了中华革命党。蒋介石在上海由陈其美的盟兄弟张人杰作监誓人，加入了中华革命党，成为最早的党员之一。

1915 年 1 月，日本帝国主义者利用袁世凯复辟帝制的企图，向袁提出了旨在灭亡中国的二十一条，国内形势发生急剧变化。陈其美和蒋介石继续追随孙中山从事反袁斗争。经过商讨之后，陈其美和蒋介石制定了刺杀袁世凯的心腹大将之一、淞沪镇守使郑汝成的计划。是年 11 月 10 日，陈、蒋利用郑汝成亲往日本驻沪总领事馆开会之机，派人潜伏在白渡桥北墩，用炸弹和手枪将郑汝成击毙。为此，袁世凯对陈其美恨之入骨，授意张宗昌，于1916年5月18日将陈其美刺杀于淡水路一日本侨民寓所内。

蒋介石听到此讯，如雷轰顶。他冒着生命危险，不顾一切地跑到出事地点，收敛了陈其美的尸体，亲自将他安葬，并撰写了祭文和本章开头所引用的那副挽联。因为他的祭文可以很好地用作那副挽联的注脚，特抄录一部分如下：

“自今以往，世将无知我之深、爱我之笃如公者乎？丁未至今十载，其间所共者何如事，非安危同仗之国事乎？所约者何如辞，非生死与共之誓辞乎？尔乃一死一生，国事如故，誓辞未践，死者成仁取义，固无愧于一生，而生者守信坚约，岂忍惜于一死。呜呼！大难方殷，元凶未戮，继死者之志，生者也！完死者之业，生者也！……追念前情，悲多而乐少，恩深而恨长。辛亥以前，谋浙谋粤，一事未成，患难日迫，激感日深，几不知复有尔我之分也。辛亥以后，祸乱相寻，变故百出，非知爱之挚，鲜不为奸人所中伤。癸丑一役，败挫之余，从公往来，不离朝夕者，曾几何人？长逝以后，继公事业，不渝初衷者，更有何人？……感此苍凉，吾复何言，世路崎岖，人心险恶，瞻前顾后，徒增寒心。……”

由此可见，陈其美在蒋介石心目中的地位有多高，他对蒋介石的影响有多深。

第三章

少年蹉跎事无成
春风邂逅蒋中正

蒋介石从日本回国后，追随陈其美参与辛亥革命，对清帮有了初步认识。1916 年秋以后，又有六年多的时间在上海证券交易所谋生活。由于这两重缘故，蒋介石得以结交闻名遐迩的沪上帮会首脑人物黄金荣和杜月笙等人。这是他后来能够利用上海帮会势力实现他的政治目的的原因。在许多情形下，蒋介石与上海滩黑社会闻人杜月笙的相互利用关系，是通过戴笠和他领导的军统局达成的。戴笠是蒋、杜之间的联络人和蒋氏意图的促成者。全面评说蒋、杜间的错综关系，有必要了解一下戴笠其人及他同蒋介石之间的关系。

戴笠的原籍是浙江省江山县仙霞关龙井村。仙霞关所在的仙霞岭，地处闽、浙、赣交界处，迤逦盘旋百余里，环拥江山县入一派旖旎迷人的秀嶂之中。其间峰峦涌动，须江奔流，风景绝佳。清朝末年，龙井村内居住着一位姓戴名启明的乡民，他听堪舆先生说，距仙霞岭脚五里处的保安村毓秀钟灵，风水极好，得此地者必昌达。戴启明为之心动，并实地考察了一番，非常满意，于是举家迁往保安村落户。此后，倒也人丁兴旺，连生三子，家道亦日渐兴隆。只是二儿子顺旺，膝下一直无子。年迈之后，为续弦香火，便将邻村郑氏之子收为养子，取名戴冠英。

这戴冠英虽生得高大魁伟，却学文不成，习武不精，终日里无所事事，只靠着顺旺老人挣下的几十亩田地和一座竹山混天度日。更让顺旺老汉不安的是，冠英刚到而立之年，发妻却不幸病逝，仅遗一女春风。为后继有人，老汉四处撺掇，想给他再娶个续房。可家族中人一因冠英并非戴氏族人，二因看透了他游手好闲的庐山真面目，都懒得为他的婚事费心。只急得顺旺老汉心里没得个着落。

或许是苍天有眼，同村乡绅蓝兴旺老汉和顺旺私交甚笃，一则不忍老友为此事煎熬，二则看冠英生得一表人才，虽无所专长，但为人性情还算温和，家境也算宽裕，就一锤定音，把自己的四女儿月喜给戴家作填房。月喜正值妙龄，清丽端庄，还熟读了《三字经》《女儿经》《朱子家训》等启蒙之书。这在当时的偏远山庄是颇为罕见的。顺旺老汉喜从天降，即时张罗起聘礼婚典来。

婚后夫妻感情融洽，1897年4月24日，便生下一个白胖小子。顺旺老汉喜不拢嘴，忙不迭地为新生儿取名为春风。这戴春风就是后来成为军统局特务头子的赫赫有名的戴笠。

戴春风改名为戴笠，还有一段有趣的故事。春风出世后，顺旺老汉就找命相先生给他算了算命，得到的结论是此子干支八字为丁酉、己巳、丙辰、丁酉，乃“双凤朝阳”格，将来必主大贵。19年后，戴春风和几个要好同学到衢州报考衢州联合师范时，又碰到一位举着鸟笼子的算命先生。那笼中跳跃着一只小鸟，如麻雀般大小，浑身是鲜艳的春柳浅绿色，尖红的小嘴，鸣声清脆悦耳，惹人喜爱。只要主人给它一颗谷粒，它就欢快地从算命者手中啄出一张纸签。签上有书画，算命先生据此为求签者占卜未来，指点迷津。出于年轻人的好奇和争胜，春风一伙纷纷围拢过去，请算命先生给卜测一下。小鸟给春风啄出的纸签上画有一个池塘，正值暴雨，池中水满即将溢出的样子。画旁有批注：一遭逢暴雨，绝非池中物。戴春风故作糊涂状，求算命先生为其解释。

“后生仔，这可是个上上签啊！它预示你将来一旦遇到贵人提携或是什么好的机遇，就一定会飞黄腾达，决不会久居人下，仰人鼻息。”算命先生的解释在戴春风听来固然将信将疑，但心里还是非常受用，索性把袋中铜钱都给了他。那先生见他出手如此大方，就又热情地为他测算生辰八字。测算结果，除了命属双凤朝阳格，必主大贵外，又告诫他五行中缺水，有偏枯之象。弥补的办法是须将名字改为带水字的，方可逢凶化吉，一展鸿图。同行的学友取笑道：“干脆把名字改一下。诸如春雨、春泉，随便什么，总之带点水的意思就行了。”戴春风则一副不以为然的样子，说：“大丈夫行不更名，坐不改姓，岂能随便改名字？”此事遂作罢。

1926年8月，戴春风赴广州报考黄埔军校第六期第一批学员失败后，在朋友的帮助下，准备再考第二批。因为怕被监考人员看出破绽，决定更改名字。这时，他想起宋代孔平仲赠张天觉的诗句：“万世倏忽如疾风，莫以君车轻戴笠”。他又想起了“卿虽乘车我戴笠，日后相逢下车揖”的诗句，都是说友谊不能以贵贱上下相论。其中，“戴笠”者乃贫贱困顿之人，正合自己眼下处境。因此，戴春风决定把名字改为戴笠。蓦地，戴春风又想起当年考衢州师范时集市上算命先生的告诫，觉得或许有一定的道理，现在何不按他的说法改个与水有关的字，以改变蹇劣难堪的时运呢？心念一转，遂定姓戴名笠字雨农。他想，即便真的是五行缺水，有了“雨农”二字，想必水就够多了。大凡人到穷途末路之际，往往有点迷信。从这以后，戴春风正式改名为戴笠，并以此名参加了黄埔军校第六期第二批的考试。当然这是后话了。

话接前言。戴春风的出生给家庭平添了无尽的欢喜。而且算命先生认定这孩子命必富贵，全家更是大喜过望，捧为明珠。孰知风水宝地并没有给戴家带来永世的好运。不久，顺旺老汉过世。戴春风 6 岁那年，其父戴冠英又撒手人寰，丢下年仅 27 岁的蓝月喜，守着 6 岁的戴春风和 4 岁的次子戴春榜，痛苦不已。丈夫死了，蓝月喜把希望全部寄托在两个尚未成年的儿子身上。她望子成龙，想让孩子们通过读书取得功名，光耀门庭。于是，身上的孝服尚未脱去，就扭动小脚，拉着戴春风来到本村私塾，求见私塾先生毛逢乙。毛逢乙是江山地区小有名气的秀才。他见戴春风貌相聪慧，便问他几句话，见他应对机敏，也就高兴地收留了这个学生。

由于戴春风天资还算聪颖，仅几年工夫，就轻松自如地把《三字经》《千家诗》《朱子家训》等蒙学教程倒背如流。戴春风 16 岁那年，毛逢乙建议戴母送他到仙霞小学继续读书。在那里，初小三年的成绩也不错，从来不用戴母操心。但戴春风生性好强，精力旺盛，放学后常领一群小伙伴四处游逛，或者打架斗殴，负气争胜，经常弄得衣衫破烂，鼻青脸肿。为此，他没少挨母亲的鞭责。

1910 年，14 岁的戴春风以优异的成绩考入江山县唯一的文溪高小。报考高小时，学校的作文题目是《试名言尔志》。他笔走龙蛇，倚马成篇，表述了“希圣、希贤、希豪杰”的理想和抱负。小小年纪，竟有如此的心胸气度，深受文溪高小的老师和校长青睐。但戴春风入学后的表现，却让他们大失所望。失望的原因并非他的成绩不好，而是他劣性不改，太爱惹是生非，扰乱学校的正常教学秩序。由于他自幼就爱争强好胜，交接朋友，在县城读书又摆脱了母亲的管束，因而路见不平、拔刀相助之事，请客吃饭出手大方之举，比比皆是。从两件事中可见其个性之一斑。

1911 年，清王朝被推翻。许多具有革命思想的青年纷纷剪掉脑后的发辫，以示和清王朝决裂，拥护革命。戴春风的同学周念行亦跃跃欲试，无奈为其老父强硬阻挠，又不敢据理力争。新学期伊始，周父送其返校，恰巧在校门口遇见了剪去辫子的戴春风。戴春风瞧了瞧周念行心灰意冷的样子，又看了看跟在他身后的周父，心里就明白了。他急趋上前，热情地帮周父拿行李，边走边谈些咸与维新、进步潮流之类的时兴道理。周父听了只好频频点头。这时，“剪辫同学会”的队伍敲锣打鼓地迎面走来，其中，有的在宣传剪辫子所代表的深刻意义。戴春风从他们那里借了把剪刀，咔嚓一声，周念行的长辫已落在春风手中。同学们都冲周念行和戴春风热烈鼓掌。在既成事实面前，周父虽然生气却也毫无办法。对戴春风突袭的做法，周念行打心眼里感激，因为戴春风帮他做了想做又没有勇气做的事。

开学不久，国语老师为他们讲授《离娄》文中的“君之视臣如手足，则臣视君为腹心；君之视臣如犬马，则臣视君为国人；君之视臣如土芥，则臣视君为寇仇”这一名句时，评论却迂腐不堪：“孟子此话不对。常言说‘君在上，臣在下’，无论君如何待臣，做臣子的皆不能视君如寇。”结果引起大部分同学的不满，但谁也不愿公开指责。又是戴春风，下课后领着同学签名上书，要求解雇国语老师。校方对戴春风等人的行动虽非常反感，但又怕落个“保皇”恶名，权衡利弊，还是把那位国语老师辞退了事。

正是类似的许多事件的累积，戴春风被老师和循规蹈矩的同学视为江山浪子。但他那种不畏上、敢想敢为敢当的“气魄”却令许多人折服。当时敬佩他的一些同学中，就有后来成为他忠实部属的周念行、姜绍谟、毛人凤等人。

1914 年金秋季节，戴家双喜临门：戴春风从文溪高小毕业并考入杭州省立第一中学，是为一喜；他又美做新郎，是为二喜。新娘是本县凤林乡毛应升之女毛秀丛。毛秀丛时年 19 岁，比戴春风大两岁，为人温柔大方，又贤惠能干。媳妇是戴母亲自选中的。儿子成婚这一天，戴母穿戴整齐，迈着小脚，忙进忙出，乐不拢嘴。鼓乐阵阵，鞭炮声声中，花轿抬到。只见戴春风胸佩红花，身着簇新的灰绸长衫，拿着一条红绸带去牵引轿中的新娘。

17 岁的戴春风已有了较为成熟的男子汉气质。他中等身材，甲字形脸庞，浓眉阔嘴厚唇，眉间距甚宽，鼻子宽挺，让人感到开朗又有些顽劣之气。此时，他正在乡人的指挥下作揖磕头，拜天地，拜高堂，夫妻对拜，敬酒布菜，不亦乐乎。

席尽人散，新娘头顶红巾，无语端坐床头。戴春风呆立房中，有点手足无措。忽然，他想起母亲的嘱托，轻轻地把新娘的盖头揭开。新娘一双羞涩温柔的眼，慢慢低下眉间，脸上浮起一抹娇羞的红润。

婚后，毛秀丛体贴丈夫，孝敬婆母，照顾小叔，很是贤惠。一家人和和美美，夫妻俩恩恩爱爱。

新年一过，戴春风辞妻别母，到杭州上学。毛氏在家操持家务，侍奉婆婆。翌年秋，毛氏为戴家生了一个儿子，取名藏宜。戴母喜不自禁，托人带信给戴春风，让他回家来看看。可她哪里知道，她的爱子早已被省立一中开除了。

原来，戴春风禀性难改，到杭州不久，就遍游名胜，结交新好，并爱出些风头，博取赞扬。一次，为了和同学打赌，曾强租服装店的西服照相，被学校当局给予记过处分。但他仍不知收敛。戴春风住的宿舍紧挨楼梯口，夜间睡觉时经常被舍监查宿的脚步声吵醒。为惩罚舍监，他把一对木制哑铃放在楼梯口，想绊舍监一下，以示警告。不料想，舍监一脚正踩在哑铃上，叽里咕噜地跌下楼去，摔得头大脚软，满脸是血。校长震怒之下，严令追查肇事者。当查明肇事者就是曾受过记过处分的戴春风时，毫不犹豫地将其开除了。戴春风无论怎样哀求也无济于事，只好卷起铺盖，投奔杭州城里一徐姓远房亲戚。

这家徐姓亲戚开了家柴店，尚能维持生活。徐老板为人忠厚，待人热诚，张罗着为戴春风在附近豆腐坊找了个差使。平日里戴春风不屑与苦工为伍，可事到如今，只好咬着牙卖劲硬干了。不过，这家豆腐坊是小本买卖，工钱很少。当他得知自己已为人父时，心里又是喜又是忧。喜的是生平第一次做了爸爸；忧的是学业无成，事业无望，实在无颜面对妻儿。思来想去别无办法，只有相机把被开除之事说明。可是平时大手大脚惯了，挣来的工钱所剩无几。年关已到，他除去路费，几乎无钱买一件礼物。无奈，只好费尽心机，编了段谎话，从徐老板那里借到50元钱，买了些衣料、年货，赧然回家。

戴春风回到家里，母亲和妻子都很高兴，谁也不知他已被学校开除。新年过后，戴春风将此事全盘托出。母亲、妻子没说一句责备的话，让他在家里照管田地，但她们沉重的表情却撞击着戴春风的自尊心。在无地自容之余，他也曾暗下决心，一定要把田产管好，增加收入，减轻家庭的负担。最初几个月，倒也勤勤恳恳，踏踏实实。但江山易改，本性难移。时间一长，被开除的屈辱感日渐淡漠，广交远游的毛病又复发了。

一天，戴春风在硖口镇游玩时，邂逅已经考上衢州八中的旧日学友姜绍谟。姜与他同岁，但晚三年上学，所以比他低三届。戴春风在文溪高小毕业两年后，姜绍谟提前一年考取八中，并准备去北京报考北大预科班。从姜绍谟处还得知，周念行正要去日本留学。姜还劝戴春风明年秋天报考衢州联合师范。

戴春风眼见得往日同学都有所作为，而自己委顿乡间，无聊度日，心中大受刺激。他好胜之心勃然而起，即下定决心报考衢州联合师范。行前，他向母亲慷慨陈词，大有易水壮士之慨。戴母自然盼望儿子能有所成就，想方设法筹措了一笔钱，供他应试之用。在文溪高小低他一级的几位同学得到消息后，也来参加考试。考试前一天，他们相邀逛集市，遂有前面算命一节。考试揭晓，戴春风高中第二名。当天晚上，他按捺不住心头的兴奋，邀请几位同学在他下榻的旅馆畅饮一番。喝得差不多了，学友们纷纷告辞。戴春风兴犹未尽，又请刚回店的两个商人与他同饮。不久又进来一个新旅客，此人身材魁梧，一身灰色军装，一看就知是当兵的。好客的戴春风又邀他入席。席间得知，这位军人乃是浙江第一师师长潘国纲部下，奉命来衢州招兵。他鼓动戴春风走从军之路。夜阑酒席散，戴春风辗转反侧，不能入睡。他想，考上师范，将来不过是个孩子王，不会有多大出息。如今当道者多行伍出身，自己有文化，如果从军的话，必定凤毛麟角，何愁不直上青云？素来不安分的戴春风思量再三，最终决定放弃学业，横枪立马只身去闯天下。

第二天，戴春风请那位军官写了封信，加入了杭州的学生兵营，并委托来杭州运货的江山老乡，把他参加浙一师学生营的事转告家人。

一到兵营，戴春风的热情和理想就被彻底粉碎了。他发现，被他视为通达之径的学生营不过是一群乌合之众。学生营组织涣散，缺乏训练，装备也很差。军官们吃喝嫖赌，庸庸碌碌。他不能忍受这种仅供当作炮灰驱使的日子。三个月后，乘赴宁波平乱之机，逃了出来，再也不回学生兵营了。事已至此，戴春风无颜再见母亲和妻子。于是，他写信给母亲，发誓若不混出个样子来，永不返乡。

戴母接到信后，夜不安眠，时常半夜起来，烧香拜佛，求菩萨保佑她的春风儿平安无事。可她越来越担心儿子在外地漂泊，于是在田里的活计告一段落后，就去宁波找儿子。戴母典掉几亩田，带上一点盘缠，由媳妇的娘家弟弟陪同到杭州，再把她送上开往宁波的客船。

戴母只身一人来到让她感到眼花缭乱的宁波，经过一个好心人指点，暂时先找了个旅馆住下。她遍寻宁波的荒庙野寺，也不见儿子的踪影。最后，终于在城郊一座破旧的关帝庙中发现了儿子的踪迹。庙中墙角的竹竿上晾着一双破了洞的布袜和洗净的布衫。她认出这是自己为儿子考师范前而赶做的。戴母睹物思人，一股泪水涌了出来，悬着的心总算放进了肚里。这时，她感到腰酸脚疼，腹内饥肠辘辘。她从包袱中拿出块烧饼，刚要吃，又想起儿子可能还没吃饭，便放了回去。戴母紧紧腰带，斜倚着供桌睡着了。恍惚间被人唤醒，她睁开眼，在摇曳的灯光里，看见儿子正半跪在面前，黑瘦干枯的脸上，只剩下那双黑黑的眼和厚厚的嘴。母子两个怔怔地对望着，然后两人抱在一起放声大哭。第二天，戴春风随母亲一路乞讨回乡。

此后，戴春风蛰伏乡间两年。尽管他也曾想躬耕田亩，痛改前非，读书育子，但时间一久，仍然旧态复萌，隔三差五地伙同几个闲人四处游逛。这就更让村民瞧不起。他也越发放肆，经常为小事打架斗殴，酗酒闹事。在人们眼里，戴春风和他父亲一样，是一个文不成武不就的浪荡子。他成了保安村远近闻名的地痞无赖。

事有凑巧，在一个亲戚的婚宴上，他又遇到了老同学姜绍谟。此时，姜已是北京大学预科班的高材生了。姜告诉他，许多好友都学有所成，有的还出国留学，最不济的也在教书育人。同上次一样，他的心又大起波澜，几近熄灭的激情又迸发了。他又感到自己该做些像样的事体了。他意识到，要不离开江山，决不会有什么发展。但外出谋职，又绝非易事。他听人说，上海夏热厉害，扇子很抢手，而且上海有家亲戚，可作落脚点。于是，就起了贩运扇子到上海的念头。无奈两手空空，没有本钱。

一个偶然的机会，他结识了本乡乡长华春荣。推论起来，他与华乡长还沾亲带故。有一天，他到华乡长开的造纸作坊去，在客厅的桌子上发现一张写废了的信笺。信笺上部有几个被涂改过的字，下面大半页空白，还盖有华春荣的图章。他灵机一动，悄悄地把信笺装入自己衣袋之中。回到家里，他把信笺有字的半截裁去，用剩下的部分写了张领条，跑到华春荣经营的一家钱庄，以华春荣的名义领取了一百块银圆。用这笔钱作本，戴春风在江山县城购置了一船麦秆扇，直奔上海。他的打算是，赚了，把本钱还给华春荣；赔了，向他认个错了事。

上海贩扇，是戴春风人生中的重要一页。他初到上海，就结识了上海三大亨之一的杜月笙。这对他以后的仕途经验以及充当蒋介石和杜月笙之间的联络人，有着重要的作用。

戴春风的船一靠岸，小贩们纷纷围拢过来。买扇的挑挑拣拣，议定价钱成交。半天工夫，扇子卖得差不多了。他数了数，连本带利已经有 130 元。天色渐晚，戴春风急于找到他的亲戚——远房表妹家，就把剩下的扇子交给船老大代为处理，自己走上岸来。上海的大千景象令他有些眼花缭乱，拥挤的人流车辆和林立的楼房店铺使他几乎迷了方向。他来到一酒楼前，忽见一辆轿车驶近。几十名衣衫褴褛的叫花子蜂拥而上，喊叫着要求施舍。从车上下来的那中年人倒也爽快，笑着让身后的人拿出一把小额钞票向空中一撒。叫花子们争抢钞票，中年人则乘机进了酒楼。戴春风看了十分惊奇，忙向旁边的人打听，才知此人就是当今上海滩有名的三大闻人之一的杜月笙。

戴春风运气还算不错，顺利地找到了宝山路宝光里的表妹家。他把路上的奇遇说给表妹夫张衮甫听。张听了淡淡一笑，告诉他：杜月笙是法租界仅次于黄金荣的帮会头子。早年父母双亡，从浦东流落到上海十六铺一家水果行当学徒，因削得一手好水果，得了个“水果月笙”的绰号。杜好赌，却屡屡赌输，因挪用水果店款项，被老板开除。后来又在朋友推荐之下，到黄金荣公馆当差。由于干得卖力，人也乖巧，渐为黄氏夫妇宠信。如今不仅是法租界黄金荣办的三大赌场之一——公兴记俱乐部的当柜人，而且是法租界专营烟土的三鑫公司的大股东之一，钱有的是，也经常靠施舍增点风光。听了表妹夫的介绍，戴春风对杜月笙倒是满心钦佩。他拿定主意，决定在上海闯一闯。他打发走木船，就在表妹家的亭子间住了下来。

上海这个冒险家的乐园，赌博场所随处可见。街边有赌摊、赌棚，弄堂里有赌亭、赌房，高级的有赌博俱乐部，简陋的有露天大赌场。赌博方式更是五花八门，有一般的掷骰子，押单双，推牌九，挖花，花会；还有跑狗、跑马、彩票等各种名目。戴春风睹此盛况，不禁有些手痒。最初，只敢在赌摊或赌棚里试手，渐渐地觉得不过瘾，又跑到露天广场去玩花会赌。花会赌的方法是，在一幅彩布上写有36个人名，每个名字附以动物生肖图，称为花神。赌客把自己选中的花神和所下赌注写在一张纸上，扔进一个柜子里。开赌时，随着一声爆响，用机关控制的彩布便徐徐拉开，布上写有一个花神名字，谁押中这个名字，谁就赢了。而且规定，所赢额为押一赔二十七，即为所下赌注的27倍。几个月下来，他身上的钱已所剩不多，仍然鬼迷心窍似的想把钱捞回来。他孤注一掷，把仅有的20元一次押上，结果押中了。五百多元钞票一叠叠堆在面前，他简直有些不知所措了。

戴春风定下神来，走出赌场，先买了身西服，又痛痛快快地洗了个热水澡，然后换上新衣，顿觉判若两人。随后，他在一个拉赌客的"航船"的撺掇下，去公兴记俱乐部大赌一场。结果，直赌得身无分文。他气急败坏地把新买的衣服脱下，要作赌注翻本。为此和庄家争吵起来。

"老弟，外面冷得很，还是穿上吧。"随着话声，一只手在他肩上轻轻拍了一下，并把桌子上的衣服塞在他手里。戴春风一愣，以为赌场里的保镖要给他颜色瞧了。回头一望，心情顿时平和下来。眼前那人瘦高身材，面颊白皙，五官端正，一袭长绸衫，一副温文尔雅的绅士相，全无打手的凶神恶煞。细审之下，更觉得有些面熟。从庄家的话里，他才猛然想起这人就是上次在黄浦江边一家酒楼前见到的杜月笙。在戴春风眼里，杜月笙赤手空拳打天下，很了不起，心里不免有几分敬意。今日一见面，从最初的惊愕中恢复过来后，就像见了老朋友似的，高兴地握住杜月笙的手不放。

杜月笙在戴春风与庄家争吵时，曾细细观察过戴春风，见他浓眉大眼，口阔容拳，有将才之相，将来绝非等闲之辈，就有意结交他，所以，看到戴输得精光，便主动搭腔。他一面让人摆上瓜果点心，一面让人包了一百块钱，悄悄放在戴的衣兜里，还约他第二天晚上去附近一家大饭店吃饭。戴春风心存感激之余，简直有些受宠若惊了。

转天晚上，戴春风准时赴宴。这是他有生第一次到如此豪华的饭店：光洁映人的大理石地面，古色古香、一派典雅的红木家具，晶莹灿烂的莲花型大吊灯。来不及细看，有侍者把他直接引上楼。杜月笙和几位客人正在餐桌旁的沙发上抽烟，喝茶，闲聊。杜月笙把戴介绍给其他朋友。酒席的丰盛更是戴春风闻所未闻，见所未见的。席间，杜月笙几乎对每个人都热情周到，不过跟戴春风谈得最为投机。

戴春风对杜月笙虽然敬佩，却不愿加入帮会组织。在他看来，帮会无非是一些无业游民纠集在一起的乌合之众，成不了大气候。自己毕竟是个有产业、有知识的乡绅，与杜月笙交朋友，称兄道弟，与帮会人物来往，均无不可，但让他置身其中，成为帮会一员，他觉得太降低身份了。所以，虽然杜月笙曾有意要收他入帮会，他却含糊其辞地敷衍了事。一直拖到年关将至，戴春风不辞而别，回江山老家了。但杜月笙手面阔绰，广交朋友的处世方式，却使戴春风深受影响。在他后来主持军统事务时，这一点就充分表现了出来。

戴春风回家过春节，碰到了讨账的华春荣。他只好低声下气相求，以写悔过书作结。后又怕此事传播出去无法做人，便又写了一封信，要求退还悔过书。得到的答复是，如果他戴春风不彻底改邪归正，不退还欠款，决不退还悔过书。这件事又给了戴春风很深的刺激，便下定决心再出去闯荡一番。他不相信，偌大一个中国，会没有他施展抱负的天地。

春播一过，戴春风仅带了几块零花钱，搭船到了杭州。经人介绍，先在杂货铺当了些日子的伙计，挣够个把月饭钱，就辞掉工作，到处寻找机会，想闯出一番事业。他给自己规定了两条：一是决不涉足赌场，二是一定要自重自爱，再穷也要给人一个好印象。天气渐趋炎热，他又爱出汗，为保持自己的整洁形象，常就近找个水塘，洗净唯一像样的灰色府绸长衫，晒在岸边，再泡在水里游泳，等衣服干了再去找人办事。

正是在这样的窘境之下，他在灵隐寺边、西子湖畔遇见了青年教师胡宗南。二人年龄相仿，脾气相投，一见如故人重逢。当时胡宗南立志于教育事业，以为教育才是立人强国之本。戴春风仍雄心勃勃，想干一番驰骋天下的大事业。二人相互勉励，尽兴而别。

戴春风逗留杭州期间，发现杭州实在没有让他腾达的机会。于是，又挣足路费，再次跑到上海。但他下定决心，不到万不得已之际，决不去找杜月笙，以免陷入帮会而不能自拔。

有一天，戴春风闲逛中来到上海证券交易所附近，见各式装束的人摩肩接踵，出出进进。交易所内传出阵阵海涛般的喧嚣。他好奇地随人群涌进大厅，顿时被眼前的情景惊得目瞪口呆。宽敞的大厅挤满了面红耳赤、大汗淋漓的人。他们头上都戴有写着号码的白帽子，声嘶力竭地喊叫着，并作着各种手势，谁也听不清他们说什么。在大厅的正前方有座高台，上面站着三个身穿制服的公务员。他们时而在身后的黑板上写着什么，时而朝台下大喊几声，情绪高度紧张激动。

不过，戴春风听张衮甫说过，凡来买卖股票证券的有钱大股东，自己并不在大厅内拥挤。他们委派经纪人帮着察看行情，决定买进卖出，自己则在股东休息室与合作者碰碰头，谈谈生意，交流交流信息。所以，戴春风绕过那些激动拥挤的人群，在股东休息室门外打量。只见一排排的方桌后面，坐着衣束整齐、西服革履或马褂长袍的股东们。他们或抽烟，喝水，闲聊，或搓麻将。一些身着粗布短衫的小伙计跑前跑后，为他们沏茶倒水，递热毛巾。戴春风小心翼翼地走进去，好奇地打量着那些令人羡慕的股东。

“喂，后生仔，帮我买盒香烟好吗?”一位身着长衫、斯文儒雅的中年人喊住了戴春风。春风听此人满口江浙口音，目光语气可亲可敬，不禁暗想：能结识上这样一位有钱同乡，岂不前途有望？

“先生，请问你要什么牌子的香烟？”戴春风彬彬有礼地用道地的江山话问道。“买三盒骆驼牌的。”中年人递给他一张钞票，然后继续打他的麻将。

戴春风一路小跑，买回香烟，必恭必敬地连烟带零钱一起递给中年人。“这些钱你就拿着吧。”中年人很大方。“不，先生！这怎么好意思。”戴春风有意推辞着。“噢，你不是这里的伙计？”中年人有些惊诧了。“不是，我刚从家乡来，见这里热闹，就进来看看。”戴春风的回答依然彬彬有礼。那位中年人说：“哎呀，那太对不起呀！听口音你是江浙人，姓什么？多大啦？”戴春风一一据实相告。

原来，中年人是当时上海《星期评论》的主编戴季陶。他当时正与蒋介石、陈果夫等在交易所做股票生意，挣了不少钱，心情正好。他见戴春风精明能干，既年轻又有文化，非常喜欢，不免和他多说几句。戴春风也忙着为他斟茶。

“传贤兄，快出牌呀！跟那小瘪三啰唆什么？”二人正谈得兴浓，突然被一个声音打断了。戴春风抬头一看，见戴季陶身旁一个穿西服的青年正用手拽戴季陶的衣袖。此人干瘦青黄如一捆柴禾。春风见了非常反感，加上那人对自己加以蔑称，顿时无名火起，脸红脖子粗地直指对方：“你说谁是小瘪三？我看你才是！”

“果夫，怎能这样衣帽取人。”有人在用训斥的口气责备陈果夫。戴春风一转脸，发现说话人不过30岁，但甚是端肃，气度不凡，不禁肃然起敬。此人正是后来决定戴春风命运的蒋介石。此时的蒋介石，虽被孙中山派在粤军任职，但由于受到排斥而郁郁不得志。他经常离开粤军，泡在上海证券交易所搞证券交易，一边捞钱，一边静待时机。

戴季陶转身对戴春风说：“小老乡，别往心里去，这些钱你先拿着，以后有什么难处，再来找我们。我们常在这地方。”边说边把几块钱塞入戴春风手里。戴春风还想推辞，蒋介石在一旁劝道：“后生仔，拿着吧，以后有什么困难，找我们谁都行。”蒋介石见戴季陶很喜欢戴春风，为了让把兄弟高兴，也对戴客气一下。戴春风不再推辞，心里油然生出一股暖意。

此后，戴春风一有空就往交易所跑，帮戴季陶干些杂事零活。他满以为，天长日久，这些老乡一定会提拔自己。未曾想，几个月后，戴季陶、蒋介石等人突然在交易所消失了。戴春风非常失望，暗中抱怨这几个有钱的老乡不辞而别。他哪里知道，蒋介石等人由于股票生意失败，负债累累，又跑回广州去了。他们一失踪，戴春风仿佛失去了生活的目标，又陷入了混混沌沌的黑暗之中。

第四章

蒋介石投帖拜师
黄金荣破规敬徒

前章说到戴春风在上海交易所遇到蒋介石一事。那么，蒋介石为什么从事交易所生意呢?

原来，蒋介石自从在日本结识陈其美以来，虽然被卷进了孙中山领导的资产阶级革命洪流，但自忖经过多年奔波，仍是功不成，名不就。蹉跎之际，他想另谋出路。

这时，蒋介石与张静江过往甚密。张是陈其美的结拜兄弟，比蒋大十岁，时任中华革命党的财政部长。他见蒋介石能文能武，颇为赏识，并多方给予扶持和鼓励。他动用所掌管的党务基金，和虞洽卿等合作，在上海开办了证券物品交易所。他还送给蒋介石一笔钱，作为入股资金。

交易所于1920年7月正式开业，未及半年，即获利逾50万元。蒋介石不仅在投机买卖中发了财，还学会了看风使舵、投机取巧、尔虞我诈的本领。蒋介石手里有了钱，便花天酒地地大肆挥霍，经常出入花街柳巷，聚饮逍遥。同时在家乡大兴土木，修缮房舍，建造坟墓。他还把妾姚怡诚迁入上海法租界一幢洋房内居住。

但是，投机买卖好景不长。由于不少投机者见交易所赚钱，便竞相开设。到1921年夏秋之交，仅上海一地即有交易所140余家。交易所的过剩，致使大批交易所倒闭。蒋介石参股的交易所没有充足的保证金，只好用空头支票充作现金。由于股价数倍猛涨，他们无法兑换现金，苟延残喘到1922年春，便彻底垮台，蒋介石因此负债累累。股票成了废纸，许多的股票持有者纷纷找当事人逼债，债主们还雇佣清帮门徒代为讨债，催逼很紧。蒋介石处于山穷水尽、四面楚歌的凄凉境地。

常言道，三十六计，走为上计。蒋介石决定一走了之，以彻底摆脱那些穷追不舍的讨债人，平复自己凄凄惶惶的心境。

正在此时，中国的南方发生重大事变。广东军阀陈炯明密令广州的五十营粤军发动武装叛乱，悬赏20万元要杀孙中山。叛军4000人围攻总统府，并用大炮轰击孙中山在观音山的住所粤秀楼。孙中山在亲近卫兵的保护下，乔装改扮，深夜冒着枪林弹雨，冲出叛军包围，逃上停泊在长堤天字码头的宝璧舰避难，后又转至永丰舰，并电召北伐诸军回师广州，讨伐叛逆。蒋介石得知这一消息后，不禁兴奋异常，觉得自己的好运来了。他心想，大总统正在罹难中，这时去追随他，必将成为以后政治生涯的资本。况且，自己投奔革命，名正言顺，冠冕堂皇，还可免去逃债的恶名，堵住债主之口。蒋介石主意一定，心中暗喜。但是，代债主讨账的小流氓天天盯着他，手头又没有旅资盘缠，不好脱身。盘算许久，蒋介石决定请阿德哥虞洽卿帮忙，摆脱困境。

虞洽卿在上海商界颇有地位，也是一个买空卖空的“空壳老板，负债大王”，在这次风潮中日子也不好过。但他见蒋介石能屈能伸，心眼活，手段也辣，将来定有出息，他现在跌倒了，怎么也得拉他一把。不过虞洽卿绝不肯自己做这种赔本买卖，就替蒋出主意，介绍他去投帖拜黄金荣为“老头子”，一来可以用黄的牌子对付讨债人和债权人，二来可以向黄商借盘缠。此事遂议定。

次日一早，虞洽卿来到钧培里黄家大院，拜见黄金荣。仆人把他引进客厅，只见烟塌上正横躺着一个麻脸壮汉在那里吞云吐雾，不用说，那便是麻皮金荣了。互相谦让、恭喜发财之后，虞洽卿说明了蒋介石的窘迫处境，请黄金荣为他排忧解难，放一条活路。

开始黄金荣对蒋介石的遭遇还漠然视之。在他眼里，上海滩爬起来跌下去，跌下去又爬起来的例子太多了，他又何必揽那么多的闲事呢？

虞洽卿见黄金荣未动心，就进一步说明利害：“无论如何，你应该对他另眼看待。他原是陈其美的部下、亲信。人家孙中山那边曾来信叫他去革命。在国民党方面，他可能是我们需要的人。他这次栽了跟头，想离开上海到广州去。如果你能帮他一把，他恐怕不会忘记的。”

黄金荣起身，凸着硕大的肚子，慢悠悠地踱着步子，暗自盘算：虞洽卿在上海商界很有地位，可以趁机结交他，这是一；蒋介石毕竟是个革命党，听说他还杀死另一个叫陶成章的革命党人，倒也是把好手，不妨把他收在门下，说不定这小子将来有出息，对自己有用，这倒是一举两得的好事。主意一定，黄金荣转身对虞洽卿说：“阿德哥，看你的面子，我可以帮他的。”

当天下午，蒋介石就手捧门生帖子，跪在黄金荣面前磕了头。鉴于蒋介石的艰难处境，黄金荣网开一面，打破惯例，没有收蒋介石的贽敬礼。

按照清帮的规矩，接收门徒要举行隆重的仪式，名为开香堂。开香堂有一整套固定的程式，非常繁琐。蒋介石拜师为什么草草了事？要弄清这个问题，还得从黄金荣说起。

黄金荣本来是一个无祖无师的“空子”，没有资格招收门徒。空子招收门徒，违犯清帮帮规。但大凡流氓一旦有了势力，帮规对他们就不起作用了。那些想借助他们的势力往上爬的人，也就不管“老头子”有无祖师。黄金荣正是这样一个以空子身份广收门徒的流氓。自从他得势后，就在聚宝茶楼开香堂，广收门徒。黄金荣虽然打着清帮的招牌，却不墨守清帮原有帮规。清帮本来有二十四字家谱，黄金荣却自己独创了“荣记”二十四字家谱。黄金荣收门徒虽然也开香堂，但与清帮开香堂的程序大不相同。清帮开香堂挂的是清帮祖师像，黄金荣开香堂挂的却是关云长的画像。开香堂的程序也被黄金荣删繁就简，面目全非。

黄金荣虽然简化了收受门徒的程序，但仍保留了必要的手续。拜师者必须有一人介绍，一人具保，一人引见，并填写申请书，待黄金荣认可后再填写正式帖子。办完这些手续，才能举行仪式，即开香堂。香堂并非一人一开，必须凑足几十人才开一次。帖子由黄金荣的账房印就，是长约6寸、宽约4寸半的淡黄色双层折子。帖子上抬头写有“黄老夫子大人贵台”字样，下面写“门生某某某百拜”和年龄、籍贯，以及介绍人、具保人的姓名。另一页则印有介绍人和具保人应负的责任，最后是年、月、日。

为了延揽社会上的名人，黄金荣把入帮者分为两档。低档者称为门徒，就是经过开香堂、拜过“老头子”的，这是入帮者的多数；高档者称为门生，是指不经过开香堂仪式，而是经过介绍人搭桥，投上帖子、缴纳贽金的入帮者。门生不称黄金荣为“老头子”，而称“先生”。因为有地位和身份的人怕开香堂拜老头子有失脸面，所以黄金荣就把他们入门的开香堂一事免去。一些特殊的门生入帮手续更简单，只要通过介绍人备好帖子，押上一份丰厚的贽金，在关老爷像前向黄金荣三鞠躬就算入了门。最为特殊的门生，连黄金荣的面都不见，只要备个帖子，封上一份贽金，托介绍人把帖子递给黄金荣即可。英租界老闸捕房的探长曹雨田、大世界的老板黄楚九、徐重道药店的老板徐宝珊、天蟾舞台的老板顾竹轩等人，都是这样成为黄金荣门生的。一旦门生直步青云，地位和名望都超过了自己，黄金荣就把帖子退还给门生，表示彼此之间不再是师生关系，而是同辈人。据说，蒋介石发达后，黄金荣就曾向他退过帖子，只是蒋介石没有接受。黄金荣这种灵活机动、不拘一格的招收门生的方法，既免去了跪拜磕头的缛节，又能为门生保守秘密，深得那些有头有脸又想入帮的人的赞许。正因如此，在黄金荣的门生中，富商大贾、社会名流乃至国民党军政要员，无所不包，可谓阵容强大。

弄清了上述情况，读者对蒋介石拜师仪式那样简单就不感到奇怪了。蒋介石当时地位虽不显赫，但有虞洽卿这位大人物介绍，黄金荣自当另眼相看，便把他划入特殊门生的行列。黄金荣还表示，愿意帮助蒋介石解决债务问题。

第二天，各路债主都接到蒋介石的请柬，约定在虞洽卿处请客吃饭。债主们络绎走进虞家客厅之时，只见一桌丰盛的酒席早已摆好。虞洽卿笑脸相迎，蒋介石肃立席旁，席首坐定了满脸横肉的麻皮金荣。债主们不得要领，勉强就座。沉闷之中，酒过三巡，黄金荣向蒋介石暗递眼色。蒋介石端着酒杯站起来，向在座的各位深深鞠躬，然后说道："诸位先生，兄弟今日请大家来，心里有说不出的光荣，也有说不出的难过。光荣呢，各位都赏光前来，我的师父黄金荣也来了。我的前辈虞洽卿先生对我的关怀，我将终生难忘。请大家同饮此杯。"蒋介石一饮而尽，放下杯子，两手一拱接着说："难过呢，兄弟欠各位债款不能偿还。再有广东事变，孙大总统正在难中。兄弟临危受命，前去保驾，不得不匆匆告辞。"蒋介石话音刚落，席间不满之声顿起。黄金荣干咳两声，扫了他们几眼，开口打圆场说："他是我的门生，还要请各位多多照顾。大家都是场面上人，低头不见抬头见的，后会有期嘛。他今天输了，明天也许就赢回来了。"

"是啊，大家就抬抬手吧，日后他会图报的。"虞洽卿也在一旁帮腔。债主们闷声不响，只顾低头吃喝。此事遂不了了之。

散席之后，黄金荣又给蒋介石200元路费，叮嘱一番，送他离开上海。蒋介石怀着感激，连夜投奔孙中山去了。黄金荣没有想到，此举为他以及上海黑社会与蒋介石政权的合作埋下了最初的种子。

这黄金荣何许人也，竟弹压得债主们唯唯诺诺，不得不放蒋介石一马呢？

黄金荣是上海滩第一号大流氓，在法租界任督察长，操纵流氓帮会等黑社会势力，垄断营销鸦片，开赌局，还包揽诉讼，敲诈勒索，自身聚敛了巨额财富。他买通租界上上下下，使租界和帮会势力就此融为一炉。同时，他又和军阀勾结，使官警和流氓铸成一体。因此，他成为上海滩最有势力的黑社会集团首领、独霸一方的流氓大亨。黄金荣的发迹过程，是近代中国特别是上海通商口岸环境的畸生物。

黄金荣，祖籍浙江余姚。清军镇压太平天国农民起义军时，余姚陷入了战乱之中。他父亲黄炳泉带了全家大小避居上海。1868年（清同治七年），黄金荣出生在上海漕河泾。后黄家又迁居到南市张家弄。弄里多住有武官及捕快差役，同黄炳泉关系甚好。在他们的引介下，黄炳泉也一度做过捕快差使。黄金荣的母亲邹氏，苏州人，生有两男两女，黄金荣排行第二。儿时的黄金荣身体不好，经常哭闹，看相的说这个孩子恐怕养不大。他父母只好把他寄名在和尚庙里，从此乳名叫和尚。1881年黄金荣13岁时，父亲病逝，留下邹氏和黄金荣姐弟四人，只能依靠邹氏代人洗衣维持生活。黄金荣则被送到一家饭店内做些零碎活计，混口饭吃，过着小和尚一般的游食生活。因此，当地人就叫他"小和尚"，却不知他的乳名亦叫和尚。由于他脸上生天花留下麻子，又得了个“麻皮金荣”的绰号。

和尚自小顽劣，不喜读书，却专爱写字。据他自己后来说：斗大的福字，我写来最拿手。年关的时候，有时也摆摊卖春联，赚些铜钿补贴生活。和尚处于武官和捕快的环境里，自小耳闻目睹了捕快行当的举止言行，头脑中翻印下不少江湖勾当，对他后来进入法租界捕房充当便衣包探而起家发迹，有一定的影响。

黄金荣 17 岁时，母亲又送他到姨父开的裱画店作学徒，以求掌握点手艺谋生。裱画店设在豫园路环龙桥下堍，名叫“萃华堂裱画店”。三跪三叩首并奉上红纸包后，端坐着的裱画匠师傅微微颔首，算是收下了这个徒弟。

黄金荣每月只拿月规钱 40 个铜板，勉强能自救。既然做了学徒，一切就得按老规矩办。姨夫告诫他要听师傅的吩咐，并承担起大大小小的家务活。早晨天不亮就爬起来，第一桩事是倒马桶。然后生煤球炉子，烧好泡饭。之后，打扫店堂，卸下排门板。吃过早饭，洗菜、淘米一应杂务，全部承包。工作量大还不算，更让他难以忍受的是还要忍饥挨饿。当学徒的规矩之一是，在吃饭时要给师傅、师兄、账房先生盛饭，每顿饭都得小心翼翼地伺候他们用饭。他们的碗一空，立即放下自己的饭碗，接过空碗盛好饭，再双手奉上。等他们吃饱了，饭菜已所剩无几了。正在长身体的阿荣，每天饭桌上填不饱肚子。幸好姨娘还算疼这个外甥，时常塞给他些吃的。

好歹支撑了一年，又有新的学徒召来，黄金荣才得以进入工场。在那里，黄金荣调调糨糊，削削木轴，裁裁宣纸，总算跟手艺沾了边。在师傅的传授下，知道了“潢”是一种叫作黄檗树的汁水，裱画用的纸，是用潢汁染过的，叫作潢纸。用潢纸作衬，把字画装裱起来，破的修补好，叫“装潢”。时间长了，耳濡目染，黄金荣掌握了正规的裱画技艺，还懂得了一些以假充真、偷梁换柱的手法。三年学徒期满，又站了两年柜台，收入稍多一点，虽然依旧清苦，但总算能给老母亲减轻些负担了。

黄金荣在萃华堂学艺期间，经常到城隍庙得意楼喝茶，结识了城隍庙一带的地痞流氓和清洪帮分子。他不满于店铺的规矩和清苦的生活，经常和这一帮儿混在一起，逐渐聚起一个小型黑社会团伙。

黄金荣一生的转折是从进入法租界巡捕房开始的。照其自白书的说法，“做包打听，成为我罪恶生活的开始。”黄金荣是 22 岁时考入法租界巡捕房的。

法国人在上海开辟租界，时间较英租界略晚，地点处于上海县城与英租界之间。经 1849 年（清道光二十九年）和 1861 年（咸丰十一年）两次划地，法租界面积仅有 743 亩。1900 年（光绪二十六年），法国人又擅自扩充租界，开辟新闸区的一部分，约有千亩。由于租界面积倍增，巡捕房工作日益繁重。尤其是上海，华洋杂处，往往一街两畔，便分属两国租界。为维持治安，掌理庶政，英租界招募了大批印度巡捕。因印度巡捕头缠红巾，上海人称之为红头阿三。法国人则从法属殖民地安南调来29个安南巡捕。但是，这些安南巡捕和印度巡捕一样，只能显显威风，摆摆架势。因为他们跟英人、法人一样，跟租界内外的华人语言不通，无法执行警务。于是，法租界想延揽一批在地方吃得开的华人，替他们担任包打听工作。“包打听”是上海人对华人巡捕的俗称。

据说，黄金荣能考入法租界巡捕房，全仗着其邻居陶婆婆的儿子帮忙。黄家因家境贫困，黄金荣的母亲邹氏需要靠替陶家洗衣服补贴家计，因而两家来往较多。黄金荣投考法租界巡捕时，邹氏就通过陶婆婆托其在法租界巡捕房当翻译的儿子，在巡捕房内打个招呼。正是靠着这层关系，黄金荣才得以被录取为三等华捕。

黄金荣进入租界，促进了黑社会势力和租界帝国主义势力的结合。随着租界的扩张，人口猛增，盗贼并起，社区环境日趋复杂。欧洲巡捕不谙中国风土人情、社会内幕，难以有效地控制社会秩序。而黄金荣一类人物是从社会底层摸爬滚打过来的，了解社会各阶层的底细，尤其熟悉黑社会的内幕。租界与黄金荣的联姻，扭转了租界对治安问题一筹莫展的局面，加强了对上海社会的控制。另外，烟、赌、娼等邪恶行业的存在，是殖民当局获得巨额捐税的基础。为保证其正常营业，也不得不纵容与之有血肉联系的黑社会势力。对黄金荣来说，也巴不得靠上帝国主义。因为他们从事敲诈、抢劫等黑道行径，既担惊受怕，又要提防同道的暗算。虽然能求温饱，但社会地位低下，生活极不稳定。能以巡捕身份光明正大地出入于大庭广众之中，交游于社会上层，获得体面风光的社会地位，是其梦寐以求的理想。租界当局和黑社会势力基于相互需要基础上的联合，使黑社会势力得以恶性膨胀。有殖民当局作靠山，他们可以凭借合法的地位，收养徒众，培植势力，亦官亦匪，独霸一方。从此，黄金荣在上海演出了一幕幕光怪陆离的活剧。

黄金荣初进巡捕房，得巡捕卡一张。有此卡在手，便能管理众人，权力之大，只要通过外国人，尽可生杀予夺，一手包办。租界的华人对黄金荣等人既厌恶又羡慕，称他们为“捏卡的人”。巡捕房的首要任务就是维持治安。由于洋巡捕语言不通，难以胜任，华籍巡捕的地位和职责，益显重要，成为殖民当局统治华人的得力工具。

法租界有七大巡捕房，黄金荣分在最大的大自鸣钟捕房当差。该捕房坐落于法大马路，巍巍高塔上嵌着一口大自鸣钟。这只自鸣钟因安装最早而名闻上海滩。它和后来设置的外滩海关大自鸣钟以及跑马厅西的大自鸣钟号称上海三大自鸣钟。黄金荣负责管理十六铺码头。为确立自己的威信，取得法国主人的赏识，他绞尽了脑汁。他先网罗了一批“三光码子”。三光码子是上海人的专用名词，称呼那些在三百六十行之外从事一种特殊行业的人，即包打听助手。“码子”，泛称一般的男性小人物，亲切中有点狎昵意味。“三光码子”们不支薪，不拿饷，在巡捕房的花名册上挨不上份。他们只是凭借包打听的名号和支持，替包打听跑腿当差，侦办案件，抬高自己的身价。碰到鸡毛蒜皮的小案子，他们也能抓人、动刑，扬言“跟我们到捕房去”！吓得对方灵魂出窍，借以榨取钱财。三光码子们成年累月为包打听卖力办事，或为朋友，或为徒弟，沆瀣一气，为虎作伥。这样，原先与黄金荣气味相投的阿飞、瘪三之类纷纷聚拢在黄的手下。同时，黄金荣借办案之机，有意地在黑社会中厮混，关系逐渐多起来。他用一些小恩小惠收买一些惯窃惯盗作内应，制造内讧，利用一批盗窃分子去破获另一批盗窃分子。有时甚至玩弄“贼喊捉贼”、“假戏真做”的勾当。他先布置一批小喽罗，约定某日某时在某处作案，又叫另一批小喽罗到巡捕房向他“报密”，他再向法警探告密，以掌握带人破案的主动权。于是，当那些喽罗明目张胆大肆抢劫破坏时，黄金荣率领化装埋伏的侦缉队如从天降，把他们一网打尽。这样，黄金荣便成就功劳一件。这些盗匪被关进捕房不久，经黄金荣上下打点后又全部放出。法捕房当局却因此而对黄金荣青睐有加，他的威信日高，地位也日益巩固。

黄金荣除了自己制造案件外，还极尽敲诈勒索之能事，向法租界的一些商店老板和富翁大户敲竹杠，其手法既隐蔽又巧妙。他先唆使一批清帮分子、地痞流氓在商店门前寻衅闹事，借事生非，甚至假装打架斗殴，巡行骂街，影响商店正常营业，吓得顾客们远远躲开，不敢进商店买东西。而黄金荣总是在这个时候由包打听们前呼后拥着出现。他所到之处，滋事之辈无不抱头鼠窜。有时兴致来了，还故意抓几个小流氓惩办惩办。如此三番五次，黄金荣声威大振。商店老板和财主们心甘情愿地按月送钱给他，把他当作保护神，有的还投帖拜他作老头子，有的甚至拜他为干爹。对于那些不肯服服帖帖孝敬他的富户，黄金荣就采用绑票的办法。他曾授意他的心腹徒弟丁永昌绑架荣德生，一次敲诈了几十万美钞。至于指使爪牙向富翁大款们写恐吓信，更是屡见不鲜。这些人被敲去大笔钱财，还得请黄金荣出面解决，以免后祸。

最让黄金荣得意的还不是他破的假案，而是破了法国姚主教被绑架的真案，从而使他成为上海第一流氓大亨。

姚主教原为法国天主教神甫，与法国驻沪领事、法捕房总巡等关系密切，具有操纵上海法租界的实力。他为开辟传教基地，带了几箱银钱，乘火车去天津办教堂。火车行至山东临城时，遭军阀张宗昌部队拦车抢劫，被绑架到临城乡下看管起来，准备勒索一笔巨款。

姚主教失踪的消息传出，国内外一时轰动。法国驻沪领事限令法捕房火速侦破此案，营救主教。总巡急得焦头烂额，命令侦缉人员全部出动，四处探听，都没有消息，只好高价悬赏：凡提供姚主教下落者，赏银洋3000元；能救出主教者，赏洋10000元。黄金荣心里为之大动，认为升官发财的机会到了。于是，他发动手下，千方百计搜寻线索，还到城隍庙去磕头许愿。但还是毫无所得。

说来也巧，这起绑架案，却从一个到上海来的山东人身上得到线索。此人叫韩荣浦，山东临城人，是吴佩孚部下一个副官，到上海来买东西。他在车站附近旅馆登记住宿时，发现钱被偷了。走投无路之际，忽然想起有个老乡在法租界捕房当差，就来到法捕房。韩荣浦经老乡介绍，认识了黄金荣。黄顺便向他打听姚主教被绑架一事，恰巧他对张宗昌部队的作为有所耳闻。黄金荣一听，情绪大振，当即付给韩150元，要他赶快回临城详细打听肉票关在何处，一有下落速来报信，再给500元赏金，破案之后，更有重赏。优厚的赏金打动了韩副官的心。回到临城后，几天之内就同绑架姚主教的张宗昌部队取得了联系，探听到主教被关押的地方。于是，韩荣浦第二次来上海，同黄金荣商量赎票问题。黄不叫韩找部队头头开价赎票，而是设法直接买通看押人员。同时黄金荣先从捕房支取2000元，给韩500元，另用1000元买通看守，并许诺救出主教后，再付2000元，让看守逃往外地。黄金荣还请陶翻译用法文写了一张条子，告诉主教静等救他脱险。一切安排就绪，到了预定日期，黄金荣亲自出马，带领几十个便衣，化装成张宗昌部队的官兵，在晚上赶到乡下，把姚主教营救出来，顺利返回上海。

黄金荣救主有功，法捕房破格重用。原来捕房中重要职务都由法国人担任，这时破天荒地提升黄金荣为督察长，还专派八个安南巡捕保护他的安全。黄金荣手操权柄，声名远播，更是踌躇满志。

声势显赫的黄老板，手里有了钱，就买下老北门民国路同孚里一座整齐的弄堂房子，自己住一幢，余下七幢则分配给他的朋友和手下居住。从此，他也不吆五喝六地上街执行巡逻任务了。他不穿号衣（制服），不带手枪手铐，也不到捕房里办公。每天早晨九十点钟起床，盥洗已毕，着好衣裳，晃晃悠悠地去他早年的根据地聚宝楼茶馆。每天在固定的位子上一坐，立刻有络绎不绝的人跑来跟他打招呼，谈公事，交换情报，打听消息。他手下的三光码子自会把一切包办得让他满意。再到后来，黄金荣简直成了在家休养纳福的太平绅士。早晨起得晚，吃过中饭，几乎是固定的几位赌友，不约而同地来到，摆好座位，坐下去便是接连三四个钟头打铜旗，输赢无所谓。下午四五点钟左右，嘻嘻哈哈地结账收场。晚饭前，黄老板必到澡堂里泡一泡，揩揩身，修修脚，敲腿捶背，全套的舒适享受。表面上在家赋闲，清净无为，事实上犹如一只八足章鱼，他的触须暗暗地向外伸展，可以说是四面八方，无远不届。

黄金荣的确是个聪明人，能以简驭繁，以静制动，躺在家里当治安总管。但迎来送往，黄公馆一月的开销着实唬人。而与此相比，黄金荣的薪水实在微不足道了。为了应付庞大的开销，八足章鱼的触角伸向两个不同的方向，即烟和赌。

罂粟花开时姹紫嫣红，灿烂如锦。但若将它汲浆抟块，制成鸦片，就成了祸国殃民的毒物。鸦片味道甜美，麻醉人的精神入虚幻迷离之中，极易上瘾。早年，鸦片产地都在国外，循海运入中国，而以印度红土为大宗。清朝道光年间，由于鸦片大量输入，白银逐年大量外流，造成银贵钱贱，发生经济恐慌。而后实行禁烟，结果发生了鸦片战争。咸丰八年（1858年），清廷因镇压太平天国，军费消耗过大，又因英法联军之役，修改关税税则，收入减少。清廷曾与英、法、美三国公使商定，鸦片以洋药名义进口，课取关税。自从上海开埠，划定租界以后，鸦片进口基地便从广州、澳门移往上海。

经营鸦片者多为潮州人，他们以英法租界为依托点。英国是贩卖鸦片的鼻祖，法国人漂洋过海也只为财。他们对鸦片商一向优容包庇。因此，贩毒者无须顾及官方的干涉。而且，租界和上海码头近在咫尺，交通发达，正好作大宗烟土的转运站，烟土生意因而火爆异常，惹得地方有势力者眼热。帮会里的三山五岳的“好汉”，五湖四海的“英雄”，为谋生活，不择手段。“黑吃黑”、“抢土”、“火并私斗”等恐怖事件，接连发生。

抢土，不需明火执仗，打家劫舍。因为土商运土漏洞很多，各路豪强就各显身手，欲取一杯羹。鸦片烟由海外运来，为避开从吴淞口至英租界码头一带林立的军警，必须先将鸦片卸下。他们算准每夜黄浦江涨潮时，将装烟土的麻袋一只只从船上抛到水里。麻袋体积大，浮在水面上，等潮退时，他们再用小舢板捞起，或由伏在岸边的好手，用竹竿挠钩打捞。各路豪强侦得了个中的秘密，如法炮制，驾船的驾船，拿钩的拿钩，照样去接土，甚至把别人的小划子弄翻，杀人取货。江湖上称这种水上行劫为“挠钩”。在贪心驱使之下，也有所谓“硬爬”者，光天化日之下拦路打劫，以至打闷棍，谋财害命。

抢土事件愈演愈烈，杀人越货也时有所闻。杀人系属刑案，捕房不能不管。抢土是黑吃黑的行径，土商哑巴吃黄连，不敢报官，只好利用私人关系，要求捕房中的外国人全力制止。法租界捕房则倚重黄金荣，责成他设法解决。

黄金荣召集人马，问明情况，心中想出了一个刀切豆腐两面光的妙计。

他知道，捕房有两重顾忌。一是抢土杀人，出了刑事案非办不可；二是"吃人口短，拿人手软"，得了土商的好处，不能不有所交代。如果他既能保证不发生刑事案，土商又能"深明大义"，有饭大家吃，此事岂不两全其美。

抢土的人，三教九流，庞杂歧异，需要形成能够加以控制的局面。黄金荣运筹帷幄，交纵连横，与清洪帮势力取得默契，逐渐将形势控制起来。土商的损失有人加以控制，从此也不再有流血事件，自然愿意出这笔买路钱；各派势力也都有了固定的地盘和稳定的收入；捕房里的外国佬利润增加；黄金荣则被赞誉为有旋转乾坤的力量，黄家后门不时有几个铁箱运进来。

吴淞口外，鸦片仍成包源源而来。英租界却出了新的变故。盘踞英租界的以沈杏山为首的帮会势力改变了策略。他们从抢土、硬吃改为收取保护费，而且纷纷投效上海两个缉私机构：水警营缉私营和英租界巡捕房。他们很快控制了缉私权力，掌握了英租界的缉烟大权，运用缉私力量保护鸦片的运送。烟土一到公海，就明目张胆地向英租界输送。他们化暗为明，从从容容，大发利市。由于法租界面积狭小，没有几家土栈，又无码头，结果断了各路朋友的财路。黄金荣虽大为不满，却苦于无策。不久，机会来了。

1919 年 1 月 17 日，万国禁烟会议在上海举行。会后，英租界碍于国际观瞻，宣布禁烟。潮州帮开设的各大土行，纷纷迁往法租界。法租界只要铜钿，对此一向睁一只眼闭一只眼。黄金荣与他的手下干将金廷荪、杜月笙等商量，决定成立一家公司，把对潮州帮的保护权接收过来，由公司向土商收保护费。一经保险，由公司发给保险凭证，如再被盗窃，即由公司负责赔偿。所定保险费为鸦片价值的 10%，每箱鸦片须付数百元，每月收入几十万至百万元以上，由公司发给黄金荣、杜月笙及其徒子徒孙和水陆码头的小流氓，作为"月规钿"。

三鑫公司就这样成立了。此后，黄金荣让捕房派几百名安南巡捕，开出警车，浩浩荡荡，公开到码头保护和押运鸦片。法租界名义上派出 500 名安南巡捕，后又增至一两千，每月开支从数万元增加到几十万元，全都由法捕房头目吃空额，从保险费中支出。黄金荣、杜月笙等人坐地分赃，每月数万元不等。

三鑫公司逐步得到了鸦片商人的信赖，这一方面是因为有保险而免于失窃，而更重要的是因为鸦片买卖由秘密转为公开。鸦片买卖合法化，他们当然非常乐意支付保护费。而从此，上海的鸦片烟馆遍地林立，在法租界每条里弄里，都有售吸所。三鑫公司又巧立名目，收取烟枪捐、烟枪执照费。旧上海烟毒弥漫，与三鑫公司的经营是分不开的。

再说赌。黄金荣赌博门槛不精，却掌握着法租界三只赌台。所谓赌台，便是一家规模宏大、包罗万象的赌场。一年四季，日进斗金，金银财宝，滚滚而来。开赌场的，是拥资巨万、财富惊人的广东大亨。黄金荣因为上自外国衙门、下至强盗瘪三，四面八方，三教九流都套得拢，摆得平，所以能使赌场安然无事，而大发其财。当时，在租界内，“剥猪猡”和“大闸蟹”是令各赌场伤透脑筋的两大威胁。通过解除这两大威胁，足可以看出黄金荣的玲珑手腕。

所谓“剥猪猡”，是黑道隐语，略同于打闷棍。一般迫于衣食的小强盗埋伏在隐蔽偏僻的角落，趁夜阑人静，向独自行路的人突施袭击。他们多半谋财而不害命，除金钱财物外，连被劫者身上的衣服都要剥光。这种行径就叫作“剥猪猡”。各赌台夜场散后，时间多在午夜，赌客们多衣冠楚楚，珠光宝气，身畔多有财香，因而多成为剥猪猡的对象。结果，搞得赢钱者要雇保镖夜行，胆小的甚至于不敢登赌场之门，给赌台的生意造成严重影响。黄金荣仗着耳目众多，很快找到专营此业的首脑人物，与之和平谈判。双方商定，法租界三只赌台，按月抽出赢利的一成，交给对方分配，条件是：凡法租界三只赌台的顾客，必须不再遭遇被剥的危险。然后又和赌台老板谈妥，由他们出资以买安全。一时秩序晏然，皆大欢喜。黄金荣这一招可谓一石三鸟：其一，安定了行险强盗的生活；其二，法租界内劫案减少，得到上司喜欢；其三，赌台老板免除障碍，营业兴盛。当然，黄金荣自己由此而得到的收入是别人难以望其项背的。

所谓“大闸蟹”，指租界捕房将捉到的赌客用绳子一连串绑起，押到马路上去游街示众。有人触景生情，美其名曰“大闸蟹”。这使不少嗜赌的人望而却步。问题在于，虽然赌台都按月向捕房上下孝敬红包，但一有风吹草动，洋人一旦板起面孔，黄金荣还必须提些人去向洋人交代。黄老板费尽心机，终于想出对策。原来，赌场里一日两赌。日场叫“前和”，夜场谓之“夜局”。而赌客多在“夜局”时赌。黄金荣先和华洋巡捕做好交代，达成默契：无论怎样兴师动众，都“光提前和，不碰夜局”。“前和”一般没人来赌，他就让一些门下弟子扮作赌客，演习“大闸蟹”。结果，抓赌的尽管抓，夜局仍然火树银花，比往常更加热闹。

黄金荣门中不乏精于赌道者，还有的会在赌具中作伪，如在骰子里灌铅之类。他们怂恿黄金荣开家赌场。经商议，选定了地点适中、环境幽静的福煦路（现延安中路）181号。181号原是幢花园洋房，赌场开办之初，只有三鑫公司成员及其家属参加，后又扩展至上海一些闻人财主，最后发展到只要有钱，都可以进去赌一赌。里面中西赌具一应俱全，免费供应上等中西大菜、高级烟酒和上等鸦片烟，还可免费坐小轿车回家。但想赢钱实在不容易，赌台里惯用灌铅的骰子，轮盘赌的赌具下放有吸铁石，做手脚欺骗赌客。即使赢了钱，也可能被人剥了猪猡，或者被巡捕捉赌。当然，这都是黄金荣自己搞的把戏。

正是因为黄金荣的财势、权势、声势，加上手下喽罗众多，才震慑了蒋介石的债主们；也正是由于这个缘故，蒋介石厉行“清党“时，才起用了黄金荣。

第五章

蒋介石厉行“清党”
灭“工纠”借重杜黄

蒋介石赴难登上永丰舰，帮助孙中山指挥军舰冲出叛军包围，由粤返沪，成为他一生中的转折点。不久，他撰写了一篇万余字的《大总统广州蒙难记》，宣扬孙中山同陈炯明叛军的斗争，博得孙的青睐。由于蒋介石能在患难中随侍40余天，孙中山很信任他，蒋因此捞取了政治资本。

蒋介石陪同孙中山回到上海后，不愿在上海久留。孙中山命他去福州许崇智处辅佐军事。但又因受粤军内部排挤，遂不理军务，去鼓山览胜，见石壁上刻有“天地正气”四字，便凑成联语，“普天地正气，法古今完人”。在游涌泉寺时，乘兴挥笔写下了“其介如石”四字，并交寺僧刻石。又到厦门鼓浪屿闲居一段时间后，于1923年1月返回故里。

由于投机交易失败，军内又遭受排挤，蒋介石心情极为沮丧。在乡居半年的时间里又患眼疾，不能看书治事，几次欲愤而自杀。幸而到了1923年7月，孙中山任命他为“孙逸仙博士代表团团长”赴苏联考察，他才振作起来。

代表团于9月2日到达莫斯科，受到苏联政府的热情接待。蒋介石对苏联军队建设和武器制造很感兴趣，但对苏联的社会主义制度和政策则疑窦重重。后来他在《苏俄在中国》一书中回顾说：“我考察苏俄归来后的结果是，使我冷静下来，我深信和断定本党联俄容共的政策，虽可有助于对抗西方殖民主义于一时，但在我们革命奋斗的过程中决不能达到国家独立自由的目的。”他把给苏联革命军事委员会主席托洛茨基的临别赠言“革命党之要素，忍耐与活动二者，不可缺少”，引为自己的座右铭。

孙中山在长期革命实践中，深知革命武装的重要性。在国民党一大上，决定建立陆军军官学校。军校以原黄埔水师学堂和陆军学校旧址为校址，蒋介石被任命为校长。

蒋介石接任后，曾一度参与制订军校计划、预算，分配各省招生名额等。但因军校草创，校舍需修缮，财源不济，困难颇多。蒋无从下手，一筹莫展。特别是国民党一大选出的领导机构中，没有他的位置，仅被委任为中央执行委员会下设的军事委员会委员，权限甚微。而且，孙中山还指示他，不必过问党务和军政大事，实在让他牢骚满腹，灰心丧气。上任不久，蒋介石于1924年2月21日提出辞呈，弃职回老家去了。

黄埔军校的整个筹备工作实际上是由军校党代表廖仲恺主持的。当时，孙中山和廖仲恺函电不断，促蒋回穗。蒋的回信表明了他的心态："弟本一贪逸恶劳之人，亦一娇养成性之人，所以对于政治只知其苦，而无丝毫乐趣；即对于军事亦徒仗一时之兴奋，而无嗜癖之可言。五六年前，懵懵懂懂，不知如何做人，故可目为狂且也。近来亦觉人生之乏味，自思何以必欲为人。乃觉平生所经历，无一非痛感之事。读书之苦，固不必说，做事之难，亦不必言。即如人人言弟为好色，殊不知此为无聊之甚者，至不得已之事。"

蒋介石对自己前半生的自白确实发自内心，但他的真实思想是，对于孙中山的联俄联共政策极为不满，要求保持壮大国民党的旧有系统，同时赋予自己更大的权力。他的辞呈乃是他以退为进的老手法。随着局势的发展，蒋介石看到，再拖延下去，有失掉信任和职务的危险。而且戴季陶等人提醒蒋介石，要先掌握实力，暂不表示不同政见，等羽翼丰满之后再作打算。于是，蒋介石一扫昔日悲观之态，赶回黄埔军校办公。

蒋介石领悟到出掌军校、掌握军队的重要性后，热情大为增加。入校视事之初，以进步和革命的姿态出现，发表大量训话和演说，树立校长权威和对他个人的崇拜。为此，他下了一番苦功夫，改变了早先花天酒地的放纵恶习，不吸烟，不喝酒。他每天早起，有时在清晨吹起床号后，立即巡视学生宿舍，发现懒睡不起者，便召集训话，严加斥责。他还经常找人个别谈话。届时，他坐在办公室里，要学生站在他的门外，一个一个叫进去问话。通过这种方式，拉拢了不少人。蒋介石还不惜花钱收买人，谁缺钱去找他，就给谁开支票，钱要得越多，他就越信任你。

黄埔军校成了蒋介石结党营私、培植嫡系的基地。在他掌握的军事教育、物资供应、教导团等部门，都安插了亲信，并排除异己。他强调，军人的精神要置于忠孝仁爱的伦理基础之上，强调学员要绝对服从校长的命令。他还派陈果夫专在上海、浙江招生，以封建的乡土观念，建立自己的军事派系。同时，他利用"孙文主义学会"，网罗军校的右派分子，专门和进步组织"青年军人联合会"作对，挑起事端，造成左右两派学生间的激烈冲突。蒋介石善于伪装，他表面上赞同革命，在国民党左右两派之间玩弄权术，两面讨好，又两面开弓。他在公开场合支持联俄、联共、扶助农工的三大政策，对苏联顾问很虚心，对共产党表示团结和尊重，还请孙中山先生书写了"亲爱精诚"的校训挂在军校的大门口。但在背后，除了组织上拉拢个人势力外，还强调通过三民主义限制共产主义的思想影响，以他理解的旧三民主义来抵制新三民主义。随着他权力地位的增长和个人野心的膨胀，其反共活动愈演愈烈，并日趋公开。为稳定广州局势，广州革命政府任命蒋介石为总司令，进行了两次东征，讨伐陈炯明，平定滇桂军阀杨希闵、刘震寰的叛乱，取得了军事胜利。这是国共合作的硕果。但蒋介石后来却不顾国共合作的事实，片面夸大他个人的"英雄业绩"，贪天之功据为己有，并以此作为政治资本，图谋最高权力。不可否认，在广州进行的几次战争的胜利，使蒋介石的"威望"提高了。黄埔军校的进一步壮大，也使他积累了一定的实力。与此同时，他的权势欲望也增长了。而孙中山的逝世和廖仲恺的被刺杀，更给他提供了难得的机会。

1925 年 3 月 12 日孙中山病逝以后，由谁继任，成为国民党内亟待解决的问题。在长期的革命斗争中，孙中山的一批助手，如廖仲恺、汪精卫、胡汉民、许崇智等，资历深，威望高，权势重。蒋介石仅是"后起之秀"，因同孙中山有过一段共患难的经历而得到格外的提拔，国民党一大后相继担任军事委员会委员、黄埔军校校长等职。但在党内，蒋介石连个中央候补执委也不是，根本不能与上述党政要员相提并论。为了在争夺权位的斗争中取胜，蒋介石首先制造舆论。1925 年 3 月 30 日，他在对孙中山的祭文里说："忆自侍从以来，患难多而安乐少。每于出生入死之间，悲歌慷慨，唏嘘凄怆，相对终日，以心传心之情景，谁复知之?""去年临别北上，以军校既成，继起有人，主义能行，虽死无憾之语语中正"，"今惟有教养学子，训练党军，继续生命，复兴中华，以慰在天之灵而已"。俨然正宗嫡传，临别授命，似乎他是孙中山唯一的信任者和唯一的继承者。但在时机未成熟之前，蒋介石却是一副谦恭相。

在夺取最高权力的斗争中，汪精卫和蒋介石走到一起来了。汪想利用蒋掌握的军事力量，而蒋则想利用汪的政治声望。他们合作的第一个硕果是借廖仲恺事件挤走胡汉民。

当时，胡汉民和一些反共人士经常密议反对国共合作，并把一切怨恨集中到坚决继承孙中山遗志的国民党左派领袖廖仲恺身上。1925 年 8 月 20 日，国民党右派杀害了廖仲恺。这对蒋介石、汪精卫来说，可谓天赐良机。国民政府立即组织了"处理廖案特别委员会"，指定汪精卫、许崇智、蒋介石三人为委员，授以政治、军事及警察全权，负责审理此案。由于有粤军将领因与此案有牵连而被捕，许崇智自身难保，因此，社会治安和执行特别使命均由蒋介石指挥下的第一军和黄埔学生军承担，蒋遂成为处理廖案的实际指挥者。8 月 24 日，蒋宣布广州戒严，全广州都处于他的控制之下。在审理过程中，发现许多嫌疑人员，或是胡汉民的部属，或是许崇智部下。蒋介石和汪精卫二人并没有真正下工夫查清胡、许二人究竟与此案有何牵连，只想借机肢解他们的实力。结果，胡汉民于 9 月 22 日到苏联考察去了。

蒋介石早有控制粤军的企图。他近十年来在粤军中任职，得到许崇智的信任和重用，并结拜为兄弟。但是，许统领下的粤军在取代滇桂军进驻广州后，控制当地财政、税务、厘金机构，强行截留税款，以供其将领挥霍，而不顾黄埔军校及蒋部官兵财源的困境，造成二人间的深刻矛盾。这时，蒋介石以许崇智纵容部下勾结右派刺杀廖仲恺的名义，将许武装监护起来。9 月 20 日，蒋介石给许崇智一张赴上海的机票和 2 万元现金，强行护送出境。蒋介石取代了许崇智的位置，兼并了粤军的大部实力。同时，派亲信掌管了广州的财政部门。

随着胡汉民、许崇智相继被逐，其追随者即作鸟兽散，纷纷避往上海、北京、香港等地。不久，西山会议派掀起一股反对国共合作、要求苏联顾问解职的逆流。蒋介石又暂时利用苏联顾问和共产党人的力量，反击右派势力，进一步巩固了自己的地位。在 1926 年 1 月的国民党二大上，蒋介石利用共产党领导人陈独秀的右倾机会主义，当选为国民党中央执委，随后，在二届一中全会上，又当选为 9 名常务委员之一。国民党二大决定，将各军所办学校与黄埔军校合并，改称中央政治军事学校，仍由蒋介石任校长。自此，蒋介石成为拥有国民党党务和军事实权的人物，与汪精卫一武一文，主宰着广州国民政府。

蒋介石借苏联顾问和陈独秀右倾机会主义的支持提高自己的地位之后，又利用右派的力量打击共产党和国民党左派，以便夺取最高权力，独占革命成果。蒋介石曾自白：自二大起就已抱定了同共产党进行生死斗争的决心了。

五卅运动和相继发生的省港大罢工，使共产党在广州的群众基础大大增强。国民党二大后的中央组织机构中，秘书处、宣传、组织及农工等部都由共产党员担任领导。在国民革命军中，政治部主任多由共产党员担任，共产党在军队中发挥着巨大的作用。蒋介石因此把共产党看作他夺取领导权的最大障碍，处心积虑地要加以清除。汪精卫同苏联顾问关系密切，表现左倾，也引起了蒋介石的不满和疑忌，蒋、汪之间的矛盾日趋尖锐。中山舰事件就是蒋介石策划的向共产党进攻并借以排斥汪精卫的试探性事件。

中山舰舰长是代理海军局局长、共产党员李之龙。孙文主义学会分子欧阳格企图夺取中山舰领导权。1926 年 3 月 18 日，他下令调中山舰驶入黄埔听候蒋介石调遣。李之龙命中山舰前往。后因苏联顾问团要参观该舰，李之龙打电话请示蒋介石，要求将中山舰驶回广州，蒋表示同意。但欧阳格等人向蒋介石谎称：中山舰正开往黄埔，欲抢军火，并要劫持蒋介石到莫斯科。开始，蒋介石害怕被捉，打算离开广州去汕头。可是，他马上想到，正可借机镇压革命力量，遂又中途返回。当夜，蒋介石以广州卫戍司令的名义擅自宣布全广州戒严，调动亲信部队，占领中山舰，包围苏联顾问住宅，并监视黄埔军校内的共产党师生和左派人士。汪精卫的住宅也同时被包围。

对蒋介石的行为，汪精卫气愤异常地说："我是国府主席，又是军事委员会主席，介石这样举动，事前一点也不通知我，这不是造反吗?"但蒋介石自恃手中有枪，只说因中共意图暴动，不得不如此紧急处置。汪精卫被迫提出辞职，大发一顿脾气后，悄悄去了法国。当时中共领导人陈独秀采取了妥协退让政策，同意共产党员退出第一军。

中山舰事件后，蒋介石气焰日益嚣张，又于5月操纵国民党二届二中全会，通过《整理党务案》。结果，共产党被迫交出国民党中央一切重要领导职位，而蒋介石的亲信及新老右派在国民党中央的权力大为膨胀。蒋介石出任国民党中执委常务委员会主席，实际控制了广东的党、政、军大权。

北伐是蒋介石实现其统一中国、建立蒋家王朝的重要一步。1926年6月4日，国民党中央执行委员会举行临时全体会议，任命蒋介石为国民革命军总司令，将党政军大权集于总司令一身。凡国民党下辖之陆海空各军，均由他指挥。出征动员令下达之后，凡国民政府所属军、民、财政各部机关，均受其统制。其结果，形成了如下局面：蒋介石所在地就是国民党中央、国民政府所在地；蒋就是国民党，就是国民政府。威权之盛，超过孙中山当大总统时。

由于北伐战争是一场反对帝国主义反对封建军阀的正义战争，得到全国民众的热烈响应和支持，加上共产党人卓越的政治工作和先锋模范作用，并实行了正确的战略，所以，北伐军进军迅速，不到半年时间，革命势力便从两广推进到长江流域。

北伐战争的胜利进军，北洋军阀吴佩孚、孙传芳的覆灭，动摇了帝国主义在中国的统治。因此，帝国主义加紧了对中国革命的干涉。它们在武装干涉中国革命的同时，还采取分化革命阵营的卑鄙手段，积极寻找新的代理人。这时，它们都看中了隐藏在革命阵营中的手握兵权的蒋介石。

此时，蒋介石也正想获得帝国主义的支持，以便时机成熟时发动反革命政变，把共产党打下去。在北伐途中，他沿途招降纳叛，收编了大批原北洋军阀部队，大大扩充了自己的实力。1926年11月打下南昌后，他就把北伐军总司令部设于南昌，拥兵自重。不久，他就挑起了迁都之争。

北伐军占领武汉后，革命的中心已由广州转移到了武汉。为了适应革命形势发展的需要，国民党中央决定迁都武汉。这一决定遭到蒋介石的反对。他致电中央，反对迁都武汉，提出要迁都南昌。蒋介石的如意算盘是，依仗其手中的兵权，控制国民政府。此议遭到拒绝后，蒋介石仍不死心，亲自赴武汉进行游说。在武汉各界召开的欢迎大会上，蒋介石话语滔滔，历数自己的"丰功伟绩"，极力往自己脸上贴金。但当有人站起来质问他为什么违背中央迁都武汉的决定时，他却张口结舌，面红耳赤。蒋介石碰了一鼻子灰，怀着一肚子怨气回到了南昌。不久，在国民党二届三中全会上，共产党人和国民党左派共同努力，通过了反对蒋介石独裁的决议，并给予组织处理，罢免了他一系列重要职务，但仍保留了其北伐军总司令职务。蒋介石的迁都南昌的图谋完全落空了。

迁都南昌的阴谋被识破后，蒋介石退而结网。他把心腹纠集起来，在南昌形成一个新的右派领导核心，继续密谋策划离俄分共的独裁计划。从此，南昌成了反革命的大本营和"交易所"。各帝国主义纷纷派代表到南昌见蒋介石。蒋介石在牯岭（庐山）数次接见日本驻九江领事，极力表白他尊重日本的在华利益，承认现有条约，并保证不用武力收回上海租界。还派戴季陶以国民党中央特派员身份出访日本，促使日本确定扶蒋反共的方针。日本帝国主义答应供给蒋介石所需要的武器。与此同时，蒋介石让宋子文等人极力谋求英、美等国的支持。美国代表也曾到南昌与蒋介石策划反共阴谋。

蒋介石还争得了掌握中国经济命脉的江浙财团的全力支持。江浙财团是民国时期以上海为中心的江苏、浙江两省大银行、大企业资本集团的统称，是旧中国最大的以银行资本为核心的财团。工人运动的迅猛发展，使江浙财阀惊恐不安，他们把镇压工人运动的希望寄托在蒋介石身上。财团的头面人物虞洽卿，也就是介绍蒋介石拜师黄金荣的那位"引见师"，组织了上海商业联合会，专为蒋介石筹措军事经费。他们先期向蒋介石提供了1500万元，还答应再追加3000万元，作为蒋介石建立反革命政权的基金。

各环节都打通后，1927年1月，蒋介石在南昌召集军事会议，制定了攻取沪杭、会师南京的长江下游作战计划。东路军在顺利攻占浙江后，于3月21日抵达上海近郊龙华。此时，上海的工人正在中共中央军委书记周恩来、上海区委负责人赵世炎、罗亦农和上海总工会委员长汪寿华等领导下，发动了第三次武装起义。经一昼夜浴血奋战，22日解放了上海。

在帝国主义的强大压力和大资本家的强烈要求下，磨刀霍霍的蒋介石已经面露杀机了，在上海发动政变的各种准备正紧锣密鼓地进行着。不过，当时上海地区的力量对比对他并不有利。上海已有80万组织起来的工人和一支2700人的武装纠察队；起初进驻上海市区的军队都有进步倾向。为了实现反革命政变计划，蒋介石把同情工人、市民的军队调离，而把仇视工农的周凤岐第二十六军调入市内，并下令严禁工人罢工、集会和游行。与此同时，蒋介石继续玩弄反革命两面派手法，竭力掩盖其反革命真面目。当时盛传要收缴工人纠察队武器，但是，当总工会派代表质询时，蒋介石却假惺惺地断然否认，还派军乐队吹吹打打地给上海总工会送去一面绣有"共同奋斗"的锦旗，以麻痹工人。

为了镇压革命的工人武装，蒋介石又求助于他的“先生”黄金荣，秘密组织训练清洪帮黑社会力量。

能否控制上海是蒋介石实现其政治野心的关键一步。这一步走好，把风起云涌的工人运动镇压下去，不但能获得西方列强的支持，而且能得到江浙财团为后盾。控制了上海，就比较容易统治东南，然后才能徐图统一。正因为上海是要害所在，所以蒋介石于3月26日鼓轮东进上海，下榻于枫林桥淞沪交涉使署。当晚，蒋介石率两车卫士前往西摩路（今陕西北路）访宋子文。蒋介石一行在进入法租界的爱多亚路时，被安南巡捕拦阻。巡捕令两辆军车开进法租界巡捕房，并扣押了警卫人员。黄金荣闻讯后，亲自赴法租界巡捕房与法国人通融，希望和平解决。法国领事指示，照黄金荣的主张办理。结果，两辆警卫车在法租界游行一圈后驶去。蒋介石对此很满意。

几天后，黄金荣家来了位客人，此人就是王柏龄。王与蒋介石很投契，又和黄金荣的门徒唐嘉鹏是拜把兄弟。黄金荣从王柏龄口中得知，当年投拜门下的蒋志清就是当今声威显赫的北伐军总司令蒋介石，不禁有些飘然自得。这时，王柏龄提醒他，蒋总司令是当今中国第一号人物，如果把他曾拜过老头子的事说出去，于他的面子有碍。倒不如顺水推舟，叫黄金荣隐没这段师生关系，亲自送还门生帖子，说明过去并未行拜师之仪，希望以朋友关系相待。黄金荣哪能不答应。

按着约定的时间，黄金荣由王柏龄陪同，晋见蒋介石，送还门生帖子。蒋介石像是很谦逊地说：“先生总是先生，过去承黄先生、虞先生帮忙，是不会忘记的。”说着，从怀中取出一只黄澄澄的金怀表，递给黄金荣：“这是我送先生的纪念品，聊表心意。”黄金荣连声致谢。以后每逢喜庆大事，黄金荣总要拿出表来炫耀一番。

就在蒋、黄叙旧之前，蒋介石派来的陈诚、杨虎已经同黄金荣、杜月笙、张啸林密谋过反共之事了。他们商定，尽速建立起一支武装，一方面协助白崇禧部维持秩序，一方面和工会抗衡，监视工人纠察队，伺机歼灭之。几经推敲，决定建立名为“中华共进会”的组织，以便兼容并蓄，号召全沪帮会中人。会址设在法租界西门路紫祥里，由黄金荣、杜月笙坐镇。陈群、杨虎又经黄金荣引见，拜上海清帮“大”字辈张镜湖为师，拉拢帮会的徒子徒孙，与黄金荣在法租界原有的流氓武装队伍联为一体。杜月笙则委托几位做军火买卖的洋行买办，不惜一切代价，购买枪支弹药，武装共进会成员，并加紧训练。这一切都在悄悄地进行着。

此间，蒋介石又接见了上海商界、金融界人士，联络交通各国驻沪使节，互通款曲，达成反共的一致意愿。4月8日，蒋介石委派吴稚晖等9人组成上海临时政治委员会，授权处理上海一切军政事务，取代了工人武装起义后成立的上海特别市临时政府的权力，并命特务处长杨虎监督执行政变计划。一切部署停当，蒋介石起程回南京，遥控政变的实施。

4月11日，蒋介石在南京发出密令，要求已光复的各省一致“清党”。驻上海闸北的第二十六军在各条街道上大量配置兵力。共进会也早已开始了他们罪恶的计划。

他们的第一步是诱杀上海总工会委员长汪寿华。4月9日下午，高悬着“上海总工会”牌匾的湖州会馆内，正埋头处理公文的汪寿华突然接到了杜月笙家人送来的请帖，上面写着：明晚8点，在杜公馆备酒席，并有要事相告。汪寿华曾得到过杜月笙的帮助，对杜有一定的好感，对突如其来的邀请虽然有所怀疑，但并没有太在意。

第二天晚上，汪寿华准时来到华格臬路杜公馆。他哪里知道，杜公馆的里里外外早已埋伏重重。大门之内，埋伏着六个彪形大汉。大门外有辆汽车，车里除了司机还有两个打手。车垫下掖着一只大麻袋，一根绳索，还有铁镐、铁锹。汪寿华刚到门口，门灯就亮了。看门人打开铁门，笑容可掬地引他走入，铁门在他的身后重重地关上。走进院里，只见大客厅内灯火辉煌，人头攒动。汪寿华蓦然觉察出什么，转身欲走。就在这时，几条黑影围捕过来。慌乱之中，汪寿华胸部被人猛撞一肘。他闷哼一声，晕倒下去。他被夹持着塞入门口停着的汽车中，向与法租界毗邻的枫林桥疾驶而去。在那里，汪寿华被装入麻袋，活埋了。事隔22年后，杀害汪寿华的两名歹徒被执行枪决。

按照预定计划，黄金荣、杜月笙等人召集一万二千人，分编为两彪军，分南北两路向工人纠察队进攻。南路进攻华商电车公司，北路则分别进攻工人纠察队总指挥部，即商务印书馆俱乐部和设在闸北湖州会馆的总工会会所以及商务印刷厂。流氓军队在法租界集合队伍出发，去闸北的还要通过公共租界。黄金荣和杜月笙分头行动，取得英、法租界当局的许可。法租界当局还承诺，租界内绝大部分机动车辆可无条件地供他们使用。

4月12日夜，杜公馆的大厅内，高悬一幅桃园三结义的绣图，一对巨烛粗若儿臂，三支线香轻烟袅袅。八仙桌上摆好香花鲜果、三牲祭品。黄金荣、杜月笙、张啸林、杨虎、陈群等人一律换了黑马褂、蓝绸衫、黑缎鞋，跪天拜地，饮鸡血酒，通谱结义。这时，他们也顾不得清帮的规矩了。一片喧哗声中，徒子徒孙们大吃大喝，一片狼藉。深夜两点半钟，人潮外涌，全体出动。

在法租界预定的集合地点，一队队共进会会员纷纷来到。他们一个个黑色短打，腰束一条宽皮带。每一小队20名队员，由队长发放枪支弹药，每人还发一匝白布，上面用黑笔写就一个大“工”字，箍在袖子上。借着光亮，有时会闪出二十六军便衣人员的面孔。当晚一共出动了一万六七千余人。

进攻南市华商电车公司的一队出发最早，全部乘车。各种型号的汽车关熄车灯，开了出去。进攻闸北商务所印书馆和印刷所的一路，整队步行。

商务印书馆的两处建筑是钢筋水泥结构，非常坚固，有工人纠察队重兵守护。趁着黑夜，共进会匪徒近万人把这两处楼房团团围住。商务印书馆楼内灯光明亮，人影晃动，工人已有所戒备。“缴枪！缴枪！”的喊声突然响起，鼓噪如雷的流氓队伍向铁门冲去。楼里面的机关枪响了，共进会匪徒退到机枪射程之外，才僵持住。后来，黄金荣、杜月笙、张啸林前来督战，又打了几次冲锋。但因墙体坚厚，楼上窗前都堆满沙袋，工人轻重武器防守严密，进攻毫无进展。一直打到九点多，二十六军第二师第五团开到，佯装调解纠纷，要工人们缴械。工人识破阴谋，不予理睬。最后，杜月笙出面，借来二十门小钢炮（有说从英租界借来，有说从二十六军借来），一组组排开。连声巨响后，墙倒门飞，工人纠察队死伤惨重。匪徒们涌进楼去，杀的杀，打的打，缴械的缴械，终于占领了工人纠察队总指挥部。工人纠察队防守的商务印书馆的其他两处建筑也相继被匪徒们占领。

在南市华商电车公司院内，车棚、厂房星罗棋布，轨道车辆纵横交替，地势极为复杂，约有200余名工人据守。12日凌晨2时45分，500多名共进会匪徒乘车抵达，分成三个支队，包抄前进。工人火速应战，在公司东西南北四个方向各架起一挺水冷式机关枪，密集扫射，迫使进袭者仓皇退下。又是杜月笙从二十六军一团借来四挺马克沁机枪及20箱子弹，压制了工人的火力，三路合围，南市亦下。

4月12日，其他各处零星分布的工人武装亦被解除，共获枪支2500余杆。共进会为国民党立下大功一件。据统计，此战有2700余名工纠队员被缴械，300余人死伤。

枪声尚未停息，时任淞沪警备司令的白崇禧于4月12日中午贴出了一张布告，曰：“为布告事：本早闸北武装工友大肆械斗，值此戒严时期，并前方用兵之际，武装工友任意冲突，殊属妨碍地方安宁秩序。本总指挥职责所在，不得不严行制止，以保公安。除派部队将双方肇事工友武装一律解除外，并派员与上海总工会妥商善后办法，以免再启战争，而维地方秩序。所有本埠各厂工友，务各照常工作，毋得轻信谣传，自贻伊戚。为此布告，仰各界人等一律知悉，此布。”

当日下午5时，上海戒严司令兼二十六军军长周凤岐也发布布告，原文如下：“照得本日拂晓，本埠各处忽闻枪声四起，即经派人调查，据报系有工人及莠民暨类似军人持械互斗，势正危急等语。当以本埠地处要冲，偶有不靖，势将影响大局。况当戒严之际，尤不容有此等越轨行动，危及安宁。本部职责所在，不得不力予维持，妥为消弭。当即分饬所部，赶赴各地弹压，不论何方面有不遵守约束者，即依照戒严条例，勒令解散缴械，以靖地方。去后，兹据报称：所有各地持械之工人莠民等，势甚嚣张，无法制止，业经遵令一律解散，并将所持枪械，暂为收缴等情前来。似此突如其来之事变，业已平定，深恐地方人民未明真相，软兹误会，合亟布告，仰尔军民一体知悉，务宜各安生业，勿得警扰，致碍治安，倘有不逞之徒，仍敢造谣生事，一经查觉，定当严办不贷，切切！此布！”

白崇禧、周凤岐的布告发布后，共进会的匪徒们大都愤愤不平。他们想，自己流汗流血，为王前驱，却被主子同“工纠”一体声讨，全部缴械，这怎能让人心平呢？他们哪里知道蒋总司令的隐衷呢？此所谓君子善假于物，而不能物于物。共进会的武装同样不能让总司令安心。还是杜月笙聪明，为表示竭诚支持与拥护，命令将他私人购买的那批枪械和所有收缴的武器弹药，统统交给二十六军，并请周凤岐转呈蒋总司令。

13日，全市20余万工人举行总罢工。一部分工人、学生和市民前往宝山路第二十六军二师师部请愿，要求释放被捕工人和发还枪支。队伍行至宝山路三德里附近时，预伏的二十六军部队朝着工人队伍猛烈射击，当场死百余人，伤者无数。时值大雨滂沱，宝山路上尸体枕籍，血流成河。14日，反动军队强令解散上海特别市临时政府，又取消总工会等革命团体，在全市实行大搜捕。大批工人和共产党员被杀害。据不完全统计，被杀者500余人，5000余人下落不明。这就是震惊中外的四一二反革命政变。

为了混淆视听，蒋介石指示陈群拟好一份通电，由黄金荣、杜月笙、张啸林三人署名发出。14日，上海、南京等地的报纸刊出了这一通电。通电对中国共产党极尽污蔑诽谤之能事，同时大肆攻击上海总工会和纠察队的负责人。通电还说：“同人等急起邀集同志，揭竿为旗，斩木为兵，灭此凶蛮，以免遗害子孙，尤望全国父老，父诏其子，兄勉其弟，共起而铲除之。同人等抱国家兴亡匹夫有责之义，出而奋斗。”这份通电不打自招地供出了蒋介石勾结上海流氓反共反人民的罪恶行径。

由于帮助蒋介石“清党”有功，四一二后，黄金荣、杜月笙、张啸林等被任命为南京陆海空总司令部少将参议，得了勋章，成为国民党新贵。从此，黑社会成了国民党统治的社会基础之一，杜月笙也步入了他的黄金时代。

第六章

黄金荣落架隐退 杜月笙后来居上

黄金荣声威煊赫，运道发紫的时候，是他担任法租界探长、督察长的二十余年间。他操纵法租界的烟赌行业，并开设黄金大舞台、剧院等娱乐业，兼营澡堂、饭馆等服务业，日进斗金，财源滚滚。特别是鸦片的贩运和经营，更给黄金荣带来了难以估量的利润。他因此能够买通租界的上上下下，被誉为“租界治安的长城”，曾三次受到法国东亚全权大臣、安南总督的褒奖，授予头等金质宝星和二等银质宝星。他还因此加强了与中国江浙军阀的勾结，让他们对可获暴利的三鑫公司贩运鸦片大开绿灯，全力保护。在北洋军阀时期，黄金荣曾被聘为资议、顾问等职，黎元洪特别授予黄金荣陆军上校衔侍从武官之职。黄金荣还曾受聘为淞沪护军使署衙门上校督察。尽管他权势灼人，红极一时，却也难逃乐极悲来的人生旧路，渐趋于衰落之途。这倒要从他的情海风波说起。

民国十年（1921 年），黄金荣 54 岁。他开设在郑家木桥附近的老共舞台戏馆，一下子延揽了三位色艺俱佳的坤伶登台。即便在风气之先的上海，男女同台的演出安排，还是破天荒头一遭，因此，不数日就风靡整个黄浦滩。其中有一位就是红遍春申江畔的露兰春。

这露兰春是法捕房翻译、黄金荣的学生张师的养女，小时候常到黄公馆玩耍。她圆脸俏眼，很招人喜欢。露兰春长大后就到黄金荣开的戏院里听戏，偶然学哼几句，居然中拍合节，韵味十足。养父见她聪颖伶俐，便请戏师傅专门教她。有一次，被黄老板看到，见小丫头已出落成了大姑娘，玉身颀立，艳光四射，就让她到老共舞台粉墨登场，结果一炮打红，成为台柱子。黄老板又不惜出巨资聘名师，为露兰春排演连台本戏《宏碧缘》，天天唱得老共舞台人满为患。据说，露兰春最红的那几年，声势远在后来的伶王梅兰芳之上。经她唱红的《宏碧缘》，十多年风行大江南北，经久不衰。

露兰春为黄金荣赚足了钞票，也使这位该知天命的老人返老还童，情愫萌动。他对露兰春体贴爱护，无微不至。露兰春上戏馆，黄老板派保镖跟随左右，派车子管接管送，而且不论怎样忙法，每天晚上必亲临老共舞台为她把场。

露兰春艳名远播，引来了一位豪华公子卢筱嘉。民国十年间，有所谓“四公子”。这“四公子”与春秋时以养士纳贤闻名的四公子不同，他们是以倜傥风流、财势绝伦而一时闻名于世。这四位是袁大总统的二少爷袁克文，东北关外王张作霖的大少爷张学良，南通状元、民国农商总长张謇的公子张孝若，第四位便是浙江督军、权倾东南的卢永祥的少爷卢筱嘉。卢公子不仅喜欢听戏，而且善解音律。有一天，他轻装简从，专程往听露兰春的拿手戏之一《镇潭州》。

那天，露兰春饰演岳飞。不知怎的，一时大意，有段戏文竟走了板。台下观众即便听出来，慑于黄金荣的声势威权，也只能隐忍着一言不发。卢公子年轻气盛，又有恃无恐，怪里怪气地喝起倒彩来。露兰春又羞又怒，匆匆唱完一段，不按鼓点，甩袖跑回后台，放声大哭。正在把场的黄金荣目睹此景，觉得面子不搁，坍不起这个台子；又见露兰春受辱而下，心中又怜又痛。种种滋味激发之下，黄老板勃然色变，大吼一声，吩咐手下把敢在太岁头上动土的家伙抓起来。

保镖们一是因为有主子的指令，二是因为他们也不晓得什么卢家公子，于是如狼似虎，蜂拥而上，扭住卢公子的胳膊，劈劈啪啪一阵耳光过后，又是一阵憋足力气的拳打脚踢，然后揪住卢公子的衣领，提着向老板交差。四目相视，黄金荣心里咯噔一下，猛然陷入一阵如坠深渊的晕眩之中，他认出了卢公子。因为都是台面上的人物，虽说彼此没有来往，却也识得对方的尊容。黄金荣知道打错人了，心里懊悔不已。他知道，自己的势力再大，也出不了法租界。而整个浙江和大半个上海，都是人家卢永祥的天下。时任淞沪镇守使的何丰林，是卢的心腹大将。老实说，卢公子在上海住，何丰林遇到大事，还得向卢少爷请示呢！鉴于此，黄金荣打算大事化小，小事化了。他想，我臭骂保镖一顿，再低声下气地给卢少爷赔个不是，或许能将这场冲突化解。但黄金荣又一想，这卢公子平日托大惯了，这次当众受辱，他岂肯善罢甘休？如果我这里低声相求，他那里得寸进尺，不识好歹，那我在这老共舞台上上下下面前，再如何做人？黄金荣经过一番谋算，决定不示弱。他视卢公子为陌路，面孔上秋霜层层，仅喝令手下，放他走路。卢公子好汉不吃眼前亏，捺住心头万丈怒火，咬牙切齿，被随从们搀扶着恨恨离去。

事情过去几天，好像一切都很平静，什么也没发生。黄金荣依旧在老共舞台坐镇捧场，自得其乐。但他心里明白，此事不会轻易了结。他吩咐手下暗做准备，严加防范。哪知防不胜防。一日，黄老板听戏正在兴头上，连连喝彩之际，一管冷冰冰的枪口抵在他的太阳穴上。劈劈啪啪一阵耳光爆响之后，黄金荣本来胖大的脸已经肿得脱了形状。随后被七八个拿枪的便衣劫持着向场外走。保镖们见状，都不敢向前，恐怕害了老板的性命，眼睁睁地看着老板被塞进早已停在戏院外边的汽车，向法租界外疾驶而去，这才撒腿如飞，回去报告。

黄公馆的实际主持人是叶桂生。这叶桂生是上海滩的白相阿嫂，有胆有识。她与黄金荣结婚20年来，帮助黄出谋划策，调兵遣将，黄金荣对她几乎言听计从。得知黄金荣被捉的消息，她并没有号啕大哭，手足无措。她听黄金荣说过误打卢公子之事，意识到这是何丰林派人干的。她当机立断，打电话召来杜月笙、张啸林和其他得力门生，商量对策。他们商定，分为内线外线两路突击，营救黄金荣。

叶桂生得知何丰林的老母是个虔诚的佛教徒，就千方百计搜罗到一尊金塑如来佛坐像和一极品竹杆罗汉，连夜前去拜望老太太。老太太一看金佛、罗汉，嘴角盛开了欢笑。加上叶桂生伶牙俐齿，甜言蜜语，哄得老太太心花怒放，一口应承她的要求，并认她做干闺女。

再说杜月笙，知道三鑫公司的生意直接受何、卢的庇护，倘若关系搞僵，就大事不妙了。他备下重礼，请清帮“大”字辈张镜湖出面，通融一下卢公子和黄金荣的关系。内线外线，多方奔走，黄金荣才得以从阴湿寒冷的地牢里逃出来，重见光明。黄金荣虽逃过一劫，但作为堂堂的法租界督察长，被人又打又关，毕竟丢了面子，心中总有说不出的失落感和羞辱感。

又平静了些日子，黄金荣突然决定金屋藏娇，把露兰春娶回家来。对此，连杜月笙等人都不觉一惊。要说，像他们这一类月入巨万的上海闻人，讨个三妻四妾，原本不算什么怪事。不过，黄金荣的老婆叶桂生一直严于阃成，容不得他人染指。而且，更要命的是，黄金荣讨小，讨的又是当时绮年玉貌、小时抱都抱过的露兰春。不出所料，叶桂生果然拼死反对。但黄金荣一意孤行，不容变更。结果，叶桂生打点行李，收拾细软，离异而去。

花花大轿把露兰春抬进了黄门。黄金荣面皮黝黑，麻点散布；露小姐肤若凝脂，脸上细小的麻点也似天女散花。两人一黑一白，一粗一细，倒也相映成趣。黄老板属龙，露小姐属鸡。吃喜酒时，有阿谀之徒说这就叫“龙凤配”，真是恶心人。

露小姐色艺双绝，婚后仍不忘情于袍笏登场的粉墨生涯。老共舞台依旧灯火通明，喝彩声如雷。这位红遍上海的美人使得一些纨绔子弟神魂颠倒。但是，当得知她是黄老板的禁脔后，权衡利害得失，都悄无声息地打了退堂鼓。

偏偏情场上有不怕死的硬汉，不甘于可望不可即的苦思冥恋，对露小姐百般追求。此人便是上海小有名气的殷商富户、翩翩公子薛二。这薛二手面阔绰，也通些音律。他对露兰春魂牵梦萦，发誓一定要追到手。时日一久，露兰春不免怦然心动。黄金荣自从娶了露兰春以后，以为既赢佳人归，就不必再去亲自把场了，于是不经常在老共舞台露面了。这倒使薛二乘虚而入。薛、露二人不时密期幽会，终于私奔而去。黄老板因此在一夜之间苍老了许多，情绪也低落至极点，每日只是感伤不已。这可真所谓临老入花丛，惹得满心悲。

黄金荣1927年参与组织共进会，为蒋介石冲锋陷阵，卖老力气辅助国民党清洗共产党，着实轰轰烈烈了一阵，但充其量也不过是衰星的一次闪耀而已。自从接连遭受打击以来，黄金荣把许多事务都逐渐移交给他一手培植起来的杜月笙手中。不久，黄金荣便卸去督察长职务，告老退休了。

杜月笙，出身于一贫苦家庭，老家在浦东高桥镇的杜宅。其父杜文庆，多年在高桥镇的一家茶馆当堂倌。清光绪十四年（1888年）农历七月十五，杜家生下儿子，取名月生。杜月生飞黄腾达以后，又改名为镛，号月笙。杜月笙童年生活极其清苦，4岁丧母，6岁失父，凄凉不堪，只好投靠外祖母。舅父是个木匠，勉强能维持生计。杜月笙只读过四个月的私塾。以后成了名，就苦练写自己的名字，笔笔落实，龙腾虎跃，也真是难得。

流浪漂泊构成杜月笙童年生活的主旋律。他曾四处讨饭以自存。舅父朱扬声也曾给他些小本钱，让他去贩卖大饼油条。但他常去赌博，把本钱输个精光，终被驱逐出门。到十三四岁的时候，杜月笙乘船过江，流浪到上海滩。起初，投靠在十六铺一家水果行。其伯父杜阿庆在那里当账房。不久，杜阿庆介绍杜月笙到另一家水果行当学徒，又因为嗜赌被赶了出去。

当时的十六铺是上海最繁华的地区，处于法租界和南市交接地带，华洋杂处，藏污纳垢。这里水陆码头集中，成为进出口货物的集散地。大商号当街林立，水果、海鲜、山货等批发商号鳞次栉比。大街小巷，满布着大小赌场、烟馆和妓院。流氓、地痞等社会渣滓趋之若鹜。杜月笙混杂在这群人里，从水果店和水果船讨些好的坏的水果，走街串巷，四处叫卖。待有俩儿钱后，仍然和三朋四友聚赌。那时，杜月笙衣衫褴褛，天暖时干脆赤膊短裤。在这里混了两年，杜月笙有了资历，门槛渐清，也交了些三山五岳的江湖好汉。他们合伙欺诈初来乍到的进城农民，强迫他们把蔬菜、水果卖给某一商店，诈取佣金。有时也贩卖些海员夹带的私货。

其间，杜月笙结识了十六铺码头的大亨陈世昌。这陈世昌以“套签子福生”闻名。所谓套签子是一种比较低级的赌博勾当。赌具为三根竹签，其中一个下端有洞，用一根细红线系住，另两根则无。赌家引诱赌客下赌注，用铜圈套系红线的签子，如套中则一赔三，未中则输掉赌资。陈世昌是清帮“通”字辈人物，在十六铺一带小有势力。在清帮中，“通”字辈算是较高的辈分，仅次于“大”字辈。辛亥革命后，“大”字辈算是很高的辈分了。在上海的“大”字辈，只有张镜湖、曹幼珊、高士奎等不到十人，实属凤毛麟角。袁克文为了投身侠林，捞个最高辈分，专程跑到山西，在一位“礼”字辈清帮前人墓前磕了头，算是拜了师，成了清帮“大”字辈。因为不合帮中规矩，只能算个名誉衔。黄金荣也曾自诩为“大”字辈，但也并非清帮“三宝先祖”的正宗嫡传，而是以关羽为号召，广收门徒，自成体系，是帮中所谓的“空子”。而陈世昌则是正经八百的“通”字辈。按照清帮的字辈，“大”字辈后面是“悟”字辈。杜月笙拜师于大字辈的陈世昌，自然是“悟”字辈了。

杜月笙加入清帮，是正经八百地进香堂，经历了一整套既繁琐又隆重的程序和仪式。

那是一个月暗星稀的黑夜，在上海市郊的一座小庙里。庙内的大殿上香烟缭绕，灯火摇曳。神龛前供奉着一列黄纸黑字的牌位，正中一位是达摩祖师之神位。自达摩祖师以下，供奉的是任慧可、彭增粲、叶道信、万弘忍、杨慧能、金清源、罗净修、陆道远、翁德意、钱德正、潘德林、王文敏、姚文全、建号隆武的明朝唐王和建号永历的桂王。“本命师”即陈世昌，他即将成为与杜月笙同时入会的一帮“空子”的“老头子”。陈世昌端坐在当中的靠背椅上，两旁雁序排列着两行赶香堂的前辈。赶香堂的人数的多寡反映着本命师的势力和声望。赶香堂的人除了本命师之外，还有引见师、传道师、执堂师、护法师、文堂师、武堂师、巡堂师、赞礼师、抱香师等所谓香堂十大师。

庙门外由引见师率领杜月笙等耐心等待。里面一切准备就绪，引见师带领他们直趋庙门，轻敲三下门之后，里外开始了有严格规定的对话：

“你是何人?”

“我是某某人，特来赶香堂。”

“此地抱香而上，你有三帮九代?”

“有。”

“你带钱来否?”

“带来了。”

“带了多少?”

“一百二十九文，内有一文小钱。”

对话完毕，庙门吱哑打开。引见师引领他们走到神案前。有人端来一盆水，让所有参加香堂者都洗手，此为沐浴。接着，又有人端来一大碗水，从本命师开始，一人喝一口，此为斋戒。沐浴斋戒已毕，就可以迎接神祖了。

只见抱香师从行列中迈出一步，面朝殿外请祖师，高唱四句：

“历代祖师下山来，红毡铺地步莲台；普度弟子帮中进，万朵莲花遍地开。”

接着，抱香师一手持烛，一手持香，将香与烛搭成十字，在每一牌位前磕三个头，然后献上香烛。51 个头磕罢，17 副香烛献齐，抱香师最后从神案中央将五支抱头香点燃，捧到庙门口，再将庙门关牢，转身进来，大喝一声：“本命师参祖！”

陈世昌离开座位，面向神坛，高声说道：“我陈世昌，上海县人，报名上香！”此时，赞礼师跨出班列，主持仪式。他先让本命师和其他香堂师一一参拜，然后自己也恭恭敬敬，照例参拜。

参祖毕，执堂师走出来，介绍帮里的各路朋友互相见礼。至此，入帮大典正式开始。

引进师和传道师领着杜月笙一行参拜祖师，参拜十大香堂师以及所有在场的人。一口气一两百个头磕下去，体力差些的，腰腿已不大灵活了。

接下来，赞礼师又手捧一大把香，分发给入门弟子，每人三支，并叫他们一字排开，并肩跪下，等传道师升座，交代三帮九代。传道师要把清帮的来龙去脉、祖先世系、徒子徒孙字辈，均一一讲述清楚。

终于轮到本命师登场了。陈世昌高站台前，照例问道：

“你们进帮，是自身情愿，还是人劝?”

众入门弟子齐声回答：“自身所愿。”

“既是自愿，要听清楚。安清帮不清不带，不来不怪，来者受戒。进帮容易出帮难，千金买不进，万金买不出！”

众门徒哄然应“是”，并将事先备好的拜师帖和贽敬呈递上去。拜师帖是用一幅红纸制作的，正中一行，恭楷“陈老夫子”，右边写三代简历，自身的姓名、年龄、籍贯，左边由引见师签押，附志年月日。拜师帖的反面，写有十六字誓词：“一祖流传，万世千秋，水往东流，永不回头！”

陈世昌收齐了贽敬和拜师帖之后，又向新入帮的门徒传授十大帮规及记载清帮各种“切口”（即清帮行话）的秘本，让他们熟记。清帮之规相当严酷，违者轻则罚跪香堂，重则戒板、除籍，甚至三刀六洞，秘密处死。

帮规在束敕帮中徒众、维持帮内秩序方面有重要作用。但其狭隘的宗派性和等级观念也是显而易见的。它如同一副枷锁，套在众帮徒的脖子上，使其服服帖帖地听任帮会驱使。杜月笙加入帮会后，虽辈分不高，但有了靠山，做事就有恃无恐了。

杜月笙由街头小流氓变为大亨是在他巴结上黄金荣以后。当时最发财的生意，就是包揽鸦片及其他毒品的运销。鸦片战争以后，帝国主义肆无忌惮地把大批毒品运进来。各地军阀，特别是西南、西北各省军阀，强迫当地人民种罂粟，制成川土、云土等，而上海是最大的鸦片集散地。黄金荣利用他在法租界的特殊位置，成为控制鸦片运输和销售的一霸，过着挥金如土、一呼百诺的生活。不但租界当局依靠他维持治安，连各省军阀，也纷纷聘他为参议等，竭力讨好他。

杜月笙是经陈世昌的介绍进入黄门的。初入黄门时，他仅被当作一般的跟随。那时，黄金荣每天早晨都要到聚宝楼茶馆坐上两个小时，名为喝早茶，实际上是包揽官司，敲诈勒索。有人被法捕房拘押了，两派流氓势力因争夺买卖而火并了，有人被绑票了，要找黄金荣解决，就得到那里去。每逢这种场合，杜月笙总是拿着大衣、皮包，随侍在侧，还不时出谋划策。因为杜月笙处事很乖巧，颇得黄金荣欢心和赏识。于是，黄对他有意加以栽培，杜在黄公馆也就一步步登堂入室了。杜月笙参与提运烟土，并负责和其他势力串联，给黄金荣带来了巨额收入。杜月笙本人也颇有积蓄，并收拢了一部分势力。稍后又来了张啸林，他们共同出入黄门，逐渐形成了黄、杜、张的三大亨体制。

黄金荣威震十里洋场的黄金时代，约在民国初年到20年代中期，到因露兰春事件而遭打击之后，就开始从巅峰上跌落下来，逐渐被杜月笙盖过去了。

露兰春事件之后，黄金荣的偶像被打破了，而杜月笙在营救黄金荣的过程中出力多多。此后，黄金荣的许多事便逐渐由杜月笙和张啸林二人接手，以致形成了三人平起平坐的局面。杜月笙的心计谋算，处处比粗鲁无文的张啸林技高一筹。因此，黄金荣把法租界鸦片运销的控制权完全交给了杜月笙，自己则退居后台。三鑫公司的创办就是由杜月笙主持的，其运土之事都由警察和海陆军队一路保护。杜月笙不仅大发其财，而且和黄金荣鼎盛时一样，受到各军阀的青睐。从卢永祥到后来的孙传芳，纷纷聘请杜月笙为江苏及浙江督军公署的咨议。从此杜月笙身价倍增。

杜月笙和黄金荣的不同，在于他的处事方法。黄金荣的徒子徒孙多半是短装卷袖，翘着拇指，走在马路上横冲直撞，一副流氓打手相。黄本人也满嘴脏话，冬天穿一件狐皮袍子，外加一件皮背心，其他三季多为短装。杜月笙则表现得文雅许多。他命令徒弟们在大庭广众之下一定要着装整齐，即使在盛夏，也一律常衫，不准赤膊短衣。用他自己的话来说，看上去“着实威风”。他认为，穿着得体，神态俨然，让人亲近，而不是敬而远之。

黄金荣一直靠老一套硬抢硬要的功夫弄钱。当时一些官僚在外省搜刮了人民的血汗钱，跑到上海当寓公。一旦被黄金荣的手下探知，便会用尽手段进行勒索，直到把这些人带去的钱弄光，才给留点路费，让其离开上海。杜月笙却不这样干。他眼光远，不局限于近利，善于结交各方面的人物。凡到上海来的外地官僚，他一有机会就与之结识，当作朋友，并充当他们的保护人。因此，杜月笙和许多南北军阀、政客保持着密切联系。有一位姓杨的，曾任福建督军周荫人的秘书长。卸任时，以历年搜刮所得，装了六大皮箱，全是珍宝古玩，派人押运来沪，准备做寓公。不料船抵上海时，六只箱子不翼而飞。杨即请护军使何丰林代为查访，但毫无结果。他又转请杜月笙帮忙查找。杜月笙只用了三个小时，就把六只箱子全部追回。杨感激之余，拿出四千元，请杜月笙转酬其部下。杜月笙一笑拒之，说："自家人，交个朋友。"由于他手面阔，手段活，不仅使许多流氓能死心塌地为他卖命，就连杨虎、陈群等人，对他也是言听计从。杜月笙还极力拉拢、收容一些失意政客和文人，为他充当谋士。他也很注意听取这些在政治舞台上经过风浪的人的意见。他的秘书中，有筹安会六君子之首的杨度，有当过徐世昌总秘书的徐慕邢，还有洋人博士之类。杜月笙对他们执礼甚是谦恭，报酬也很优厚，使这些自命清高的人甘心情愿地为他服务。当然，杜月笙交人是有一本账的，用他自己的话来说，就是"花一文钱要能收到十文钱的效果，才是花钱能手"。对黄金荣、杜月笙、张啸林，当时流传着这样的评语：黄金荣爱钱；张啸林爱打架；杜月笙会做人，会赚钱，也会花钱。

参加四一二政变，是杜月笙腾达的关键一步。他自己也承认：他一生事业，奠基在反共之上，既讨帝国主义的欢心，又为蒋介石所倚重，还得到资本家的拥护，一举而三得。当时，工人提出了打倒帝国主义和收回租界的口号，公共租界和法租界的帝国主义分子恐惧万分，急电本国请派军队支援。同时租界实行戒严，马路上架起机枪大炮，装甲车四处巡逻。当时，杜月笙在上海的势力虽不如黄金荣，但他异常活跃，而且和英租界关系密切。他通过陈群和杨虎可以了解蒋介石、白崇禧方面的情况，因而成了帝国主义者和蒋介石的调停人，他的地位因而重要起来。共进会的行动所以能得到租界当局的支持，有杜月笙从中通融，是很重要的因素。多年以后，杜月笙60岁生日时，《中央日报》曾如此称颂他："十六年国军方奠定东南，上海伏莽遍地，一时人心未定，秩序纷然，先生以安定地方为重，与黄金荣、张啸林仗义执言，昭告国人，复默运机宜，不旬日而反侧以宁，此则有造于党国之始也。"蒋介石背叛革命以后，称赞杜月笙深明大义，是识时务的大俊杰。蒋介石第一次下野时，住在上海杨虎俱乐部里。杜月笙曾盛情招待过他，据说还送过钱。多年来，蒋、杜之间保持着一种很特别的关系。将在大庭广众中对杜从不表示过分亲热，当只有他两人或少数亲信在一起时，却和他非常要好。抗战时期流亡重庆时，蒋宅和杜宅前后相连。

黄金荣隐退后，杜月笙开始施展他的本领，打自己的天下，逐步把触角伸向各界。

1928 年，杜月笙的好友、上海金融巨头钱新之建议杜月笙向金融工商界投资，杜月笙觉得有道理，决定开一家银行。

当时在上海金融界，除了英国汇丰、渣打、美国花旗、法国汇理、日本正金银行外，还有国民党的中央银行，以及属于民族资本的“北西行”、“南四行”、“小四行”等数百家小银行，可以说龙盘虎踞，强手如林，要在其中争个地盘，实属不易。但杜月笙手法高明。当时银行界有一条不成文的规矩，即在一家新银行的开业之日，各家银行须去存一笔款，叫作“堆花”。杜月笙巧妙地利用了这一规矩。1929 年杜月笙的中汇银行开业时，英国银行买办徐懋堂出资额超过了杜月笙；通汇信托银行经理朱如山也大量投资；连法国驻沪总领事葛格林也将他历年搜刮所得存入中汇银行。这样，杜月笙没花多少钱，就使他的中汇银行成了一家资金雄厚、信誉良好、赢利颇多的著名银行。1934 年，他又用 100 多万元盖了银行大厦，在金融界站住了脚。

此后，杜月笙又通过制造挤兑风潮的手段制服了许多银行。其方法是：先派人到一家银行存款，待银行把这些钱放出去以后，便派人去提取现款，或制造谣言说这家银行亏空多少，很快就形成挤兑风潮。银行负责人无法应付，就请杜月笙出面解决。这时，杜月笙再用向这家银行存款的方式，把挤兑风潮平息下来。这样，杜月笙就成了银行的保护神，许多银行不得不请他保护。不久，杜月笙就成了浦东、国信、亚东等银行的董事长，中国银行、交通银行的常务董事，并被选为上海银行业公会理事。

在金融界站稳脚跟后，杜月笙又插足工商界。

从 1928 年起杜月笙就开始从事纱布投机买卖。由于交易所理事操纵市场，造成行情不断上涨的反常局面，杜月笙也受到损失。他探明情况后，就派人到交易所大吵大闹，要求“停牌”（停止交易），查清此事，造成了混乱局面。交易所求助巡捕房，但巡捕房早已被杜月笙买通，不予理睬。交易所负责人被迫请杜月笙出面解决。杜月笙裁决交易所无理，并让他们把行情压下来，一直到大家不吃亏为止。交易所负责人觉得无法控制局面，只好让杜月笙当理事长。

对于面粉业，杜月笙则采取另一种策略。1936 年 5 月，由于面粉业外大户朱如山等人囤积居奇，造成面粉价格上涨，面粉交易所做“空头”（卖）的经纪人面临破产。紧急中，交易所向杜月笙求救。杜月笙先是抛售面粉 130 万包，使每包面粉价格下跌 0. 20 元，从而使交易所按规定“停牌”（停止交易）。然后，又请上海社会局出面，让面粉交易所追查投机风潮，使“停牌”无限期延续下去，等国际市场洋麦价格下跌后再开牌。结果，迫使做“多头”（买）的朱如山等让步，而大多数经纪人则免遭破产的厄运。8 月，面粉交易所召开股东大会，杜月笙被选为理事长。

在航运界，杜月笙趁张謇去世后大达轮船公司不景气时，以低价大量买进该公司的股票，控制了这家公司的经营管理权，又通过各种手段制服了赢利超过大达公司的大通轮船公司，在航运界站住脚。他不仅成了大达轮船公司的董事长，而且是全国轮船业公会理事长兼上海市轮船业公会理事长、招商局和民生公司的董事。

有了经济实力，杜月笙逐步向政界发展。1932年一二八事变后，《申报》总经理史量才与该报高级顾问黄炎培发起组织了“上海市民地方维持会”，支援十九路军抗战。史量才被国民党特务暗杀后，杜月笙乘机当上了维持会会长。后来，杜月笙把这个组织改名为“上海市地方协会”，为蒋介石政府效劳。

杜月笙感到，像上海市地方协会一类组织，虽然可以使自己出名，但使用起来不能随心所欲，不如自己建立一个组织，用起来得心应手。于是，他授意自己的大弟子陆京士发起成立一个社交性组织。正在替杜月笙筹办正始中学的陈群，附会《周易》中“天行健，君子当自强不息，如月之恒，如日之升”的话，给要建立的组织取名为“恒社”，英文名字是Constant Club，即永久俱乐部的意思。1933年2月，“恒社”正式成立。恒社的意旨标榜“进德修业，崇道尚义，互信互助，服务社会，忠效国家”。恒社规定其最高权力机关为理事会，但实际上，一切重大问题都听命于杜月笙一人。杜月笙还规定入社者必须具备一定资格，即：文职科级以上，武职少校以上，工商界主任职以上。具备以上条件年满30岁者，经由两名以上社员介绍，方能入社。恒社打着“社会团体”的幌子，实际上是杜月笙的私人工具。杜月笙，名镛，“镛”意为“大钟”。恒社的社徽图案为一大钟，内写“镛”字；钟上有一轮明月，暗含“月升”之意，取其谐音“月笙”，所以该图案暗含杜月笙的名字。恒社的社徽已明确告诉人们，恒社就是杜月笙的私家组织。

由于恒社打着社会团体的招牌，所以那些不愿意加入帮会的人，就可以通过加入恒社而投靠到杜月笙的门下。这样，杜月笙又增加了一个网络门生的渠道。许多军政界、工商界及其他各界的头面人物加入恒社，使杜月笙的影响更大了。

为了控制舆论，杜月笙还插足新闻界，当上了上海《申报》董事长、《新闻报》董事、《中央日报》常务董事。

当然，杜月笙并没有忘记结交国民党政权的头面人物。他除了与蒋介石保持密切关系外，还主动结交宋子文、孔祥熙等人。1933年8月，国民党行政院副院长兼财政部长宋子文到美国寻求贷款回国时，途经上海。杜月笙为了巴结宋子文，特地发起召开了欢迎宋的上海市民大会，并自任大会主席。他还特意让陈群为他起草了演讲稿，足足背诵、演习了10天，终于博得宋子文的欢心。对于孔祥熙，杜月笙也是刻意奉迎，让他的姨太太姚玉兰认孔祥熙夫人宋蔼龄为干妈。孔有什么事，杜月笙都尽心尽力地去办。当然，孔祥熙对杜月笙也是处处照顾。与此同时，杜月笙还与国民党政权的其他达官贵人建立了密切关系。

总之，杜月笙利用黄金荣隐退给他腾出的空间，大展身手，把触角伸向四面八方，实力越来越强，地位越来越高，影响越来越大，终于成为上海滩第一大亨。有人统计，杜月笙共有 70 多个职务，也有人说他身兼 100 多个职务。杜月笙一生确曾担任过许多会长、董事长、理事长等职务，至于他一共兼任过多少职务，恐怕很少有人能够准确地说出。

第七章

蒋介石屈驾拜寿
黄金荣老脸添光

四一二反革命政变以后，善于投机的杜月笙成为蒋介石忠心耿耿的职业打手，一时扶摇直上，由小水沟里的泥鳅一跃荣登龙门，成为国民党新贵，身价倍增，一时踌躇满志，大有叱咤风云之慨。而生性保守的黄金荣，却锋芒渐失，而且因年纪的关系，从法租界督察长的高位上退下来，消闲在家，但幕后仍操纵着法租界巡捕房的事务。

黄金荣退隐后，不时到漕河泾黄家祠堂游憩。览物生情，他想起了自身少时的酸辛和父母的艰难。现在，经历了多半生的苦斗，也算出人头地，煊赫一时了。俗话说，富贵而还乡，自当锦衣白日行。黄金荣脑海中产生了重修祠堂的想法。在黄老板守财奴般的心底，除了借修祠堂以光宗耀祖、炫耀他黄金荣的文治武功之外，还有乘机从徒子徒孙身上得点油水的隐秘动机，只是自己不便言明罢了。门下徒众中，善于察言观色者，闻风而起，应着黄金荣的心思大肆怂恿，不但要重修祠堂，还要把祠堂扩建为花园，也好做黄老板修身养性之所。对此，黄金荣自是心花怒放，颔首称许。

主意业已决定，门下徒众便哄然响应，八仙过海，各显神通。据说由弟子唐嘉鹏、冯志铭两人专职经营此事。为了筹措经费，他们在黄门弟子及其他帮会分子中普遍募捐。各人视经济能力大小，少的捐献三四十元，多的则千余元。杜月笙和金廷荪大约各捐出四千多元，唐嘉鹏一千元，黄振世五百元。筹到的款子总额高达353万银圆。事后结算，这笔钱除付清黄家祠堂及花园的全部建筑费用外，尚有几万元余款。这真是一种巧妙的敛财方法。美中不足的是，两位经手人手续不清，账目漏洞不少，互相攻讦。惹得黄金荣晚年大发了一顿脾气。最后，黄金荣偏信唐嘉鹏，以驱逐冯志铭了事。

钱款有了着落，就在祠堂附近购地60余亩，从各地招揽名师良匠，督运土木建筑材料，紧锣密鼓地动起工来。建造工程自1931年动工，1935年竣工，历时4年。祠堂落成，了却了黄金荣晚年的一大心事。

黄家花园有一个很大的客厅，取名为“四教厅”。这名字源于蒋介石送的题有“文行忠信”四字的一块匾额。客厅四壁悬挂着黎元洪、徐世昌、曹锟等一些时人政客的赠匾。厅前陈列着一堂樊石八仙，中间供奉着福禄寿三星，两旁摆放12把红木大椅，恰似江湖好汉的忠义堂。客厅后面毗连着一幢钢筋水泥结构的二层洋楼。客厅有十几间房子，用作黄金荣的歇暑别墅。别墅坐落的花园内，亭台假山，高低错落，流水淙淙，曲径幽幽。其间花的馨香与树的葱郁，倒真令人赏心悦目，心宁气静。

花园落成之后，每逢星期日，黄门弟子不邀而集，聚会于花园内。他们围簇着黄金荣，吃饭、饮茶、打牌及做些其他时兴的游戏，至晚而散。

黄金荣每年过了立夏就搬到花园去住，一直到秋凉后，再回钧培里老宅。身边一班游手好闲的门生，整天陪着他抽鸦片烟，赌博，消磨时日。黄金荣本人尤爱碰铜旗的赌博。龚天键、夜壶阿四、陈福康、鲁锦臣四个徒弟终日跟随为伴。兴趣来了，也到漕河泾附近的小茶馆闲聊，视作闲居一乐。

黄家花园内还设有关帝庙。庙后土山有观音堂，名为“紫竹林”。每逢农历正月十三、五月十三和九月十三，均举行关帝会。弟子每人出资十元，祭祝三牲，焚香烧纸，禳祸祈福。会后，在关帝庙聚餐，饭菜由黄宅厨房供给，余资则成为黄家的内部开支。

城隍庙每年一次的执香会是黄金荣必亲临的一次盛事。他担任会长，亲自率领亲信弟子祭供叩拜。还吩咐一些流氓打手装扮成判官、小鬼、阴间皂隶，捉对在马路上表演。究其心理，是因为他们生前终日里声色犬马，以抢劫凶杀为职事，做尽了坏事，惟恐不得善终，或死后沉沦于阎罗地狱，或祸及子孙，想通过扮演鬼卒之类的被杀被打，减轻内心的恐怖感。

黄金荣晚年的另一爱好是交结僧道。五台山、九华山、普陀山及上海龙华等寺院的当家和尚，常到钧培里花园募捐。他虽然热心此种慈善事业，但出手并不大方，多时也仅仅几百元。不过各地的主持主要想得到黄金荣的题名，所以捐资多少倒也并不计较。有时黄金荣也施些小恩惠，资助江湖上落魄的三教九流。但他决不肯做社会上济贫救灾事业的发起人。唯一的例外是在法租界八仙桥办了一所金荣小学，由其弟子、律师金立人任校长，这算是唯一赔钱的买卖。

黄金荣生财有方。黄门弟子3000余人，每年三节即端午、中秋和春节都要送礼孝敬他，加起来实在是一笔可观的收入。自从60岁生辰后，黄金荣每年都要做一次生日。门生中稍有地位的人，至少送100元，多则上千元，杜月笙之辈每年都以送二三千元为常规。因黄金荣生性爱钱，接近的人都摸透了他的个性，故每逢黄宅的婚丧诸事，大家都以现金相赠，不送礼物。

抗日战争时期，黄金荣拒绝充当日本人的鹰犬，没有堕落为汉奸，倒也算不失民族气节。

1937年11月上海失陷后，日本人为了巩固对上海的占领，决定实施“以华制华”策略，准备在上海建立一个傀儡政府，名曰上海大道市政府。这幕丑剧的导演就是驻上海的日军司令官黑田原大佐。在黑田看来，黄金荣是上海的地头蛇，门徒众多，由他出任伪市长，定能维持上海的局面。

1939年4月的一天，黑田原及其副手吉野等一行乘车来到钧培里黄公馆。寒暄之后，黑田先问了黄金荣的年龄和身体情况，接着问黄金荣门下有多少弟子。黄金荣揣摸着黑田的来意，搪塞道：有近千人。黑田又问黄金荣，日本军队来到中国后，中国人的印象如何。其实，黑田是为了引出下面的话题而明知故问。日本军队侵入中国后，烧杀抢掠，无恶不作，中国人民恨之入骨。这是世人皆知的事实，黄金荣岂能不晓得。但面对占领军的司令官，黄金荣乖巧地应答：日本军队初来中国，彼此了解不够，在意见上稍有隔阂，日子久了，自会消除敌对情绪。听了黄金荣的回答，黑田不再绕弯子，直接挑明来意：“本人来府造访，是因为日本国皇军初来上海，你们中国人对皇军人心未附，请你给我国皇军助一臂之力，出任‘上海大道市政府市长’之职。只要你肯出面担任此职来稳定上海民心，一切步骤和计划，我们皇军是会给你安排就绪的。你意下如何?”黄金荣没有马上回答。他沉吟一会儿，对黑田说：此事关系重大，待考虑后再作答复。

黄金荣的门徒得知上述消息后，当晚聚集于黄的大烟室，七嘴八舌地议论起来。其中不乏趋炎附势者，力劝黄金荣出任伪市长。他们无非是想大树底下好乘凉，借机实现飞黄腾达的美梦。然而，老奸巨滑的黄金荣并没有轻信徒子徒孙的意见，匆忙作出决定。他深知，国难当头，国人最恨的是汉奸。汉奸这顶帽子，好戴不好摘，一朝沦为汉奸，永世不得翻身。自己本来就是流氓出身，再戴上汉奸的帽子，一定成为国人唾骂的千古罪人。同时，凭着几十年在上海滩摸爬滚打得来的经验，黄金荣懂得，在日本人刺刀下当官，形同玩火，弄得不好，性命难保，自己早已隐退，何必引火烧身。另外，在黄金荣看来，不管怎么说，蒋介石曾向他递过门生帖子。他如果做了日本人的鹰犬，于蒋介石的面子上也不好看。经过再三考虑，黄金荣终于作出了决定。

半个月后，当黑田第二次来访时，黄金荣拒绝了他的要求。

黑田碰壁之后，并不死心。不久，他派翻译乘车把黄金荣接到日军司令部，再次劝说。黑田对黄金荣说，只要黄肯出任市长一职，日军担保他的一切安全，市长办公室可以由黄任意挑选，即使设在日军司令部内也可以。黄金荣主意已定，任凭黑田怎样劝说，始终不为所动。面对不肯吐口的黄金荣，黑田无可奈何。

据说，张啸林事后得知此事，颇为黄金荣惋惜，并要黄把他推荐给日本人，遭到了黄金荣的斥责。

1947 年农历十一月初一是黄金荣 80 岁寿辰。他的徒子徒孙准备按照惯例，为他大肆祝寿。但是，黄金荣因为时局不利，无心大办，只在玉佛寺摆了素菜席，与亲朋好友及众门徒简单聚了一下。

黄金荣做寿后三天，忽然接到陈布雷从南京打来的电报，说蒋介石第二天要到黄家花园为黄金荣拜寿。得到这个消息，黄金荣喜不自胜。第二天一大早，他就派人把黄家花园打扫干净，并派心腹人员做好花园内外的警卫，又在四教厅内布置一番，专候蒋介石的到来。

这天下午，蒋介石及其随从人员来到黄家花园。黄金荣率众到花园门前迎接。到了四教厅，蒋介石对黄金荣说："几日前未来拜寿，因玉佛寺人多不便，加上公事很忙，请原谅。"随即亲手搬动一只红木椅，放在厅中间，又拿了一只软垫放在椅子上，恭恭敬敬地扶着黄金荣坐到椅子上。看情形，蒋介石是要向师父行礼。黄金荣忙不迭地说："不敢当，不敢当，还是行个鞠躬礼吧！"可是，不容他说完，蒋介石早已跪下向黄金荣磕了一个头，急得黄金荣赶忙站起来去搀扶蒋介石。蒋介石站定后又说："这次特来拜寿，表表我的心意，因为前线情况紧急，我要马上回去。请保重身体，多福多寿。"说罢就告辞匆匆离去。蒋介石不忘旧恩，令黄金荣大发感慨："蒋总统真是个礼厚义重的人物，我能受到他这样的尊重，真是一生荣幸。"

黄金荣类似的荣幸还有一次。那是在 1927 年即黄金荣做六十大寿时，蒋介石就曾驾临黄宅，为他拜寿。不过那时黄金荣虽因助蒋"清党"有功而备受赏识，但蒋介石却因国民党内部的派系斗争而不得不第一次下野，不免给黄的寿辰凭添了几分凄凉。二十年之后他们师徒的这次别离，却意味着一个时代的结束，另一个时代的开始。

中华人民共和国的五星红旗在天安门上升起之时，黄金荣所依托的上海黑社会已分崩离析。杜月笙去了香港，黄金荣的儿媳兼主管也席卷了他的金银财宝逃到香港。有人劝黄金荣去香港安身，黄因为自己年纪大了，没有接受。在他看来，死在香港倒不要紧，只怕在路上生了急病，死在半途。

解放后的黄金荣，生活不再穷奢极欲。政府看他确有悔改的表现，仍允许他的"大世界"、"共舞台"等照常营业。在政府教育和感召下，黄金荣写了《黄金荣自白书》，刊登在 1951 年 5 月 20 日的《文汇报》上。黄金荣在自白书中说：

"我小时候在私塾读书，十七岁到城隍庙姨夫开的裱画店里学生意，二十岁满师，在南门城内一家裱画店做生意，五年后考进法租界巡捕房做包打听。那时候，觉得做裱画事务没出息，做包打听有出息。现在想来，做包打听，是成为我罪恶生活的开始。

“我被派到大自鸣钟巡捕房做事。那年我26岁，后升探长，50岁时升督察长；60岁退休，这长长的34年，我是一直在执行法帝国主义的命令，成了法帝国主义的工具，来统治压迫人民。譬如说私卖烟土，开设赌场，危害了多少人民，而我不去设法阻止，反而从中取利，实在真不应该。

“蒋介石是虞洽卿介绍给我认识的。国民党北伐军到了上海，有一天，张啸林来看我，他们谈起组织共进会，因为我是法租界捕房的督察长，叫我参加，我也就参加了。就此犯了一桩历史上的大罪恶，说起来，真有无限的悔恨！后来法租界巡捕房的头脑费沃利，命令禁止共进会在法租界活动，一方面张啸林要借共进会名义，发展他们的帮会势力，所以对我不满意。我因为职务上的关系，就和他们闹意见，从此与张啸林避不见面。不久，我就辞去法巡捕房职务，退休在漕河泾了。我在法巡捕房多年，当然有些势力，有许多人拜我做先生，我也收了很多门徒，门徒又收门徒，人多品杂，就产生了在社会上横行霸道、欺压善良的行为。我年纪大了，照顾不到，但无论如何，我是应该负放纵之责的，因而对于人民我是有罪的。

“解放以后，我看到共产党样样都好，人民政府是真正为人民的政府。几十年来，帝国主义军阀官僚国民党反动派统治下的上海，整个变了样子。政府根绝了贪污，社会上也没有敲竹杠仗势欺人的事情。我今年84岁，已经二十多年不问世事了，但经过了这个翻天覆地的变化，看了伟大的人民力量，再检讨自己60岁以前的一切行为，感到非常痛苦。一方面我对人民政府的宽大，表示深深的惭愧和感谢，一方面我愿向人民坦白悔过，恳切检讨我的历史错误，请求我立功赎罪。”

自白书在讲了一段表示拥护政府、号召其门徒自首改造的话后，接着说：

“现在，幸蒙共产党宽大为怀，使我有重新做人的机会，在毛主席旗帜下，学习革命思想，彻底铲除帝国主义和封建思想意识，再不被反动派利用，决心学习自我批评及自我检讨，从今以后，做为人民服务的人。

“最后，我谨向上海市人民政府和上海人民立誓，我因为年纪大了（今年84岁），有许多事情已经记忆不清，话也许说得不适当，但是我的忏悔惭愧与感激的心，是真诚的！是绝不虚假的。”

黄金荣的自白书虽有避重就轻，推诿罪责之嫌，但其中也有某些新的认识和心灵的真实流露。这位当年上海滩大亨的一番忏悔说明，一个旧的时代过去了，一个新的时代开始了。

黄金荣于1953年病死于上海。

第八章

杜祠落成大庆典
蒋介石题词送匾

1930 年，杜月笙在人生旅途上已经走过了 40 多个年头。这时，他早已取代黄金荣，成为上海滩第一大亨。

这些年来，杜月笙凭借着蒋介石政府对他的器重，加上自己善于投机钻营，在上海滩打开了局面，“事业”逐步走上了轨道。平日里，单凡小事，他已懒得过问许多，大都由各路弟子自行其事。弟子们也算知趣，非到万不得已，一般不轻易前来打扰。当然，每月例行的碰头会，他还是要到场讲几句的。

杜月笙在花天酒地之余，时常回忆起辛酸的童年。他四岁时，母亲辞世。父亲憨厚诚朴，虽然终日劳作，也难以糊口。杜家在村里是弱户，时常遭受欺凌。杜家的土地与人搭界，邻地人家常常在耕地时蚕食杜家的土地。平时，家里的物品也常常被人拿去。村里的孩子们也经常欺辱小月笙。他们围着月笙喊：“谁没娘，钻裤裆!”小月笙有时气不过，免不了要骂几句。于是，那班小兄弟就真的让他受胯下之辱。杜月笙六岁那年，父亲由于劳累过度，默默地离开了人间。那时，杜月笙已稍稍记事。父亲死后无钱安葬，棺材是用四块薄板临时钉成的木盒子。从此，杜月笙成了孤儿。此后，他讨过饭，学过徒，最后流落到十六铺，拜师于陈世昌，又经陈世昌引见，进了黄金荣家门，终于时来运转，踏上了光宗耀祖之途。

杜月笙抚今追昔，不仅为自己辛酸的童年欷歔不已，更怀念早早去世的父母。俗话说，叶茂当思根。杜月笙虽说已成为上海滩上叱咤风云的人物，但不能忘了八辈祖宗。

一天，杜月笙在妻妾和子女们面前透露了自己的心声。在场的人中，有的说应该大修老太爷、老太太的坟墓；有的说应该考订杜氏家谱，立万世之宗；有的说应该广置田产，为日后儿孙造永享之福；也有的说应该建造一座祠堂。众人七嘴八舌，各述己见，莫衷一是。杜月笙心中自有盘算。他反复思索后觉得，只有立祠才能表达自己的心愿。有了祠堂，可以显耀自己的门风；有了祠堂，祭祀祖宗就有了场所；有了祠堂，自己百年之后，灵魂可以与列祖列宗永远相伴；此外，可以借建祠之机，显示一下自己的威风。于是，杜月笙决定建造杜氏祠堂。

建祠的决心已下，那么，建造一座什么样的祠堂，又成为杜月笙思考的问题。年少讨饭时，杜月笙曾见过几家祠堂。回想起来，觉得以陈家祠堂为好。然而，杜月笙决不模仿，他要推陈出新，把杜氏祠堂建成最好的祠堂。

正月初八这天，高桥镇杜家老屋的房基上，响起一阵鞭炮声。众弟兄和家眷簇拥着杜月笙来到房基前。他特意请来了远近有名的风水先生丁老七，为杜祠察看风水。丁老七一副认真的样子。他在房基四周仔细测算一番，忽然大声一笑，对杜月笙说："恭喜，恭喜，杜先生。"他指着罗盘的指针说："这儿，门向西南，河水西流，取'斜阳接月'。后是青山，山冈乃卧龙岗。只是门向不对，折杀老太爷、老太太福寿。然龙气升腾，乌云终不能遮盖，必待时发。"杜月笙听了，点头不语。丁老七想了想，又说："只是十全九美。"杜月笙忙问："为何九美？"丁老七掰着手指，喃喃地说："子丑寅卯，应在如日中天，动土宜当立夏之日。春生夏长，杜老正当茂年，理当百尺竿头，再进一步。日后荣华富贵，如水漫金山，不溢不漏。"杜月笙听了丁老七的话，觉得有道理，决定按丁老七说的办，造祠之事暂缓一步。

从高桥镇杜家老屋回到杜公馆，杜月笙便张罗着设计祠堂。他请来了在申新建筑公司供职的顾宫和，顾是当时有名的民居研究设计专家，曾参与中山陵的规划与设计。如今上海大闻人杜月笙有请，当然肯卖力气。顾宫和与杜月笙仔细研究后，找来一批徒弟，共同设计杜祠。为了这张建筑图纸，他们师徒整整花了三个月的时间。与此同时，杜月笙派人去东北采运木材，去云南采运石料，并找来沪上有名的木匠、瓦匠，为建祠做好各种准备。万事俱备，只待黄道吉日。

立夏这天，杜祠如期破土动工。寒来暑往，1931 年 5 月，杜祠竣工。

杜祠体现了杜月笙要求的庄严、凝重的风格。祠堂五开间，三进头。一进门是一个宽大的广场，可容纳上千人同时观赏。第二进为正厅。这里是清一色的木结构建筑，四根冲天的顶梁柱承托着四个巨大的柁子，高约两丈。正厅两旁是厢房，比正厅矮一截。第三进是供奉杜氏祖宗牌位的地方。门前雄踞两头一人多高的石狮，厅内一楹一柱，一龛一屏，均由精工巧匠精心雕刻而成。一眼望去，整座建筑结构紧凑，负重如龟，灵巧如鸟，腾龙之气尽收祠里，仙鹤之姿悉堆梁间。

杜月笙小时候家境贫寒，念不起书，因此肚子里没有多少墨水。待他发迹后，始终以此为憾。平日里，他总装出一副温文尔雅的样子，让人说他有文化修养。建造祠堂时，他仍未忘记这一点。杜祠附设了一个图书馆，藏书10万册。杜月笙的用意，无非是想展示自己“崇尚”文明的“美德”，并为缺少知识的列祖列宗增添些文化气息。

对于杜月笙来说，杜祠落成堪称他一生中的头等大事。29年前，外祖母送他到上海闯天下时，杜月笙曾哭着对她说：“外婆，高桥家乡人人看我不起，我将来回来，一定要一身光鲜，一家风光！我要起家业，开祠堂！不然，我发誓永远不踏这块血地！”如今，祠堂落成，自己的夙愿实现，当然要红红火火地办一个落成典礼，大肆庆祝一番。

杜祠落成典礼执事，设总理三人，分别是虞洽卿、黄金荣、王晓籁；协理七人，分别是张啸林、金廷荪、郭祖绳、蔡琴荪、胡咏莱、俞叶封、李应生。

落成庆典活动设有文书处、总务处、警卫处、卫生处、庶务处、筵席处、会计处、剧务处八大处。据说，北洋时代的军阀，每逢占了一省以上的地盘，均要成立帅府，下设八大处。杜氏祠堂落成典礼，取北洋军阀的老例儿，也设八大处。然而，这八大处的领军人选，是中国任何军阀所望尘莫及的。以文书处为例，主任是“筹安会”六君子之一的杨度，副主任是段祺瑞时代“善后会议”副议长汤漪。六位秘书中，首席是前国民党大本营党务处长、国民政府委员、办公处秘书长陈群，其余五位则均为曾做过官府的沪上名流邱方伯、翁左青、徐慕邢、童学庸、许苦僧。文书处八大员资望之“高”、阵容之“强”，一时为全国瞩目，这才有杜公馆八大秘书的说法。

八大处之外，另设有招待主任、副主任五名。招待员共有120名，其中外宾招待11名。

为了接待各地来客，祠堂门前搭起一座五层楼高的大彩楼。彩楼中央是招待高桥镇民看戏的戏台，后面则是招待嘉宾的剧场。彩楼下的广场可以容纳几千人。整座彩楼张灯结彩，富丽堂皇，蔚为壮观。

祠堂的西面，搭了一个其大无比的席棚。里面摆着200多张圆桌，一次可以同时开出200多桌酒席。

在祠堂四周的空地上，还搭起了100多间小席棚，里面陈列着各地送来的贺礼数千件，供来客参观。

上海邮政局也赶来凑热闹，在场子中专门设立了临时邮所。为纪念杜祠落成，特赠送纪念信封、信纸，加盖纪念邮戳。这在当时也算得上一件新鲜事。

据说，杜祠的建筑费，加上落成典礼的费用，共耗资100万大洋。杜月笙究竟聚敛了多少资财，可想而知。

一切准备停当，杜月笙向各方面发出了请帖，帖曰：“谨择于国历6月10日，行新祠落成礼，敬迓高轩，莅临江浦，为吟车马江干之句，愿迎文章海内之贤。”

此前，杜祠落成及大办庆典的消息早已盛传开来。国民党军政要员、北洋军阀遗老遗少、在野“名流”、社会三教九流，凡与杜月笙有关系的，纷纷祝贺，各式匾额、楹联接踵而至。其他贺祝，无法一一历数。

坐镇南京的蒋介石，自然不能忘记“清党”时为他立过大功的杜闻人。得知杜祠落成的消息，蒋介石吩咐秘书准备了一个镶金匾额，亲自题书，派人专机送往上海杜公馆。杜月笙闻讯后，立即率领自己的门徒专候蒋介石匾额的到来。送匾人由杜月笙派的专车从机场接到杜公馆。霎时间，鼓乐齐鸣，鞭炮声大作。杜月笙躬身上前，双手捧过匾额，立于书案之上。他掀开盖在匾上的红巾，“孝思不匮”四个大字映入眼帘，众人齐声祝贺。杜月笙喜不自胜，他对蒋介石给自己的回报感到满意。

按预定计划，6月9日先举行奉主入祠式。这一天天一亮，法租界华格臬路杜公馆附近，早已车水马龙，人山人海。

九时整，奉主入祠的行列准时出发。杜家的祖宗牌位用特别扎成的“神轿”抬着，前面用八面特大的铜锣开道，几十个盛满鲜花的花篮和几十个燃着檀香的大香炉，由身着彩衣的少女捧着随轿前行。杜月笙长袍马褂，率众妻妾、子女紧随其后。庞大的仪仗队共分六部分。

仪仗队的第一部分，由英国巡捕马队作开路先锋。他们的任务是护送一面特大的国民党国旗和几十杆杜字大旗。其后是由法租界巡捕房的安南巡捕组成的自行车队，四辆一排，徐徐推进。自行车在当时算新鲜物。法租界巡捕房的近百辆自行车全部出动。安南巡捕后面是中国巡捕。接着是黄金荣办的金荣小学的学生，身穿中国童子军服，敲着洋鼓，扛着齐眉棍，负责护送由钱业公会送的旗伞牌亭。再往后，淞沪警备司令部的军乐队和一排荷枪实弹的步兵在前，陆军第五师的乐队和一连步兵在后，拱卫着三面由八人抬的大匾。这三面大匾是蒋介石送的“孝思不匮”，淞沪卫戍司令熊式辉赠的“慎终追远”，军法总监何键赠的“辉光照国”。这一次，法租界打破惯例，允许中国军警全副武装通过租界。

仪仗队的第二部分，由公安局军乐队、保安队员、铁华学校的童子军，护送国民党淞沪警备司令部副司令张春甫、上海市市长张群、外交部长王正廷赠送的匾额。

第三部分，则由吴淞要塞司令部的军队、静安小学童子军，护送国民党监察院院长于右任、司法院院长王宠惠等人送的匾额。

仪仗队的第四部分可以称为军阀专号。它由陆军第五师军乐队开道，闸北和南市保安团、宁波旅沪小学的童子军，护送徐世昌、曹锟、段祺瑞、吴佩孚、张宗昌、张学良等人赠送的匾额。

仪仗队的第五部分，由江湾救济会的西乐队为前导，护送国民党中央各院、部头目、各省主席、军政要人、法国官员送的匾额。

第六部分由国民党海军司令部军乐队为先导，护送各团体、学校、公会、私人赠送的旗伞花篮。蒋介石送的一篇祝词彩亭殿后。

据当时报纸记者统计，整个仪仗队人数不下5000人，连绵两英里，从华格臬路到金利源码头，整整走了两个半小时（有的说走了三个半小时）。

奉主入祠的大队人马，在金利源码头由船载轮渡，到了高桥码头。杜月笙的娘舅朱扬声率大队亲眷在码头迎接。从高桥码头到高桥镇尚有八里路。这里全是新修的马路。路旁插满彩旗，一里一座彩色牌坊。这些都是由各商店赠送的。杜公馆出动了15辆奥司汀汽车和150辆人力车，接送下船的宾客。当时，上海的黄包车夫大都是清帮头目顾竹轩的徒子徒孙。顾是黄金荣的弟子，所以不少黄包车也被杜公馆招来接送客人。高桥镇的百姓有的也推着自家的独轮车赶来挣点零花钱。八里路上，车辆来往穿梭，人喊马叫，好不热闹。

6月10日晨5时，正式举行了“栗主奉安典礼”。参加典礼的约有数万之众。别看兴师动众，其实这“栗主奉安典礼”却十分简单，即由杜月笙双手捧着栗木制的总神主，把它安放在神龛里。因缺少资料，杜氏家谱已无从考证，所以只好供奉一个总神主。典礼开始，鼓乐齐鸣，鞭炮喧天。杜月笙长袍马褂，面容肃穆，毕恭毕敬地把栗主安放在神龛里。接着，杜月笙率领妻子儿子，参拜栗主。

家祭完毕，国民党中央委员、国民党政府参军杨虎站出来，宣读了国民党政府秘书处发来的贺电，并代表蒋介石向杜月笙表示祝贺。接着，杨虎又宣读了蒋介石为杜祠落成写来的贺词。贺词曰：“诗咏祀事，典备蒸尝，水源木本，礼意綦祥。敬宗收族，德在无忘，激彼秕秉，俗兹彝常。元凯之家，清芬世守，孝孙有庆，服先食旧。任侠好义，声驰遐迩，济众博施，号为杜母。肯堂肯构，实大其宗，爰建新祠，轮奂有容。簋簠既饬，锵济攸从，式瞻枚实，介福弥隆。”

随后，由执事人宣读了各方面发来的贺电。国民党在朝在野的政要，各省各市的主席、总办，大都发来电报祝贺。国民党政要及各界要人吴铁城、许世英、杜锡圭、张弧、李思浩、陈希曾、张公权、徐寄庼、刘志陆，上海金融工商界重要分子钱新之、吴蕴斋、宋子良、胡笔江、林康侯、秦润卿、潘家瑞等，均亲自到场祝贺。外国人前来祝贺的有法国驻沪总领事甘格林、警务处总监费沃礼，还有日本的坂西将军和驻沪总领事村井夫妇等。

杜祠落成庆典四个月后，胡汉民专门写了一千余字的《高桥杜氏家祠记》，制成匾额，送给杜月笙。

杜祠庆典引来八方来客，招来众多围观者。一时，杜祠附近汇集10万之众，秩序混乱不堪。为防不测，国民党上海警备司令部派出一个中队，公安局派出几百名警察，负责维持秩序。此外，驻在上海的国民党军队的海军、陆军、水陆警察，南市、闸北的保安团、缉私队、侦缉队、救火会、红十字会、蓝十字会，也都派来专人，协助维持秩序。

为了庆祝祠堂落成，杜家大宴宾客三天。原来准备好的二百多张圆桌，一次可供二千五六百人用餐。但来宾之多，出乎意料。于是，只好办成流水席，分批用餐，一批用过，再来一批。据统计，三天之内共开了两千余席，但仍有人不能入席。为了应急，筵席处从上海聘来大批西餐司务，从早到晚供应西餐。但是，酒席加西餐仍供不应求。筵席处只得又采取紧急措施，从上海聘来大批点心师，赶制面点，应付饥肠辘辘之客人。

杜家一边大宴宾客，一边大开戏台。当时，京剧正处在黄金时代，“四大名旦”正在壮年，“四大坤旦”成名不久，老生各流派的创始人也大都在壮年。这些名震全国的演员齐集上海高桥镇，三天里，使杜祠前的大彩楼好戏连台，令来宾和高桥镇百姓大饱眼福。

杜祠落成典礼，不仅忙坏了中国记者，外国记者也以惊异的目光注视它，争先报道。日文《每日新闻》以下述标题作了报道：“堂皇华贵之杜月笙氏家祠落成典礼 壮丽夺目 来宾如云”。英文《大陆报》说：“昨（十）日有两万人参加杜氏家祠盛典，各国名人，往贺者络绎不绝，其盛况为上海多年来所罕见。”《大美晚报》则说：“浦东杜月笙君家祠落成纪念之三日大庆祝，业于星期日（六月十一日）晚间结束，来宾之参与盛典者，有政府大员，有当地巨商，总计在‘八万’人以上，可谓上海有史以来空前盛举!”

就在杜祠落成庆典之后不久，宋子文的老母出殡。在四大家族中，有三个是老太婆的子婿，蒋介石、孔祥熙也前去执幡，但出殡的场面远远没有杜祠落成庆典那样排场。被上海人称为“洋财神”的哈同不久死去，这个大富翁的钱再多，也无法组成杜祠庆典那样的仪仗队。

后来有人说，杜祠落成庆典是上海开埠百年来从未见过的盛大场面。还有人说，这是中国别开生面的一次祠堂落成政治聚会。杜月笙则把这件事视为自己力量的一次大检阅。多年以后，他在谈及此事时，依然掩饰不住得意的心情。

上海滩三大亨之一的杜月笙，借着杜祠落成庆典，可以说威风八面，风头出尽。一个黑社会的头子，能有如此大的能量，一般人难以理解。是光怪陆离的上海滩造就了杜月笙辈，难怪人们都称旧上海是冒险家的乐园。

第九章

小林泥鳅跃龙门
当总管惹出是非

在主持杜祠落成庆典活动的班子中，虞洽卿、黄金荣、王晓籁三位总理之下，还有七位协理，为首的就是张啸林。

却说这张啸林，原本是浙江杭州人。他来到上海并成为上海滩流氓三大亨之一，委实有一段曲折的经历。

张啸林 1877 年出生在杭州钱塘门外一个破落地主家庭，乳名叫小林。张小林是独生子，因为父母宠爱，从小养成了骄横跋扈的恶习。辛亥革命前，曾进浙江武备学堂读书，尚未毕业，辛亥革命失败，武备学堂被撤销，张小林便成了无业游民。张啸林这个名字是他后来在上海出名后改的。张小林生肖属虎，于是他把生肖与名字连在一起，取“虎啸山林”之意，把“张小林”改为“张啸林”，祈祝飞黄腾达。

一天，张啸林从亲戚家吃酒席回来，路上碰见有几个人正在殴打一个人。张啸林生性好事，就上前劝架。不料，那几个人见张啸林在一旁多嘴，就转而围打他。张啸林原是练过拳脚的，并不畏惧。他见几个人来打他，就飞起一脚踢过去，这一脚正踢中其中一人的睾丸。那人应声倒地，一命呜呼。张啸林自知闯了大祸，不敢再回家，连夜逃往上海。

到上海后，张啸林落脚在小东门外东昌渡一带码头上。因为张啸林曾拜清帮“大”字辈的樊瑾丞为“老头子”，是正统的“通”字辈流氓，而且熟记“海底”术语，很快在流氓群中站住了脚。杭州锡箔船商们见张啸林在流氓中有些脚路，就提出按货值出一定比例的小费，让张啸林一伙流氓保护货船的安全。张啸林当然乐意做这笔无本的生意。

当时，杜月笙在十六铺码头干着与张啸林同样的营生。一次，另一伙流氓为了争夺十六铺码头，与杜月笙一伙发生了殴斗。杜月笙一伙寡不敌众，被打得落花流水。杜月笙虽拼死抵抗，也无济于事，被打得奄奄一息。张啸林把杜月笙背回家，设法延医诊治。那时，张啸林还是个穷流氓，为了给杜月笙疗伤，只好典当掉自己身上穿的棉衣。对于张啸林的救命之恩，杜月笙终生不忘。杜月笙是清帮“悟”字辈，比张啸林低一辈，所以他一直称张啸林为“张爷叔”。

张啸林在法租界码头混饭吃的时候，正值黄金荣在十六铺巡捕房当二逮头巡捕。张啸林每逢从船商们手中拿到保护费，总是分给黄金荣一份。日子久了，张啸林与黄金荣渐渐成了好朋友，彼此称兄道弟。后来，黄金荣荣升麦兰捕房的探长，张啸林更是刻意趋奉。黄金荣与金廷荪、孀妇阿金合股开办三鑫公司后，张啸林不仅为黄金荣出谋划策，而且处处保护他的利益。这样，黄金荣要延揽党羽，张啸林想寻找靠山，二人各有所需，一拍即合，终成莫逆之交。

张啸林在法租界码头吃船商家的饭，难免与当地的稽征巡警发生矛盾。当新开河码头建成后，外省船商为躲避稽征局的横征暴敛，纷纷到别处卸货。稽征巡警们得知是张啸林从中做了手脚，就决定干掉张啸林。

一天，张啸林来到南码头办事，被这里的稽征巡警发现。他们把张啸林拖进稽征局，捆绑起来，打了个半死，准备在夜深人静时把他扔进黄浦江。

张啸林的老婆听到消息，立即求杜月笙设法营救。杜月笙一面派人去稽征局探听消息，一面与几个头目商量营救办法。大家认为，白天稽征局人多，又有枪，不易得手，不如晚上等巡警们下班后实施突袭。当晚，杜月笙率领几十个精干的流氓冲进稽征局，救出了张啸林。

张啸林是从流氓堆里混出来的，哪里咽得下这口恶气。他养好伤后，打听到抓他的头目外号叫“金狮狗”，是一个阴险残暴的家伙，就请“吊眼阿定”帮他报仇雪恨。吊眼阿定平日对金狮狗一伙的敲诈勒索行为也颇为不满，就答应帮助张啸林出这口气。

有一天，金狮狗巡查商船独自来到江边，突然跳出十几个人，一涌而上，把他按倒在地就是一顿毒打。金狮狗被打得晕头转向，接着又被架起抛向江中。此时，恰好驶来一艘大粪船，扑通一声，金狮狗掉进了粪仓内。待他挣扎着爬出粪船时，早已成了一个“粪人”。张啸林一伙则一哄而散，不见踪影。

张啸林自结识黄金荣、杜月笙以来，在法租界码头气焰日盛。为了扩大自己的势力，张啸林在城南的瞿真人庙开设香堂，广收门徒。他先后共收门徒101人，其关门弟子是英租界九江路扬子饭店经理石少棠。黄金荣和杜月笙后来把收门徒的仪式由开香堂改为投帖；张啸林则一直严守清帮帮规，开香堂收门徒。黄金荣、杜月笙后期所收的门徒多是金融界、商界、政界的人物；张啸林所收门徒则多为被称为“乌龟王八”的人物。“留香院”、“怡红院”、“春花院”、“安乐院”、“香泽院”等么二堂子的老板，都是张啸林的门徒。法租界八仙桥地段的花捐班班长“活无常阿明”，也被张啸林收为门徒。此人既是花捐班班长，又是么二堂子的老板，共开设么二堂子十多家，一生不知糟蹋了多少良家姑娘。为了讨好张啸林，他每逢节日孝敬张啸林的礼物价值均在数百元以上。解放后，活无常阿明被判处无期徒刑，于1968年死于狱中。

张啸林发迹后，搬入杜月笙为他在华格臬路建造的公馆，与杜公馆毗邻。张公馆雇佣数名男女仆人，其中有个叫阿二的男仆，30岁左右，老家是浙江绍兴，专做宅内杂役。阿二为人忠厚，做事认真。一天，他因为伺候张啸林与朋友聚赌而一夜未睡。天快亮了，他想休息片刻，结果一睡不醒。张啸林早上起来喊了几声也不见阿二前来，顿时火冒三丈。当阿二赶来时，张啸林不由分说，拳脚相加，痛打阿二。可怜阿二经不住张啸林的毒打，口角流血，当场死去。

阿二的父亲听到儿子的噩耗，从绍兴赶来上海向张家要人。此时的张啸林已不同于在杭州踢死人的时候了，他对打死一两个人根本不当回事，所以对阿二父亲不予理睬。阿二父亲见张啸林不讲理，就写了状子到法租界会审堂去告状。法租界的会审堂哪肯替穷人说话。后来，由张啸林的总管出面，用一千元钞票把阿二的父亲打发走了事。

张啸林见黄金荣开戏院、杜月笙开银行都大把大把地挣钱，煞是眼红，也想找个挣大钱的门路。在门徒“驼背三根”的建议下，他在复兴公园南端，投资建造了一个夜花园。园内设有舞池、魔术场，并供应冷饮和茶点、酒水，供有钱人消暑纳凉时消遣。夜花园开张的当年，就为张啸林赚了几万块大洋。但张啸林生性吝啬，不但不给驼背三根一点好处，反而把他一脚踢开。驼背三根一气之下另外开了个夜花园，取名“静园”。他善于经营，不仅噱头种类繁多，而且让英商怡和啤酒公司到夜花园搞促销活动。这家啤酒公司的广告说：游客在一小时内若能喝下六瓶以上的怡和啤酒，酒钱全免。另外，驼背三根又从国外引进诸如“吹牛皮”、“登飞车”等游戏项目，使静园更加吸引人。三个夏季，静园就为驼背三根赚了几十万块大洋。而张啸林的夜花园因为聘用了不善经营的人，第二年虽说没亏本，却没赚到什么钱。还是黄金荣老辣，他告诉张啸林：“钱是不能一人独赚的。对有能力的人，在他们身上洒脱些才有收获，否则的话，他们怎肯为你卖命?”黄金荣的话既是经验之谈，也是对张啸林为人的批评。

为了给张啸林找个赚钱的生意，黄金荣、杜月笙让张啸林去办彩票公司。

彩票，当年在上海也叫发财票、白鸽票，曾盛极一时。尤其在法租界，更是红火得很。然而，张啸林对经营彩票一窍不通。于是，杜月笙派自己手下几个门生帮助张啸林开办了“东方彩票公司”。每期彩票为5万张，每张面值一元。奖级分为四等：头彩2万元，二彩5千元，三彩1千元，末彩10元至50元不等，每半个月开彩一次。为了吸引更多的人买彩票，东方彩票公司不惜人力物力，大肆进行宣传，不仅在上海各报纸大做广告，还在英法租界各主要路口树立广告牌。彩票发售地点更是张灯结彩，鼓乐齐鸣，热闹非凡。每期彩票虽都设有头彩、二彩，但是，因为每期彩票不可能全部售出，开彩时只要略施小伎，就可以使头彩、二彩中在没有售出的号码中。但买彩票者发财心切，哪里顾得上细想其中的奥妙。东方彩票公司开办不到两年，张啸林钱包中就增加了30多万元。尝到甜头后，张啸林又开办了“有利彩票公司”。张啸林的钱越赚越多，一年后又开办了“鸿运彩票公司”。为了骗取更多的钱财，张啸林一伙不仅在上海广为宣传，还委托南京、苏州、无锡等地的商店代为推销彩票。

张啸林的彩票公司大赚其钱，引得众人眼红，纷纷涉足彩票业。先是英国人亨利在南京路开办了“好运道彩票公司”。亨利为了诱惑民众，招引更多的人买彩票，居然真的开出头彩，并把中头彩者请来，穿上彩衣，坐在彩票销售部里，做活人广告。亨利的这一招果然灵验，他的彩票销售部门庭若市。亨利靠彩票公司发了一笔横财，他见好就收，干别的去了。接着是英租界老闸捕房的华人探长马太保的门徒杨信康，与曹雨田联手，开办了“快发财彩票公司”。为了与张啸林的彩票公司争夺彩民，特意在高级酒楼设下酒筵，邀请律师和报馆主笔前来赴宴。借这些“名人”之口，宣传快发财彩票公司实力雄厚，引诱市民买他们的彩票。他们还雇佣十几个游民，身穿特制的彩衣，每人背上一块木牌子，上面写明开彩日期、头彩彩金数额等，走街串巷，广为宣传。杨信康的彩票公司可谓经营有方，不到两年，就发了大财。后来，他用这笔钱在河南路开办了“信康信托公司”，经营有价证券和股票业务。

张啸林见快发财彩票公司抢了自己的生意，气急败坏，想搞掉他的广告队。一天，当快发财彩票公司派出的广告队走到法租界东新桥时，鸿运彩票公司的人一拥而上，把他们痛打一顿，并剥去他们的彩衣，砸烂他们身上背的木牌子。杨信康听说此事后，不甘示弱，也纠集一批流氓打手，捣毁了张啸林开办的鸿运彩票公司和有利彩票公司的销售部。在旧上海，这种黑吃黑的“活剧”经常上演，人们也就见怪不怪了。

在黄金荣、杜月笙的提携下，张啸林这个从小河沟里钻出来的泥鳅，竟然跳过龙门，也发达起来，成了与黄、杜齐名的上海清帮三大亨之一。正是凭着这种地位以及与杜月笙的特殊关系，他才在主持杜祠落成庆典活动的班子中位居七个协理之首，成了实际上的大总管。也许是这位大总管办事过于投入，结果惹出了一桩乱子。

在杜祠落成庆典活动的三天里，日夜各两场堂会戏。第三天晚间酒席尚未散，就有一些人为抢占好位置而先期坐到戏台前，造成秩序混乱。张啸林见状，喝令这些人离开，等打扫完场地后再安排座位。众人听了，纷纷离开了场地，在一旁等候。但其中一人没有离场，仍坐在那里不动。张啸林见那人不听自己指挥，恼羞成怒，抢上前去，照准那人的脸打了两记耳光。被打者不动声色，瞥了张啸林一眼，捡起被打落的眼镜，匆匆离去。张啸林哪能料到，他的两记耳光惹出了大麻烦。

原来，被打者不是别人，正是威震上海的淞沪警备司令杨虎的秘书李少章。俗话说：打狗还得看主人。张啸林竟敢太岁头上动土，打了杨虎的秘书，杨虎的面子往哪里搁？

李少章把被打之事报告杨虎之后，杨虎怒不可遏，立即大兴问罪之师。他集合百余名卫兵，赶到杜宅，索要打人凶手。杜月笙等人听说后，知道张啸林惹出了乱子，赶紧让张啸林躲避起来。只见杨虎全身武装，带领李少章和十余名武装士兵怒气冲冲地来到杜月笙的大烟室。杜月笙、黄金荣等人赶忙上前打躬作揖，把杨虎让到上座。杨虎只当没看见，没听见，愤愤地对杜月笙说："我今天冲你的面子，特派李秘书前来道贺，谁知你们却这般无礼，竟把我的秘书打成这个模样，真是欺人太甚！我如今也不跟你们多啰唆，你先把凶手交给我，不然的话，我马上发布命令，到那时莫怪我对你不客气。"

杜月笙等人见杨虎正在气头上，只好赔着笑脸说好话。但任凭他们的好话说尽，杨虎仍然不依不饶，非要亲自带走打人凶手不可。杜月笙深知，杨虎来者不善，单靠他们无法送走这位瘟神，于是示意在场的虞洽卿另请"菩萨"。虞洽卿心领神会，转身出去，很快请来了吴铁城。在吴铁城和众人的劝说下，杨虎好不容易才放弃带走打人凶手的要求，但仍坚持要让张啸林亲自到警备司令部，当面向李少章赔礼道歉。

送走杨虎之后，杜月笙和黄金荣等人一起合计，认为贸然让张啸林前去赔礼，恐有不妥。为了稳妥起见，决定由他们二人先去见杨虎，商定赔礼的办法，然后再带张啸林去。

第二天上午，杜月笙、黄金荣二人到淞沪警备司令部见杨虎。杨虎见了杜、黄二人，劈头就问："凶手带来没有？"黄金荣连忙解释说，既然答应前来赔礼，绝不会言而无信。接着用试探的口气问杨虎，打算让凶手如何赔礼。杨虎明白黄金荣的用意，不耐烦地说："你只要把凶手带来，怎样赔礼，你就别管啦。"

坐在一旁尚未讲话的杜月笙，见杨虎不肯松口，连忙说："杨司令，这桩事情的发生，原出于误会。张啸林爷叔如若知道李先生是司令的秘书，招待惟恐不周，怎敢动手打他呢？你杨司令也是个明白人，常言道：'不知者不罪。'我们叫他来当面向李秘书赔礼道歉，承认错误也就算了罢！既然你我也不是外人，何必彼此要弄得不开心呢？"杨虎听了杜月笙的话，仍然没有退让的意思，说："哪有这样便宜的事！这是万难办到的。"黄金荣问杨虎："那你要怎样赔礼道歉呢？"于是，杨虎提出两个条件：一是要张啸林到警备司令部，点燃红烛，当众向李秘书道歉；二是要张啸林赔偿李秘书人身损失费两万元。杨虎还特地申明，这是最低的条件，务必应允，否则其他的一概不谈。

在杜月笙、黄金荣看来，两万元赔偿费虽然是"敲竹杠"，倒算不了什么，但让张啸林到警备司令部当众赔礼道歉，实在有损兄弟们的脸面。经过一番讨价还价之后，杜月笙和黄金荣答应，两万元赔偿费如数付给，而当众赔礼之事，杨虎也做了让步，改为张啸林到李秘书私宅燃烛道歉。于是，这场不大不小的风波总算平息下去。

第十章

戴雨农为主拼命
得报偿执掌军统

戴笠自从考入黄埔军校起，前后判若两人。他一改过去那种爱出风头、哗众取宠、滥交朋友的习惯，成了一个沉默寡语、多听多想的人。一些不明真相的同学，有的把他看成是个不善言谈的乡巴佬，有的则误认为他是一个老成持重的夫子。当时的黄埔军校，左派和右派的斗争相当激烈。戴笠总是置身度外，从不参与。一直到蒋介石的亲信胡靖安来到军校，这种情况才有了变化。

北伐开始后，蒋介石担心共产党乘机把他赖以起家立身的黄埔军校夺去，因此，北伐军打下武汉后，蒋介石立即派忠于他的学生胡靖安、陈超等人返回广州，暗中联络忠于他的学生，监视并限制共产党在军校的活动，为日后的“清党”做准备。胡、陈二人回军校后，担任入伍生部的监察干部。

当时，黄埔军校前几期的学员大都随北伐军上了前线，第六期的入伍生被派往广九铁路沿线，边维持治安，边进行训练。有一天，胡靖安、陈超来到戴笠所在的连队，找学员谈话。戴笠见胡靖安言必称“校长”，知道胡、陈是蒋介石的人。当胡靖安问他毕业后打算干什么时，戴笠毫不犹豫地高声回答：“我想给校长当警卫!”有的同学讥笑他没出息，戴笠却理直气壮地说：“这有什么不好？校长统兵打仗，日理万机，他一身系革命成败、国家安危、民族存亡，还有比护卫校长安全更重要的吗？我若能给校长当听差，就是莫大的荣幸!”戴笠的表现深得胡靖安的赞扬。他认为，只有像戴笠这种盲目崇拜蒋介石的人才是最可靠的。于是，他暗中把戴季陶的反共小册子《国民革命与中国国民党》塞到戴笠手中，并嘱咐他不要让别的同学看见。胡还让戴笠监视连队里的共产党员的活动，及时向他汇报。戴笠想，胡是蒋介石的人，靠上他对自己将来的发展定有好处，于是爽快地接受了胡交给他的任务。从此，他一发现共产党员学生的活动就立即报告胡靖安，连哪些学生接近共产党员，哪些学生经常看《向导》《中国青年》，也都成了他汇报的材料。从此，戴笠踏上了他从事特务工作的漫漫路程。

蒋介石在上海发动四一二政变后，广州军阀也发动了四一五政变。黄埔军校的共产党员被清洗。戴笠见自己向胡靖安汇报的人有的被投入监狱，有的被杀害，起初心里还有些不安，时间长了也就心安理得了。

不久，戴笠成了骑兵营的一员。因为蒋介石认为，中原作战需要骑兵，所以电令黄埔军校第六期增设骑兵营。戴笠等300多人被选入骑兵营。戴笠到骑兵营后，重现了他的本来面目，他那被压抑已久的爱夸夸其谈、哗众取宠的恶习死灰复燃。他根据从戴季陶那本小册子中学得的理论，大谈“清党”的必要性，大讲国共两党分家的必然性。他的表现得到了右派把持的黄埔军校党部的赏识，不久就成了骑兵营的党部执行委员。

胡靖安因“清党”有功，被蒋介石任命为黄埔军校入伍生部的政治部主任，并成为军校清党委员会的成员。他利用职权，胡作非为，不仅滥抓左派学生，还公然攻击军校的教务长方鼎英。这位忠厚的老者在忍无可忍的情况下，亲自跑到南京向蒋介石摊牌：要么接受他辞职，要么允许他制裁胡靖安等人。胡靖安闻讯，逃往南京。胡靖安走后不久，骑兵营也奉命开赴苏州集训。戴笠在骑兵营受到营长沈振亚的赏识，他满怀信心地等待提升。

不料，他所崇拜的蒋介石因为国民党内部的派系之争，于1927年8月宣布下野，回到了他的老家浙江奉化县溪口镇。蒋介石下野后，骑兵营成了没娘的孩子，前途堪忧。为了骑兵营的前途，也为了向蒋介石表示忠心，沈振亚派戴笠和另一个学员代表骑兵营去溪口晋见蒋介石。戴笠意识到，这是一个绝好的机会。在蒋介石危难之机，能向他当面表示忠诚，定能给蒋介石留下深刻印象，这对自己的前途大有好处。他想起了当年陈炯明炮轰总统府、孙中山避难于永丰舰时，蒋介石从上海跑去，表示要与孙中山共存亡，从而得到了孙中山的信任。现在自己遇到这么好的机会，决不能放过。

戴笠二人到达溪口时，蒋介石已经去了附近的雪窦寺。雪窦寺是四明山中的一座名刹，建于东晋年间。寺庙规模不大，但气势不凡。它坐落于群山众壑之中，两道溪水从寺后的山顶蜿蜒而下，从寺的两侧流过，汇于寺前的一个荷花池中。远远望去，寺庙在云雾中时隐时现，真乃佛地洞天。

戴笠二人在蒋介石的卫士引导下，经过大雄宝殿，在后院的一间禅房里见到了蒋介石。戴笠双手奉上骑兵营给蒋介石的陈情信，并补充说：“我们恳请校长收回辞呈宣言，带领我们继续北伐！”戴笠在蒋介石看信之际，内心充满了矛盾。他既希望蒋介石能认出自己就是当年在上海交易所被陈果夫骂为“小瘪三”的那个后生仔，以便靠这种老相识的关系很快成为蒋介石的亲信；又怕这种经历会使蒋介石难堪。蒋介石看完信，询问了骑兵营的情况。戴笠如实作了回答。蒋介石听后沉思片刻说："放心，困难是暂时的，你们都是我党的宝贵财富，会妥善安排的。"并让戴笠转告沈振亚，要好好维持。这时，副官来报张静江、吴稚晖求见。戴笠见状，知道该走了，就说了声"校长保重"，随卫士退出。此时的戴笠，既为能再次见到蒋介石而感到高兴，又因这次见面太仓促而觉得遗憾，生怕自己没有给蒋介石留下什么印象。

从溪口回来不久，戴笠接到家信，得知在杭州的族侄女戴学南因共产党嫌疑而被扣押。戴笠请假去杭州营救，从此就未再回骑兵营，连黄埔军校第六期在南京举行的毕业典礼也未能参加。

戴笠到杭州后，通过自己的老同学、时任国民党浙江省党部委员、青年部长的姜绍谟，救出了戴学南。在姜绍谟盛情挽留下，戴笠在杭州住了几天。正在他走亲访友之际，听到了蒋介石路过杭州去上海的消息。戴笠立即辞别姜绍谟，尾追蒋介石到了上海。

到上海后，戴笠每天到蒋介石下榻的拉都路20号大门外去义务站岗，想以此来引起蒋介石的注意。头几天，蒋介石乘车外出时见一位军装整齐的年轻军人向他行礼，以为是负责警卫的补充团团长王世和特意安排的，没有太在意。第四天，蒋介石觉得那年轻军人很面熟，就询问王世和。王世和说，他以为是蒋介石准备带往日本深造的的卫士，自愿来担任警卫的。那天晚上蒋介石乘车回驻地时，发现那个军人仍站在门外，就命令停车，让王世和把他叫过来问个明白。戴笠几天来守在门外，见蒋介石的汽车来去匆匆，正愁无法与蒋介石接近，见汽车一停，马上奔向前去，却被王世和喝住。戴笠停住脚步，冲着车内的蒋介石行了个礼，大声说："报告校长，黄埔六期学生戴笠，特为校长的安全前来担任警卫！"蒋介石这时也想起，年轻军人正是不久前在雪窦寺见过的骑兵营的学生代表，就对戴笠说："好！好！我记得你，黄埔六期骑兵营的。"戴笠很想与蒋介石多说几句，却听蒋介石说："很好！你回去吧，好好努力，明天就不用来啦！"戴笠还想说点什么，但汽车已经开走。

戴笠见蒋介石的车已经走远，正准备往回走，迎面却撞上了胡靖安。胡告诉他，自己现任蒋介石的随从副官。蒋介石马上要去日本访问，留下他组织情报联络组，负责为蒋介石收集各方面的情报。胡靖安还说，因为蒋介石尚未复职，联络组不隶属于任何政府机构，也没有固定经费，只是黄埔生义务为校长服务，问戴笠愿否参加这项工作。对戴笠来说，能在蒋介石身边工作是他梦寐以求的事，现在机会来了，他岂肯放过，赶忙表示愿意参加这项工作。

第二天下午，戴笠来得胡靖安家。胡靖安告诉戴笠，联络组已经联络了蔡劲军、成希超、王兆槐、东方白等几个黄埔同学，并要戴笠利用各种关系，搜集共产党和一切反蒋势力的情报，由他转交蒋介石。不久，胡靖安因老家有事要离开上海，他见戴笠工作积极，临走时就把联络组的工作交给了他。

再说蒋介石在日本访问期间，得知国内局势发生了有利于自己的变化，便放弃了原定周游欧美的计划，提前回国。他巧妙地利用国民党内部的矛盾，于 1928 年 1 月重新上台，不仅恢复了国民革命军总司令的职务，而且通过国民党二届四中全会，当上了国民党中央政治会议主席和军事委员会主席，把党、政、军大权集于一身。

蒋介石重新上台以后，胡靖安返回南京，立即为戴笠请准了总司令部上尉情报员的头衔，并正式任命戴笠为联络组组长。不过，这时戴笠还不能直接与蒋介石联系，情报仍要通过胡靖安转报蒋介石。不久，胡靖安被派往德国学习，联络组的几个成员也各奔前程，戴笠成了光杆司令。

蒋介石开始“二次北伐”后，戴笠为了取得有价值的情报，常常深入前线了解情况。经费不够，他就向江山老家的老母要钱。为了把情报送到蒋介石的手中，戴笠常常蹲在总司令部门口等蒋介石的汽车。开始他打算通过已提升为蒋介石侍卫长的王世和转交，但王不买他的账，无奈只好采取“拦车投书”的方式，为此，不知挨了蒋介石侍从多少打。上天不负有心人。戴笠的忠诚终于感动了蒋介石，于是他指派机要秘书毛庆祥负责转递情报，并特意关照说，如果戴笠确有紧急情报，可以随时带他晋见。蒋介石还指示总司令部任命戴笠为上尉参谋，并派了个勤务兵贾金南，随戴笠到前线搜集军事情报。从此，戴笠为蒋介石干起了“跑单帮”的情报工作。他风餐露宿，不分昼夜，发疯似的工作，饿了啃几口干粮，晚上常常睡在火车站的候车室里。由于戴笠工作卖力，成绩显著，被提升为少校参谋。

东北易帜后，戴笠被派到北平搞情报工作。在后来的国民党新军阀混战中，戴笠又被调出北平，到各战区搞情报工作。特别是在唐生智联合两广军阀一起反蒋时，戴笠冒死前往河南信阳，成功地策反了唐生智司令部军警稽查处处长周伟龙，致使唐军大败。戴笠策反有功，进一步得到蒋介石的器重。

1931 年日本帝国主义发动九一八事变，蒋介石采取不抵抗政策，致使东北大好河山沦于日本法西斯铁蹄之下。在全国民众一片责骂声中，蒋介石于 1931 年 12 月宣布第二次下野。下野前夕，蒋介石几次召集其亲信贺衷寒、康泽、滕杰等人开会，授意他们建立一个拥蒋的组织。蒋介石下野后，贺衷寒等人加紧进行筹备。在曾扩情举行的南京“浣花菜馆”聚餐会上，他们又研究此事，并推举贺衷寒、酆悌、滕杰、周复、康泽 5 人负责筹备。在第二天的筹备会上，决定由贺衷寒起草章程，由康泽起草纪律条例。

戴笠当时还是一个无名小卒，但在他的好友、时任第一师师长的胡宗南的坚持下，戴笠的名字也被列入了正在筹建的秘密组织的人员名单中。当戴笠从胡宗南口中得知此消息后，喜悦之情溢于言表。

1932 年 1 月，蒋介石弥合了国民党内部的矛盾，逃出了危机，再次上台。他复职以后的第一件事就是召集贺衷寒等人开会，听取秘密组织的筹备情况。蒋介石批准了分别由贺衷寒、康泽起草的章程和纪律条例，并把秘密组织定名为“中华复兴社”。

1932 年 3 月 1 日，中华复兴社在南京成立。蒋介石自任社长。他为复兴社定的宗旨是：复兴中华固有的民族精神、道德，加强民族信心，协助他本人整顿军队，组织民众，严肃纪律，剿除共产党及一切异己分子。会上，蒋介石还大肆宣扬“一个党”、“一个主义”、“一个领袖”的法西斯论调。

复兴社下设干事会和检查会，贺衷寒、滕杰、酆悌、周复、康泽、桂永清、潘佑强、郑介民、邱开基 9 人为中央干事，戴笠等 3 人为候补中央干事。在干事会下，又设有书记处、组织处、军事处、训练处、总务处、特务处。蒋介石对特务处特别重视。他曾说：要想复兴中华的民族精神和道德，搞好一切工作，必须知己知彼，所以情报工作是复兴工作的最重要的一环。负责特务处的人选，一定是要对党国和领袖绝对忠诚，并有搜集情报经验的同志。经胡宗南的推荐，蒋介石选定戴笠任特务处处长。根据蒋介石的指示，特务处下设侦察、行动两科和书记室。郑介民任侦察科科长，邱开基任行动科科长，唐纵任书记室书记。郑介民、邱开基分别是黄埔军校第二期和第三期的学生，均比戴笠资格要老。戴笠也曾向蒋介石提出过这个问题。蒋介石却说没关系，让戴笠放心大胆地干。由此可以看出蒋介石对戴笠的信任程度。

中华复兴社简称复兴社，因为其成员仿效意大利褐衫党的做法，统一着蓝装，所以也称“蓝衣社”。此后，又建立了“三民主义革命同志力行社”，简称“力行社”，作为复兴社的内层与核心，其成员共有 50 人，并不再发展。因为蓝衣社是军统局的前身，所以，后来军统局成立后，外界仍习惯把军统局称为“蓝衣社”。

其实，蒋介石要建立特务处的想法由来已久。中原大战以后，他就意识到特务工作的重要性，有意要建立一个特务组织，只是当时战事繁忙，无暇顾及。当他第二次下野重新上台后，越发感到建立特务组织的必要性。蒋介石想的比戴笠要深。他心目中的特务处决不是仅仅搞情报工作，而是要把它建成一个除军队以外的、维护他独裁统治的另一部专政机器。所以，他强调特务工作“是一项维护革命政权的全国性的政治任务，是革命的灵魂，领袖的耳目”。蒋介石把这样一项重任交给戴笠，足见他对戴笠的器重。

戴笠上任后，立即开始着手工作。1932 年 4 月 1 日，在南京高道井洪公祠对面楼上的一间教室里，戴笠办的特训班开学。那天，蒋介石冒雨前来参加开学典礼。30 名学员举起右手，跟着蒋介石宣读誓词：余誓以至诚，奉行三民主义，服从领袖命令，遵守团体纪律，尽忠守职，严守秘密。如违誓言，甘愿受最严厉处分。谨誓。

此后，特务处就把 4 月 1 日作为成立纪念日。直到军统局建立后，仍以 4 月 1 日作为成立纪念日。

特务处的办公地点在南京鸡鹅巷 53 号。这里原来是胡宗南部的驻京办事处，戴笠的联络组借住在这里。复兴社成立后，胡宗南的驻京办事处另移他处，鸡鹅巷就成了戴笠的巢穴。在鸡鹅巷 53 号，戴笠俨然一家之主。在南京话中，“老板”即一家之主的意思，所以特务们在背后都称戴笠为“戴老板”。

不久，戴笠又被蒋介石任命为杭州警官学校的政治特派员，戴的得力干将王孔安被任命为该校的特派员办公室书记长。从此，戴笠以警官学校为掩护，加快了培训特务的速度。他从报考警官学校的新生中，挑选了 20 多名到特训班受训。其中他的江山同乡有毕业于衢州联合师范的毛森，毕业于杭州中学的姜毅英，以及后来成为胡宗南夫人的叶霞娣。这些人后来都成了戴笠的得力干将，姜毅英则成了军统局唯一的女少将。戴笠的老同学毛人凤的弟弟毛万里也在这批学生中。戴笠见他已年过三十，就劝他不要再到警官学校学习，而直接到他的特务处参加工作。毛万里同意。这样，毛万里就成了鸡鹅巷 53 号的一员。

有了警官学校作掩护，虽然特训工作的速度加快了，但戴笠仍不满足。他号召手下的特务们尽量介绍自己信得过的亲朋好友到特务处来工作。他自己也把被他营救出来的族侄女戴学南招到警官学校，帮他培养女特务。警官学校的主任教官余乐醒把自己的妻弟沈醉介绍到特务处，并很快得到戴笠的信任，成了戴笠的得力助手。后来，沈醉参与侦破了几个大案，一时被誉为“名探”。

在戴笠的苦心经营下，特务处成立一两年内，就由原来的 10 人发展到 100 多人。特务工作的范围也随之扩大，全国二十多大城市及几条主要铁路干线上，都成立了特务区。

特务工作铺开后，通讯成了大问题。特务处没有自己的专用电台和通讯人员，各特务区有了紧急情报，必须先申请，再由中央党部调查科在当地的机构代为拍发，或由军政部在该地的军用电台代发。但这些单位并不拿特务处当回事，常常把他们的急件压好几天而误事。戴笠在北平搞情报时，有紧急情报就去找在北平行营任机要科长的老同学姜超岳。在姜超岳的脑海里，戴笠还是当年那个反复无常的浪荡子，根本瞧不起他。虽然南京有令让他为戴笠代发电报，他仍不以为然，常常把戴笠的电报一压就是好几天。痛定思痛，戴笠决心建立自己的无线电通讯网。

这一次又是胡宗南帮了戴笠的忙。一次，胡宗南到杭州警官学校看望戴笠，戴向胡谈及建立无线电通讯网的想法，并要胡给他推荐无线电技术人员，帮他创建无线电通讯培训班。胡宗南很爽快地把魏大铭推荐给戴笠。

魏大铭原是一家外国轮船上的无线电专家，北伐军到上海后，被邀请到国民革命军交通处，创办了无线电通讯网。一·二八淞沪抗战时，他参加了上海民众后援会前线电台组，战事结束后被人介绍到胡宗南的第一师。现在，第一师奉命调往甘肃天水，魏大铭不愿意随部前往，所以胡宗南乐得做个人情。魏大铭到特务处后，不仅给戴笠培养了一批又一批的电讯特务，而且还发明了特务专用的小型发报机。有了这些，戴笠很快就在全国各大城市和交通要道建立起了特务处自己的电讯网。有了自己的电讯网，发送电报不再受制于人，戴笠的情报工作更得心应手。

戴笠的特务处在羽翼渐丰后，更积极地开展活动。除了继续搞情报工作之外，又按蒋介石的指示，增加了暗杀活动。1933 年 5 月，特务处的北平、天津站联手，在六国饭店刺杀了投靠日本人的张敬尧。同年 6 月，特务处的上海站刺杀了著名的爱国民主人士杨杏佛。

1933 年 11 月，十九路军的负责人发动了福建事变，建立了“中华共和国人民政府”揭起了反蒋抗日的旗帜。1934 年 1 月，福建事变失败。在搞垮福建人民政府的过程中，戴笠的特务处起了重要作用。事变之前，戴笠安插在十九路军的特务早就掌握了十九路军的部署。事变发生后，戴笠先是派郑介民带了四个策反小组潜入福州的仓前山，设立了情报站。他们策反了十九路军总部副参谋长兼参谋处处长范汉杰，并拿到了十九路军专用的军事电报密码本，使蒋介石对十九路军的一切活动了如指掌。随后，戴笠又亲自率领沈醉等十几个人潜往鼓浪屿，建立了第二个情报站。他们又策反了驻守漳州、厦门的警备司令黄强、六十一师师长毛维寿及其参谋长赵锦雯等。当蒋介石派张治中率部进攻十九路军时，他们里应外合，很快把福建人民政府打垮。

蒋介石为了奖赏戴笠在镇压福建人民政府中的功劳，任命他兼任南昌行营调查科上校科长。南昌行营调查科设立于 1933 年 6 月，科长由蒋介石的原侍从秘书邓文仪担任。该科下辖徐州行营调查科、武汉行营调查科，以及浙江、安徽、湖南、湖北、江西、陕西等十几个省市的谍报组，共有特务 1200 多人。戴笠兼任该科科长之后，他的人马骤然增加了一倍，而且特务处的工作从此进入了一个由公开机关掩护其秘密工作的新阶段。

不久，蒋介石为了统一特务组织，决定在军事委员会下设立一个调查统计局，由陈立夫任局长。原来由徐恩曾任主任的特工总部作为该局的第一处，称为党务调查处，由徐恩曾任处长；戴笠主持的南昌行营调查科与复兴社特务处合在一起，作为该局的第二处，称为军事调查处，由戴笠任处长；第三处称为邮检处，由丁默邨任处长。蒋介石设立军事委员会调查统计局的目的是为了统一特务组织，加强特务工作。但是，戴笠与陈氏兄弟总是貌合神离。陈氏兄弟瞧不起戴笠，往往偏袒徐恩曾的第一处，掣肘戴笠的第二处。戴笠则担心苦心经营的特务处被陈氏兄弟吃掉，所以老是提防着他们，采取不合作的态度。而且，戴笠仍在南京鸡鹅巷52号办公，自成一体，并不受陈立夫管辖。

在两广事变中，戴笠的特务工作又大显神通，帮了蒋介石的大忙。1936年6月1日，陈济棠、李宗仁发出通电，谴责蒋介石的不抵抗政策，表示要率部“北上抗日，收复失地”。他们在广州成立了两广军事委员会，由陈济棠任委员长兼总司令，李宗仁副之。他们还联络云南的龙云、四川的刘湘和山东的韩复榘，一起反蒋。这一次，戴笠又用对付福建事变的方法，先用钱收买了粤军的空军司令黄光锐，使粤军的飞机全部投靠了蒋介石。接着又策反了粤军的第一军军长余汉谋、第二军副军长李汉魂。7月15日余汉谋通电投靠蒋介石，李汉魂则出走香港。在此情况下，陈济棠于7月18日通电下野，离穗赴港。李宗仁也只好率部退回广西。两广事变就这样失败了。

在西安事变中，戴笠冒死救驾的行为，对于他的前程影响不小。事变前，戴笠手下的特务早已把东北军和西北军的情况报告了蒋介石。但由于蒋介石集中力量处理两广事变，无暇顾及西北的问题。两广事变平息后，蒋介石便着手处理西北的问题。

1936年10月22日，蒋介石到达西安，督促东北军和西北军继续“剿共”。张学良劝蒋放弃“剿共”政策，遭到蒋介石的拒绝。蒋介石又到王曲军官训练团训话，宣扬他的“安内攘外”的反动政策，训练团的学员不买他的账。蒋介石此行，证实了特务们给他的报告。10月底，他回洛阳过50大寿，张学良借去洛阳祝寿之机，再一次要求“停止内战，一致抗日”，又遭到蒋介石的拒绝。12月4日，蒋介石再次到西安时，向张学良、杨虎城摊牌。他命令东北军和西北军继续“剿共”，否则，就分别调往福建和安徽。张学良向蒋介石“哭谏”，蒋介石不为所动。张学良与杨虎城商量后，决定实行“兵谏”。12月12日，张、杨两将军发动西安事变，扣押了蒋介石，同时，扣押了在西安的国民党要员陈诚、卫立煌、蒋鼎文、陈调元、蒋百里等。

事变前，戴笠被蒋介石派往广州接收、扩充广东缉私部队。听到蒋介石被扣的消息，戴笠立即赶回南京。他见何应钦等人正在策划成立“讨逆军总司令部"，调兵遣将，准备进攻西安，甚至主张派飞机轰炸西安，欲置蒋于死地。戴笠心急如焚，决定立即派人带电台赶往潼关，设法潜入西安，与在西安的特务取得联系，准备进行策反工作，营救蒋介石。

这时，蒋介石的外籍顾问端纳从西安回来说，张学良、杨虎城无意加害蒋介石，只是要求蒋介石答应"停止内战，一致抗日"。为了营救蒋介石，宋子文、宋美龄兄妹决定与端纳一起去西安。经过戴笠再三要求，宋氏兄妹答应让他随行。但是，他们乘坐的飞机在西安机场一降落，戴笠就被张学良软禁起来。虽然在营救蒋介石的活动中没能发挥多大作用，戴笠还是利用他早年与张学良的私交，在张学良前去看望他时，极力劝说张学良释放蒋介石。戴笠冒死前往西安救驾，与在南京附和何应钦等人的复兴社头子贺衷寒、邓文仪形成了鲜明对照。

在共产党人的努力下，西安事变得以和平解决。蒋介石从西安返回南京后，拍着桌子大骂贺衷寒、邓文仪说："我还没有死，你们就不听我的话了!"并扬言要取消复兴社。对戴笠冒死救主的行为，蒋介石却记在心里。他不但在《西安半月记》中特意提到戴笠，而且当戴笠后来因患急性盲肠炎住院时，还专门派宋美龄代表他去医院探望，并叮嘱医院的大夫：一定要等他痊愈了，才能让他出院。

这一桩桩，一件件，都成了戴笠仕途上的重要铺路石。特别是西安救驾一事，更使蒋介石看清了戴笠对他的一片忠诚。因此，当1938年蒋介石决定把军事委员会调查统计局分为中统局和军统局两大特务系统时，就把军统局的大权交给了戴笠。

抗日战争开始后，蒋介石为了加强特务工作，决定设立国民党中央党部调查统计局，专门负责党务调查。于是，1938年8月，原来由陈立夫任局长的军事委员会调查统计局改组。第一处和第三处成合并成为国民党中央党部调查统计局，简称"中统局"；戴笠主持的第二处扩编为军事委员会调查统计局，简称"军统局"。起初，军统局局长由蒋介石侍从室第一处主任贺耀祖兼任，戴笠任副局长。戴笠此时虽然已经升任少将军衔，但蒋介石担心他资历太浅，在黄埔生中期别太低，难以服众，所以只让他担任副局长。让黄埔一期生、少将军衔的贺耀祖做挂名的局长，由戴笠掌握军统的实权。蒋介石可谓用心良苦。

改组后的军统局，内勤编制由原来的四个科扩大为四个处，还设有一个设计委员会、两个特训班、一个庞大的电讯机构；外勤编制有30多个区站，300多个工作组、队，还有一支特务武装忠义救国军，以及各沦陷区成立的便衣队。这样，军统局的人员已逾万人。戴笠当然理解蒋介石的良苦用心。因此，他在军统局的成立大会上，把"秉承领袖意旨，体念领袖苦心"12个字确立为军统局的宗旨，要求所有部属都要以此作为行动的准绳。

无独有偶，当年陈立夫建立党务调查科时，也曾确立过“一个主义，一个领袖，一个组织”的12字宗旨。

戴笠从在黄埔军校为蒋介石收集情报起，凭着对主子的一片忠心，历经艰难困苦，尝遍酸甜苦辣，终于被主子看中，爬上高位，成了权倾一时的国民党特务头子。

第十一章

特务清帮融一体
戴笠刺杀把兄弟

1932年3月复兴社成立后，戴笠当上了特务处长，成了炙手可热的人物。这些年来，他历尽艰辛，遇上不少刻骨铭心的事，也结识了许多令他终生难忘的朋友。但是，他始终忘不了当年在上海“打流”时，流氓大亨杜月笙对他的救助之恩。

自从那次在上海赌场相见之后，戴笠一直很感激杜月笙。当时，他本想在上海再多待些日子，只是由于他不想加入清帮，又不好当面拒绝杜月笙，只好来个不辞而别。其实，当时的清帮已经有了很大的社会影响力。到了20世纪30年代，其势力更是如水银泻地，无孔不入。军阀、官僚、大商巨贾、江湖艺人等等，纷纷加入清帮。杜月笙利用自己控制的帮会势力，耍尽流氓手段，打进商界、金融界、政界，一人身兼数十职，从而把中国的黑社会势力发展到登峰造极的地步。追随杜月笙这类流氓大亨，要想发迹易如反掌。然而人各有志，戴笠既不想走“黑道”，又不情愿寄人篱下，所以他还是离开繁华的上海，回到老家去享受那田园生活。

戴笠还记得，1927年8月蒋介石第一次下野后，他跟着胡靖安为蒋介石搜集情报。不久，胡靖安因老家有事离开上海，把联络组的工作交给了戴笠。当时，联络组不是正式机构，没有固定经费，胡靖安走后，经费很快就枯竭了。正在戴笠愁眉不展的时候，同伙许忠五劝他，既然认识上海大亨杜月笙，何不去向他借点钱，以解燃眉之急。戴笠还是当年那种想法，怕与帮会势力交往降低了自己的身份，不愿意去。许忠五告诉他，蒋介石北伐到上海时，曾去拜见黄金荣、杜月笙，还送给黄金荣一块金表和几万块钱。其实，许忠五只知皮毛，不知底里。蒋介石在上海发动四一二政变，黄金荣、杜月笙曾出过大力，为蒋介石立了大功。至于蒋介石曾向黄金荣投帖拜师一事，许忠五就更不知其详。戴笠听了许忠五的话后想，既然蒋介石与黄金荣、杜月笙等人有交往，我向杜月笙借点钱又有何妨？况且，自从那次不辞而别后，一直未见过杜月笙，可以借此机会，当面感谢杜月笙当年的救助之恩。想到此，戴笠就前往华格臬路杜公馆去找杜月笙。

此时的杜月笙早已不是当年戴春风所见到的杜月笙了。当时，杜月笙只是黄金荣手下的一员大将，现在却已盖过黄金荣，成了上海滩第一流氓大亨；华格臬路的杜公馆也取代了钧培里的黄公馆，成为上海帮会势力活动的指挥中心。

这天，杜月笙在家正闲着无事，听仆人说有个自称是旧识好友的人求见，一时猜不出是何人。待到二人相见，杜月笙才知是当年在赌场见过的那个后生仔。杜月笙把戴笠让进客厅，二人免不了寒暄一番。戴笠简要地把分别后的情况向杜月笙作了介绍。杜月笙听说戴笠从黄埔军校毕业后，现在正为蒋介石服务，非常高兴。戴笠快言快语，直说来意。杜月笙听后，十分爽快，拿出 100 元送给戴笠。戴笠只肯收下 50 元，并说日后遇有困难时再来借。杜月笙也不勉强，一再表示，杜公馆的大门永远向朋友敞开着，只要需要，随时都可以来找他。杜月笙为人有两大特点，一是爱交朋友，无论是国民党政要、工商巨子，还是军阀政客、三教九流，来者不拒；二是舍得花钱，不像黄金荣、张啸林只进不出。这也许是他能盖过黄、张而成为上海滩第一大亨的一个重要原因。

其实，戴笠这次到杜公馆来，不是单纯为了借钱。他知道杜月笙在上海的势力大，关系多，交往广，他若肯替自己搜集情报，那就太好了。开始，戴笠没敢提及此事，但交谈中发现杜月笙很敬佩蒋介石，就试探着提出请杜月笙帮助收集有关共产党和所有反蒋派别的情报。没想到，杜月笙欣然应允。后来，杜月笙确实向戴笠提供了不少情报。如果说戴笠第一次见到杜月笙时只是接受杜的恩赐，那么这次相见则成了二人合作的开始。

此后，随着戴笠地位的不断提高，他与杜月笙的交往越来越多，二人之间投桃报李，关系日渐密切。1931 年上海南市太平里吗啡案发，杜月笙与此案大有关联。为了打通关节，杜月笙开了一张 30 万元的支票送给戴笠。戴笠不但立即发还赃物，而且分文不收。

现在，戴笠当上了复兴社特务处处长，为了招兵买马，扩充实力，来到上海，当然忘不了在上海的这位好友。杜月笙见戴笠逐渐成了气候，当然刮目相看。他对戴笠说：我的学生就是你的学生，随便你使用，毫无问题。他还把自己的得意门生陈默、于松乔、潘兆岱、王云荪、邵子英、金玉坡等介绍给戴笠。后来，这些人大都成了戴笠手下的得力干将，其中一部分人在抗战期间成了军统局在上海的潜伏特务。戴笠的主要助手之一、一直担任淞沪警备司令部侦察大队长的王兆槐，也是杜月笙的得意门生。

戴笠一向以自己的才能而自负，但他自知在杜月笙面前是小巫见大巫，从不敢造次。论心计，戴笠比杜月笙稍逊一筹；论影响力，此时的戴笠还远不及杜月笙。杜月笙是一个跺一脚整个上海都得颤三颤的人物。上海商业储蓄银行的挤兑风潮很典型地反映了杜月笙手段的老辣和影响力之巨大。

1931年7月，长江中下游发生特大水灾。上海商业储蓄银行投资的一宗食盐生意，因运盐的船在长江发生翻船事故，损失近200万元。杜月笙得此消息，立即指使手下人到该行存款。待银行把这些钱放出以后，杜月笙又让人四处造谣，说商业储蓄银行亏空几千万。谣言一出，该行的储户惟恐自己的存款化为乌有，纷纷前往兑现，杜月笙乘机派人起哄，很快形成了挤兑狂潮。开始，商业储蓄银行的董事们仗着资金雄厚，不以为然。但三天下来，客户提取的款额竟达到总库存额的一半。董事长陈光甫意识到有人在“拆台脚”，急忙从中国、交通两行运来两卡车银洋，仍无济于事。第四天，走投无路的陈光甫急电南京政府财政部次长钱新之求救，钱让他去找杜月笙。次日，杜月笙乘车来到商业储蓄银行露了一面，宣布存款300万，挤兑的人群即刻消失得无影无踪。此事不仅使陈光甫惊叹不已，而且许多银行纷纷前来请杜月笙做保护神。很快，杜月笙成了浦东、国信、东亚等银行的董事长，中国、交通等银行的常务董事，并在其他许多银行兼职。不久，杜月笙被选为上海银行公会理事。

由于戴笠和杜月笙一个是特务头子，一个是黑社会首领，他们二人的合作非一般人之间的合作能比。特别是后来戴笠掌管军统局后，更使二人的合作具有特殊的意味。戴笠的特务加入清帮成为帮会分子，杜月笙的门生进入军统成为特务，国民党特务与清帮你中有我，我中有你，逐步融为一体。只要戴笠与杜月笙联手，不管黑道还是白道，都会畅通无阻。特务与帮会势力的结合，是蒋介石独裁统治的特色之一。

戴笠与杜月笙联手后，首先对付的是戴的把兄弟王亚樵。

王亚樵，字九光，又名王鼎。1889年（另说1887年）2月14日（农历正月十五日）出生于安徽合肥北乡王小郢村。相传，王亚樵出生之时，恰有一团乌云飞至王小郢村上空，天空顿时一片黑暗。于是，有人就说，这是黑云送子，王亚樵是黑虎星下凡，要把人间搅个天翻地覆。王亚樵家境贫寒，世代租种地主的土地。其祖父王榜是一个老实的农民，终日辛勤劳作，养活一家老小。其父王荫堂，粗通文墨，16岁时曾从名师学习医术，因家境所累，辍学务农。为了增加收入，王荫堂在务农之余，在家乡行医看病，开药铺，并兼营小染坊。

王亚樵幼时聪明伶俐，机敏过人，7岁起开始读书。他文才出众，落笔成章，深得老师器重，认定他日后必能金榜题名。然而，1906年王亚樵到庐州书院参加府试，却名落孙山。王荫堂痛惜不已，王亚樵却不以为然地说：“大丈夫当披发仗剑，侠游四方。株守田垄，老死乡野，或皓首穷经，以待金榜题名，羁青春于官场，非我辈所为！”

年轻的王亚樵很快走上了反清的道路。当资产阶级革命党人徐锡麟、秋瑾、熊成基等先后在安徽发动的反清起义失败后，王亚樵与合肥的许习庸、李品朝等人组织了正气社。从此，王亚樵结识了著名革命党人柏文蔚。

1911 年武昌起义爆发后，各地纷纷响应。王亚樵与李元甫、王传柱等人，按照柏文蔚的指示，在合肥李鸿章公祠组成庐州军政府，宣布独立，由李元甫任都督，王亚樵任副都督。不久，反动势力诱杀了李元甫、王传柱等人。王亚樵幸免于难，逃往南京。

在南京，王亚樵结识了社会党领袖江亢虎，并加入了社会党。在王亚樵主持下，社会党安徽支部的工作获得迅速发展。后安徽支部改为社会党总部，王亚樵也因此而声名远播。不久，社会党被北洋军阀当局指为乱党，王亚樵等人也遭通缉。1913 年，王亚樵逃往上海。在上海，他联络几百个安徽流浪者，从一个老铁匠那里赊买来 50 把斧头，挑选了 50 个强壮的流浪者，组成了威镇上海滩的斧头党。此后，王亚樵率领斧头党接管了“安徽旅沪同乡会”，并通过强迫富商大贾“捐献”的方式，解决了流亡在上海的安徽同乡的生计问题。从此，斧头党声威大震。

1915 年，王亚樵通过柏文蔚引见，在上海环龙路 44 号拜谒了孙中山，并加入了孙中山领导的中华革命党。此后，他追随孙中山，参与讨袁运动和护法运动。1917 年 10 月，王亚樵随柏文蔚去广州，在那里结识了蒋介石。

蒋介石发动四一二政变后，王亚樵拒绝与蒋合作，走上了反蒋的道路。他不仅在蒋介石南京政府的奠都典礼上当众指斥蒋介石“不容共而容北洋军阀”，“让亲者痛，仇者快”，而且几次策划刺杀蒋介石，还曾刺杀过李顿调查团。蒋介石对王亚樵恨之入骨，命令戴笠将其除掉。

戴笠是早在上海“打流”时结识王亚樵的。那时，戴笠还叫戴春风，正在上海交易所侍奉蒋介石、戴季陶、陈果夫等人。不久，蒋介石等人因为在交易所负了债，远走广东，使刚刚看到点希望的戴笠失去了追逐的目标。正在戴笠走投无路的时候，在花会赌场认识的赌友阿三把他引见给了王亚樵。当时，王亚樵正与柏文蔚一起强行接收安徽同乡会馆的财产。戴笠见王亚樵很有魄力，待人也很热情，就想结交他。但当戴笠得知王亚樵的团体也是属于洪帮的帮会组织后，就辞别王亚樵，回到江山县老家保安村。

戴笠回到老家后，在仙霞乡做了两年的学务委员。此间，他还发起组织了保安村的自卫团，并自任团长。为了购置枪支，供给自卫团伙食，戴笠只好四处赊借，不久就负债累累，陷入困境。

正在这时，戴笠突然接到了王亚樵的来信。从信中得知，王亚樵已被浙江督军卢永祥任命为浙江别动队司令，正在湖州地区招兵买马，希望他前去帮忙。王亚樵的信使戴笠心中再次燃起希望之火，他第二天就赶往湖州。

到湖州，戴笠在去王亚樵的别动队司令部的途中，遇到了在西子湖畔结识的胡宗南。胡是因为在学校竞选校长失败，愤怒之下辞职来上海的。戴笠与胡宗南一起去见王亚樵。戴笠向王亚樵介绍了自卫团的困境，王亚樵答应替他偿还自卫团所欠的债，并任命戴笠、胡宗南为纵队长。在胡抱一的提议下，王亚樵、戴笠、胡宗南、胡抱一四人义结金兰。四人之中王亚樵年龄最大，被推为大哥。从此，戴笠与王亚樵成了把兄弟。

1924 年直皖战争期间，卢永祥战败，逃亡日本。卢永祥一走，王亚樵一伙也作鸟兽散。王亚樵回到上海重操旧业，胡宗南不久就去广州报考了黄埔军校，戴笠则又回到了家乡。一年以后，戴笠也南下广州报考黄埔军校，从此开始了其特务生涯。

戴笠逐渐发达后，对王亚樵一直很尊重。他赞赏王亚樵对朋友和门徒重交情、讲义气，也很佩服王亚樵的组织才能和演讲才能。为了报答昔日的善待之恩，戴笠想请王亚樵参加复兴社特务处的工作，并向蒋介石谈了自己的想法。对此，蒋介石坚决反对，说："不行，此人爱招摇，革命团体不能用这种人!"

接到蒋介石刺杀王亚樵的指令，戴笠曾写信警告过王亚樵，说："不管我们私人关系如何，如果你有危害领袖之举动，我必杀你。"但是，戴笠和杜月笙的人多次配合杨虎的部下追捕王亚樵，均未得手。有一次，发现了王亚樵的行踪，杨虎命令其部下在附近戒严，挨家挨户地搜查，结果还是让王亚樵逃脱，气得杨虎大骂其部下无能。

戴笠知道，王亚樵最疼爱比他小十多岁的唯一的弟弟王述樵。十多年来，他一直精心培养弟弟，让他上大学，学法律，当律师，以免重蹈自己的复辙。于是，戴笠让杨虎派人逮捕了王述樵和正在他家的王亚樵的门徒洪耀斗。不料，这一招不但没有引出王亚樵，反而引起了一场风波。王述樵的恩师是全国律师公会会长沈钧儒。王述樵被捕后，沈钧儒立即以律师公会的名义在报纸上发表了题为《王亚樵犯罪，其弟何罪?!》的文章，谴责国民党当局无视法律，滥抓无辜。文章发表后，引起强烈反响。律师界及上海各界纷纷抗议国民党当局破坏法律、侵犯人权的行径。

蒋介石见戴笠弄巧成拙，十分生气。杨虎仗着曾与蒋介石一起在永丰舰上护卫过孙中山，蒋介石不至于把他怎么样，就把此事大包大揽起来，使戴笠免遭蒋介石的训斥。蒋介石见抓不到王亚樵，就想来软的。他指示戴笠尽快与王亚樵谈判，并提出了释放王述樵的条件：王亚樵遣散部属，本人出国或投靠蒋介石；在这之前，把家眷送往南京居住，以作人质；对反蒋的西南派胡汉民、陈铭枢等人打上一枪，以示告诫。

戴笠辗转托人，终于与王亚樵开始谈判。戴笠与王亚樵相比，毕竟还"嫩"点，玩"花活"不是王的对手。王亚樵明里佯装接受戴笠提出的条件，暗里却将一家老小送回乡下，并积极策划自己离沪赴港的事情。一切安排妥当后，王亚樵写信给戴笠说："我对你是没有话讲，委员长礼贤下士，你就和颜悦色；委员长疾言厉色，你就疾恶如仇。我清楚你所提条件均为委员长之旨意。其他条件尚能照办，但让我卖友求荣，我不能答应。如果你们因此而不释放我的人，我誓与之周旋到底。"王亚樵毫无惧色。

戴笠见到王亚樵的信，知道中了王的缓兵之计，便恼羞成怒，命令特务们严加搜捕，决不能让王亚樵漏网。他料定王亚樵必将逃往香港，命令手下在上海去香港的码头上严密布防、盘查。

1933 年 8 月 12 日，上海去香港的码头上特务、军警林立，如临大敌。王亚樵却在几十名手下的护送下，化装混上了驶往香港的轮船。当时的情形确实危险得很。王亚樵知道戴笠会有防备，早就做了两手准备：能顺利离开上海最好，万一被发现，就与特务、军警拼个鱼死网破。这一次，戴笠又低估了王亚樵的脱身术，让他在自己的鼻子底下溜走。

蒋介石的软硬兼施并没有动摇王亚樵的反蒋立场。1933 年 11 月福建事变时，王亚樵以安徽代表的身份参加了中国人民临时代表大会。福建人民政府被蒋介石搞垮后，他又返回香港。1935 年在国民党四届六中全会期间，王亚樵又策划了刺杀蒋介石的行动。11 月 1 日是会议开幕的一天。开幕式中间休息时，代表们集中在会场外的草坪上合影留念。蒋介石闲乱，没有参加合影。杀手见不到蒋介石，就朝汪精卫开了枪。汪精卫中弹受伤，蒋介石却逃过此劫。此案未破之前，人们大都怀疑是蒋介石指使人干的，汪精卫的老婆陈璧君更是不依不饶，当众责问蒋介石："你不想用兆铭就说话嘛，何必下此毒手！"搞得蒋介石狼狈不堪。不久，案件破获，案犯供出杀手是受王亚樵指使前来刺杀蒋介石的。蒋介石得到报告后，更是对王亚樵恨得咬牙切齿，立即命令戴笠去香港缉拿王亚樵。

要在香港捉拿王亚樵谈何容易。王亚樵从上海逃到香港时，胡汉民就向香港当局打了招呼，说王亚樵是反蒋人士，请予以关照。港督勃朗是胡汉民的好友，就指派香港情报处负责保护王亚樵的安全。王亚樵历来很会交往，不久就与情报处的人打得火热，所以戴笠派人来香港的情况他早已掌握。王亚樵行动十分谨慎，特务们一直没有发现王的行踪。戴笠见案情没有进展，决定亲自出马。

王亚樵得知戴笠来香港的消息后，请求香港情报处予以阻拦。戴笠一行一下飞机，就以私带枪支为由被带到警察局盘问。三天后，南京方面派人送来了枪支携带证，戴笠才恢复了自由。戴笠在大陆横冲直撞惯了，一到香港就受到如此待遇，十分窝火。

戴笠恢复自由后，立即召集特务们开会，商量捉拿王亚樵的计划。众特务无计可施，面面相觑，急得戴笠破口大骂。这时，特务陈亦川献上一计。原来，陈亦川有个同乡叫余亚农，现住香港。虽然不知他是不是斧头党的成员，但早在上海时就是王亚樵的好友。余亚农不知道陈亦川的身份，陈打算伪装成王亚樵的崇拜者，让余亚农介绍他加入王亚樵的组织，以便刺探王亚樵的行踪。特务邢森洲也献计说，应该让外交部照会英国政府，敦促港英当局配合我们行动，至少不要从中作梗。戴笠觉得可行，决定双管齐下，命令陈亦川按商定的计划行事，自己则飞回南京，让外交部照会英国政府。

这两手果然见效。不久，港英当局就通知王亚樵说，港方已不能再保护他们，让他们另觅栖身之地。陈亦川的计划也有了进展。他通过余亚农介绍，打入了王亚樵的外围组织，虽然尚未探得王亚樵的行踪，但已探得王亚樵的妻兄在轩尼诗道开了家茂源绸布店，怀疑这里是王亚樵的秘密联络点，并暗中监视起来。一天，陈亦川发现余亚农等几个人进入茂源绸布店，十分钟后又有几个人进去。陈亦川立即打电话，让邢森洲带人迅速赶来，并向香港警方报了警。

原来，这一天正巧是王亚樵、余立奎、郑抱真等几个斧头党的核心人物在这里开会。警察赶来时，他们全然不知。王亚樵听到楼下妻兄的喊声，知道大事不好，立即跳窗逃跑。待余亚农、郑抱真准备跳窗时，警察已经到了门口。余立奎为了掩护他们，就在这几个人跳出窗户后，把窗户关好，坐下来。警察破门而入，逮捕了余立奎等人。

戴笠听到这个消息，立即持公文再度赴港，准备引渡被捕的余立奎。按照国际法，政治犯不予引渡。开始，戴笠以“企图颠覆国民政府”的罪名引渡余立奎，遭到港英当局拒绝。后又以刺杀宋子文、汪精卫的罪名要求引渡，获得成功，并要港英当局交出王亚樵。港英当局说：王亚樵已离开香港，去向不明。戴笠只好押着余立奎回南京，让手下特务继续打探王亚樵的下落。

余立奎被捕后，其小老婆余婉君仍住在香港。王亚樵是个很讲义气的人，他每月都给余婉君寄生活费。王亚樵的这个行动给特务提供了追捕他的线索。

原来，陈亦川曾在余婉君去狱中探望余立奎时暗中跟踪了她，发现了她在香港的住处。陈亦川在余婉君家隔壁租了房子住下，主动与她结识，经常带她去跳舞玩乐，逐步取得她的信任。从余婉君口中得知，王亚樵离开香港后去了广西梧州，并得到李济深、李宗仁的资助。但余婉君只知道王亚樵在梧州，具体地址却不清楚，每次寄钱的地址都是写的李济深的老家——梧州城郊李墟。

戴笠得知此情况后，指示陈亦川一定要抓住余婉君，以便顺藤摸瓜，捉拿王亚樵。特务们为了挑拨余立奎与王亚樵的关系，在狱中大肆散布王亚樵与余婉君有奸情的谣言。余立奎不知是特务们的离间之计，恨王亚樵不该干出此等丑事。陈亦川怂恿余婉君去南京探监。当余婉君去狱中探望余立奎时，被余立奎骂了个狗血喷头，余立奎还对她施以拳脚。余婉君受此冤枉，不知何故。陈亦川则乘机对她说：这也怪不得余先生，他为王亚樵坐牢吃官司，却听说你跟王亚樵有染，他怎能不生气？如果你真爱你的丈夫，就帮政府把王亚樵捉拿归案，这样既可清洗你的不白之冤，又可使你丈夫早日出狱。

起初，余婉君感念王亚樵对她母子的细心照料，不肯答应。时逢两广事变平息，反蒋的李宗仁却被蒋介石委任为广西绥靖主任。陈亦川便借题发挥，说蒋介石如何礼贤下士，李宗仁反对他，他却不计前嫌，委李以重任。如果抓到王亚樵，也不会加害于他，他若能认错，说不定还会封他个官呢！所以，余婉君若能带人把王亚樵抓住，不是害他，而是救了他。

余婉君被陈亦川的迷魂汤灌得没了主意，便答应带他们去梧州找王亚樵。她只想到要洗刷自己的清白，要救自己的丈夫，却没想到她的行动会给王亚樵带来什么后果。

到了梧州，特务们潜伏好之后，就让余婉君抱着孩子去城郊李墟找王亚樵，谎称在香港过不下去了，来投奔他。面对余婉君母子，王亚樵哪里会想到是特务们的调虎离山计！特务们已张开大网，单等他往里钻。王亚樵在梧州租了一套房子，让余婉君母子住下。

一天晚上，特务们乘王亚樵去探望余婉君母子之机动了手。王亚樵一进客厅，早已隐藏在那里的六七个特务一涌而上，先是照准王亚樵的脸撒了一包石灰面，接着用刀猛刺。王亚樵虽身手不凡，但无奈寡不敌众。可怜英雄一世的王亚樵，死于特务们的乱刀之下。

戴笠刺杀了曾与之歃血为盟的把兄弟，又替蒋介石除去了一个心腹之患。

第十二章

戴笠杜镛齐发奋 别动队复救国军

日本帝国主义于1937年7月7日制造七七事变后，为了迅速打垮蒋介石政府，迫使其投降，又在上海制造了八一三事变。8月9日，日本海军陆战队的大山勇夫中尉和一名士兵驾车闯入国民党上海虹桥军用机场。机场哨兵开枪警戒，大山等二人被击毙。日军以此为借口，于8月13日向国民党上海闸北驻军发动了进攻。

上海是中国大资产阶级的工商业和金融中心，也是帝国主义在华利益集中的地区。如果上海失陷，国民党政府的首都南京也将不保。日本帝国主义的行动损害了大资产阶级的利益。在中国共产党的敦促下，蒋介石终于下决心抗战。他在庐山讲话时慷慨激昂地说："如果战端一开，那就将地无分南北，人无分老幼，无论何人皆有守土抗战之责任。"

对于戴笠来说，蒋介石的话就是圣旨。蒋介石一发话，戴笠马上行动。他一方面激励自己的部下不畏难，不怕死，不分昼夜，努力工作，为抗战贡献力量。另一方面向蒋介石提出两个建议：一是建议把特工人员派往上海前线各个作战部队，充当联络参谋，及时向蒋介石报告战局的进展情况。二是建议以戴笠的特工人员和杜月笙的弟子为骨干，把上海的有关力量组织起来，建立一支别动队，协助国民党正规军作战。

对戴笠的第一个建议，蒋介石当然同意，前线部队有特务做自己的耳目，更容易掌握部队的情况。至于建立别动队，虽然为时已晚，但不管怎么说，多一个人就多一份力量，起码可以延缓日军推进的速度，掩护正规军撤退。

此时，淞沪会战正在激烈进行。日军调兵遣将，疯狂进攻；国民党军队浴血奋战，顽强抵抗，战斗达到白热化状态。日军出动大批飞机，实施狂轰滥炸，一座座楼房在爆炸声中倒塌下来，冒起一股股冲天的浓烟。

在华格臬路杜公馆，这时也是人心惶惶。杜月笙一直坐立不安。听到炸弹的爆炸声，他急忙吩咐万墨林给上海各界抗敌后援会秘书长陶百川打电话，询问战况。得知国民党军队王敬久、孙元良部已把日军堵在虹口、闸北，第三十六师宋希濂部和第九十八师夏楚部正在由京沪沿线向宝山开进，他才稍稍松了一口气。

自从上海抗战爆发以来，杜月笙一直处于紧张状态之中。他现在不但是黑社会首领，也是商业、金融巨子。如果日军占领上海，他所控制的帮会势力就会严重分化，这对他是一个沉重的打击。更使他心疼的是，他所开设的烟、赌店铺都得通通关闭，他经过苦心经营聚敛的资财都将付之东流。另外，由于他对日本的敌对态度和行动，他本人也可能成为日本人直接打击的目标。所以，这些天来他急得像热锅上的蚂蚁，不知如何是好。他希望国民党军队早日把倭寇赶出上海。可是万一军事失利，自己应该怎么办？他想来想去，总是理不出头绪。索性，他不再想这个问题，吩咐听差备车，打算到抗敌后援会看一看募捐活动进行的情况。正在这时，万墨林跑了进来说："戴老板来了。"

杜月笙连忙奔出门外迎接。他知道戴笠此时来访，必有要事相商。不过，他猜不出到底是什么事。开车送戴笠来杜公馆的王兆槐也不明白，为什么在这战火纷飞的时候，戴笠到上海后的第一件事不是去前线了解情况，也不是向他的特工人员布置任务，而是拜访杜月笙。

戴笠与杜月笙两人寒暄着走进客厅。杜月笙吩咐佣人给戴笠沏了一杯香茗，放在戴笠面前的茶几上。戴笠闲话不提，开门见山地对杜月笙说：今天来有要事相求。杜月笙说：有什么事尽管说，只要我杜某能办到的。戴笠把组建别动队的打算告诉了杜月笙。杜月笙问：准备组织多少人？戴笠说：至少1万。

杜月笙听了戴笠的打算，心里犯了嘀咕，他想：自己的门徒都是些市井无赖，让他们打架闹事、招摇撞骗，个个都是内行，但要让他们真刀真枪地与日本军队打仗，恐怕就难了。再说，这些弟子是他杜月笙立足于上海滩的本钱，让他们上战场和日本人拼命，他确实有点舍不得。如果他答应了戴笠，就等于把自己的门徒往火坑里推，岂不是赔了老本？然而，杜月笙并没有把这些想法说出来，因为他和戴笠之间的交情不一般。戴笠在过去帮过他很多忙，为他的许多不法之事大开方便之门，他对戴笠也是有求必应，这次自然也不能轻易拒绝。

戴笠见杜月笙沉默不语，知道他在想什么。于是，他干脆把蒋介石搬出来，对杜月笙说："月笙兄，这是一项有关抗战前途的大事！来之前，我已跟蒋委员长请示过了，委员长认为，势在必行。他答应别动队成立后，所有的番号、军械、粮饷，都可以由中央颁发。"杜月笙听说是蒋介石的意思，觉得这是蒋介石看得起自己，就决定答应下来。但他怕戴笠把此事压在他一个人头上，就对戴笠说："既然这是件大事，那我们就多找几个朋友来帮忙，共同设法，如何？"

戴笠见杜月笙终于答应了，连忙说："月笙兄说得对。我们先来拟一个筹备委员会名单吧！"戴笠一边说，一边从衣兜里掏出纸和笔。两人一边商量一边写，不一会儿就开出了一张名单。名单包括上海市市长俞鸿钧，新任广东省主席吴铁城，军警头目吉章简、蔡劲军，工商界人士贝祖贻，金融巨子虞洽卿，原陈炯明手下第一军军长刘志陆等，当然不能少了戴笠和杜月笙。有了这个筹备委员会，杜月笙觉得再重的担子不是他一人挑，心里有了底。

名单拟好后，戴笠提议将筹备委员会的总部设在他的特务处的上海三极无线电学校。该校位于法租界辣斐德路。杜月笙在辣斐德路附近有一幢房子，是杜月笙的四妾姚玉兰的住处。把筹备委员会总部设在三极无线电学校，对杜月笙来说很方便。

佣人端上酒菜后，杜月笙和戴笠边吃边继续商谈组织别动队的事。他们一起分析了可以组织的力量。戴笠说，他在京沪地区的部属，加上特务处在京沪办的两个训练班的学员，大约有几千人，可以编为一个特务大队。杜月笙则说，上海各区都有保卫团，均受过一些正规训练，而且团长一般都是他的门生，从中找千把个人，或许不成问题。另外，上海有一百多万工人，其中一部分加入了清帮。杜月笙的弟子陆京士等人是上海各工厂护卫队的负责人，并控制着一部分黄色工会，召集几千人不成问题。经过对上述情况的分析，戴笠和杜月笙对于组织一支1万多人的别动队更有了信心。

第二天，戴笠和杜月笙召集筹备委员会成员开了个会，简要地介绍了一下情况，然后，各自召集自己的部属宣布成立别动队的命令，并开始行动。

一切布置停当以后，戴笠紧张的神经还没有完全松弛下来，因为他曾向杜月笙允诺，军械将由中央拨给，但是在短时间内这实际上是一句空话。如果搞不到足够的枪支弹药，别动队即使建立起来，也难有用武之地。

戴笠得知，上海日本三菱银行和三井洋行的仓库里存有大批的军火，就决定把这批军火搞到手。在召开筹备委员会的那天晚上，戴笠在招商局借了三条驳船，让王兆槐、沈醉带领四十多名强壮者，前去偷运军火。

三菱银行和井洋行的仓库位于黄浦江的一个小码头附近。王兆槐一伙驾着驳船，躲过了敌人的探照灯，悄悄地驶到仓库附近的码头，干掉了日军岗哨，锯断仓库的铁锁，迅速把仓库里的军火搬到驳船上运走。这次行动共抢得枪支五六千支。

王兆槐他们走后，戴笠一直在白云观稽查处等候消息。直到凌晨4时王兆槐用电话报告行动成功之后，他才感到松了口气。

一个多月以后，别动队正式成立，蒋介石为它颁发了"苏浙别动队"

的番号。别动队的统帅机关是“军事委员会江浙行动委员会”，杜月笙任主任，戴笠任副主任兼书记长。别动队总指挥由杜月笙推荐的刘志陆担任。刘是帮会分子，早年曾在陈炯明手下当军长。1925 年陈失败后，刘率残部逃到山东，投靠直鲁军阀张宗昌。张被北伐军打败后，刘曾代理山东督办，后又被军阀刘珍年所败，逃到上海。刘志陆在帮会中的辈分比杜月笙高，但不惜纡尊交欢，讨好杜月笙。这一次，被杜月笙推荐当上了别动队总指挥。

别动队下辖五个支队和一个特务大队。每个支队辖三个大队，下面还有中队、小队、区队，区队长以上的骨干，都是军统和杜月笙的恒社成员。第一支队支队长是何天风，主要成员是杜月笙的门徒。第二支队支队长是陆京士，主要成员是上海各工厂的工人。第四、五支队支队长分别是张业和陶一珊，主要成员是军统特务和军统特训班的学员。特务大队大队长是王兆槐，主要成员是上海警备司令部侦缉大队的队员。

别动队实际上是乌合之众，没有什么战斗力可言。为了提高别动队的战斗力，曾有人建议，先将别动队拉到太湖集中训练，几个月后再回上海执行任务。但战事紧迫，此建议无法实施。于是，戴笠在佘山、松江、青浦等地建立了技术训练班，让别动队队员分期分批地去接受短期培训，以应作战之需。

1937 年 10 月下旬，日军大量增兵上海，并包抄国民党军队的后路。国民党军队缺乏准备，被迫全线撤退。别动队第四支队奉命掩护国民党正规军由闸北向苏州河南岸撤退，与日军展开了激烈的巷战，2000 余人几乎全部阵亡。别动队第五支队和第二、三支队的部分队员约 5000 人，在陶一珊的带领下，固守南市，掩护主力部队向浙皖边境撤退。戴笠严令陶一珊，没有他的命令决不许撤退。他派周伟龙连夜给陶一珊送去了 1 万个面包，作为紧急食粮。同时，戴笠命令王兆槐坚守白云观稽查处，准备随时支援陶一珊。

日军先用飞机、大炮猛烈轰炸南市，接着日本陆军即向别动队阵地发动猛烈进攻。南市守军中有 3000 多人是杜月笙的门徒，另外 2000 人则是军统人员和特训班的学员。戴笠和杜月笙都为自己的部下深感担忧。经过三天三夜的血战，日军损兵折将，仍未能占领南市。坚持到第四天凌晨，南市的国民党正规军大部队已经全部撤退完毕，别动队的任务已经完成。为了避免全军覆没，在杜月笙的催促下，戴笠向陶一珊下达了手令，命令他立即放弃阵地，带领余部向法租界撤退。此前，法租界当局宣布，关闭华法交界处的全部铁栅栏门，禁止通行。经过杜月笙和宋子文的疏通，法租界当局答应，在当晚 12 时开放距别动队指挥部最近的南阳桥的铁栅栏门，放别动队进入法租界。不过，法国总领事提出，按照国际公法的规定，退下来的军队必须全部解除武装。

陶一珊带领别动队余部进入法租界后，将部队化整为零，一部分由周伟龙率领，留在上海执行潜伏任务，另一部分随陶一珊潜往香港，然后转往武汉；其余的转移到安徽祁门去打游击。

1938年，戴笠收容了一批从上海、南京溃散下来的散兵游勇，又收编了流窜在太湖地区的土匪，再加上在安徽祁门打游击的那部分别动队队员，组建了“忠义救国军”。

1941年12月，日本偷袭美国夏威夷的海军基地珍珠港，太平洋战争爆发。不久，包括香港在内的美国和英国在远东的殖民地和租借地几乎全部落入日军之手。为了保护自己在远东的利益，美国和英国开始谋求与戴笠合作。

本来，英美根本瞧不起戴笠的军统局。但戴笠搞的“中国黑室”使英美改变了看法。

早在九一八事变发生后，国民党政府交通部上海国际电信局的电讯专家温毓庆从美国亚德利所著《美国黑室》一书中得到启发，认为中日战争迟早要爆发，中国也应该组建一个类似“美国黑室”那样的专门破译日本电报密码的机构。他把这一想法告诉了宋子文，让他转告蒋介石。1934年蒋介石批准了温的建议，但他并不太支持，既不给拨经费，也不给配备人员。温毓庆只好自己找了几个人，利用业余时间研究日本电报密码。七七事变后，温毓庆的研究已经取得一些进展，但他的人力、经费都有限，就求助于已在戴笠的特务处任通讯科长的魏大铭。魏大铭将此事告诉戴笠，并介绍温毓庆与戴笠认识。戴笠很想与温毓庆合作建立一个日电破译机构，但温毓庆不愿意把此事纳入特务情报范围，婉言拒绝了。

戴笠不甘心，他命令军统局美国情报站站长肖勃设法找到亚德利，并聘请他来中国。亚德利是美国的破译专家，在第一次世界大战期间，曾为美国陆军部军事情报处破译过上万份外国电报。战后，美国国务院和陆军部为他提供了10万美元的经费，让他建立了一个专门破译日本密电码的机构，即所谓“美国黑室”。该机构为美国的商业贸易提供了颇有价值的经济情报。后来，由于美国政府颁布了保障通讯秘密的法律，“美国黑室”受到各方面的抨击，于1929年被撤销。亚德利回到印第安纳州老家后，以第一次世界大战期间情报工作为题材，先后撰写了《美国黑室》《日本红日》《美貌出众的伯爵夫人》等纪实小说。

1938年底，在肖勃的安排下，亚德利来到重庆。在此后的一年里，亚德利为戴笠培养了200多名密码破译人员。1940年初，“中国黑室”——军事委员会技术研究室正式成立，由温毓庆兼主任，魏大铭和蒋介石侍从室机要主任毛庆祥任副主任。开始，该室隶属于蒋介石的侍从室，不久划归军统局。

1941年底，技术研究室发现，日本方面突然全部更换了电报密码。研究人员估计日军将有重大行动。他们一方面向上汇报，一方面加紧研究。由于他们早已掌握了日军更换密码的规律，所以很快掌握了新密码的破译方法。不久，他们从日本陆军、海军的密电中得知，日本空军正准备向太平洋地区活动，有袭击美国珍珠港的迹象。戴笠让肖勃转告美国国防部，注意日本空军的动向。但美国人根本不相信中国人会得到如此重要的情报，甚至怀疑是中国有意要挑拨美、日关系。直到12月8日珍珠港事件发生后，美国人才想起中国的警告，并打听消息的来源。当他们得知消息来自戴笠的军统局时，立即命令其驻华大使馆武官迪帕斯，与戴笠接触。

在迪帕斯与戴笠接触前，英国人已经抢在了前面。原来，在日本偷袭珍珠港后的第三天，军统又破译了几份从西贡起飞的日本轰炸机发回西贡基地的电报，报告击沉英舰威尔斯亲王号和却敌号的情况。蒋介石得到戴笠的报告，立即打电话通知英国驻华大使柯尔。柯尔开始不相信，第二天，柯尔从英国政府给他的电报中证实了这一消息，连忙向国民党军事委员会致谢。

一时间，军统局的身价扶摇直上，英美都不再小视军统局，争相与戴笠合作。

英国驻华大使柯尔提出，由中国出人，英国出钱出枪，与军统合作，在中国建立中英情报研究所和一支游击队。英国的想法正合蒋介石之意。蒋介石看到，戴笠的特务武装忠义救国军力量太小，成不了什么气候。如果能借助于英国人使之得到整编和扩充，并在战斗力方面有所加强，将带来两个好处：一是借以实现蒋介石的梦想，即国民党军队也能够像共产党军队一样，在敌后开展游击战争；二是在日本投降后，在国民党正规军到来之前，忠义救国军可以就近抢占地盘。于是，蒋介石授权戴笠，与英国人交涉此事。

戴笠也想乘机扩大他的特务武装。因为，自从别动队改编为忠义救国军以来，经费、军火、编制等都远远不能满足戴笠的要求。如果能借此机会壮大这支特务武装，无疑对进一步增强军统局的实力、巩固戴笠的地位有好处。戴笠随即命令驻扎在苏浙皖边境的忠义救国军总指挥周伟龙，到重庆与英方代表谈判。随后，中英合作情报研究所和军事委员会别动军司令部，在重庆小龙坎周家湾宣告成立。别动军司令部由周伟龙担任司令，徐志道任副司令，尚望任参谋长。英国远征军司令蒙巴顿元帅派了一个40多人的军事考察团到中国考察和学习游击战术。周伟龙办了一个西南游干训练班，培训这些英国军官。然而，由于英方坚持要取得作业控制权，又拒绝提供军统提出的物资、器械的援助，从而使英国与军统的合作胎死腹中。

美国与军统的合作却取得进展。与英国的交涉，戴笠让周伟龙去干，自己很少出面。而对于与美国的合作，戴笠却采取了积极的态度。自从抗日战争以来，美国一直想利用中国拖住日本，自己却不参战。珍珠港事件后，美国已被迫与日本宣战。为了有利于它在太平洋战场的作战，美国不但希望通过加强重庆政府的抗日力量来拖住日本，也企图通过军事合作为插足中国打下基础。再说，军统方面提出的资金、技术、专家和装备方面的要求，对于财力雄厚的美国来说也不是什么大问题。因此，美国海军部派出梅乐斯中将与戴笠谈判合作问题。经过讨价还价，达成了合作协议。1943 年 4 月 15，由戴笠和梅乐斯主持的中美特种技术合作所在重庆宣告成立。中美合作所成立后，成了蒋介石镇压共产党、进步人士和革命群众的罪恶工具。

同年，忠义救国军改隶于别动军建制，其全称为“军事委员会别动军忠义救国军”。戴笠把原忠义救国军部队，连同各战区编练的便衣混成队、投诚的伪军、收编的土匪以及戴笠掌握的一部分税警团，统一改编成 11 个别动纵队。第一纵队指挥官翟荣基，驻广东；第二纵队指挥官杨迎春，驻江西；第三纵队指挥官徐光英，驻广西；第四纵队指挥官何际云，驻湖南；第五纵队指挥官陈慕德，驻河南；第六纵队指挥官罗毅，驻湖南；第七纵队指挥官陈士虎，驻湘西；第八纵队指挥官郭履洲，驻浙江；第九纵队指挥官廖宗泽，驻地不详；第十纵队指挥官岳烛远，驻湖北；第十一纵队指挥官杨蔚，驻河南。这是一支由戴笠的人和杜月笙的人为骨干组成的特务武装。

为了提高这支特务武装的战斗力，戴笠又在皖南设立了军事委员会特种技术人员训练班，戴笠自兼主任，郭履洲为副主任。特训班由美国教官讲授美制武器的使用及游击战术、侦察技术等。特训班每期三个月，以连为单位分批调训。训练完毕之后，士兵每人发一支汤姆生手提机枪或卡宾枪；每个连还配备火箭弹及爆破器材。

在整编后的忠义救国军中，杜月笙的帮会力量仍然占有很大的比重。因此，有些忠义救国军部队实际上是帮会武装。帮会武装虽然有抗战的一面，然而，由于帮会自身的劣根性，加上日本特务用金钱、名位收买，这些帮会武装曾大批投靠汪伪，成为汉奸武装。实际上，在整个华中沦陷区，这是一种普遍现象。仅在 1942 年以前，重要的汉奸帮会武装就有：杜月笙的得意门生杨仲华的伪绥靖军第二集团军；上海清帮头目李启蒙的伪和平军；黄金荣的把兄弟徐林诚的伪和平军第一集团军第二军；黄金荣的门生李长江的苏北伪和平军集团军。抗战结束后，忠义救国军等特务、帮会武装统一改编为 18 个交通警察总队。这些武装大部分在解放战争中被人民解放军消灭，这是后话。

第十三章

身在香港香港重 杜镛掌管赈委会

1937年11月初，淞沪抗战已到最后关头。国民党军队虽经浴血奋战，与日本军队周旋了三个月，但伤亡惨重，战局已难以支持下去。国民党大本营副参谋长白崇禧和作战组组长刘斐经过数次苦谏，蒋介石才同意大军从淞沪地区撤退。然而，在下达撤退命令的第二天，蒋介石又收回成命。原来，蒋介石幻想九国公约签字国制裁日本。但是，蒋介石打错了算盘。德、意法西斯与日本法西斯沆瀣一气；英、美两国保持“中立”。无情的事实彻底粉碎了蒋介石的迷梦。国民党军队仓促撤退，秩序大乱，伤亡惨重。上海落入日军手中。

杜月笙眼望着生于斯长于斯的上海终日湮没在战火之中，茶饭不思，心乱如麻。留守上海还是别走他乡？一时成为杜月笙最费思索、难下决心的问题。

日本人早就看到了杜月笙在上海的地位和影响。他们懂得，上海人从富商巨贾到平民百姓，从花甲老翁到七岁孩童，无不能从杜月笙这三个字中感受到一种特别的气息。利用杜月笙的这种得天独厚的条件来控制上海，岂不容易得多？同时，日本人知道，杜月笙本人在上海有庞大的事业，他们有理由认为，把杜月笙留在上海是可能的。日本领事馆和特务机关曾秘密侦察了杜月笙的行动，将得到的情报向日本最高当局作了汇报。

此后，日本人向杜月笙展开了攻势。先是，日本海军军令部长永野修身亲自拜访杜月笙。他提出，日方愿意提供了3千万日元，与杜月笙合办“中日建设银公司”，凭借日本海军在上海的舰只、陆战队及其操纵的日本浪人的实力，再加上杜月笙在上海的通天势力，来与宋子文所办的“中国建设银公司”一比高低。永野表示，此银行名义上可以完全由杜月笙独资筹办，日本海军则暗中相助，提供资金。永野的建议虽然诱人，但碍于民族大义，杜月笙还是予以拒绝。接着，在日本军部中身居高位的坂西利八郎又几次登门拜访。他许诺，只要杜月笙愿意与日本人合作，待日军占领上海后，将给予杜许多重大的政治、经济利益。杜月笙仍未答应。

日本人对杜月笙利诱失败后，改变策略，转而对他施加压力。为此，由大特务头子土肥原贤二亲自出马。土肥原被称为亚洲的劳伦斯，曾任日本关东军特务机关长、第五军团司令官、陆军教育总监等职，横行于中国东北、华北，是有名的杀人恶魔。抗战爆发后，他又升任日本大本营特务部长。这次，他身着便装，独自来到杜公馆。他指斥杜月笙支持国民党政府，鼓励国民党军队与日军作对，造成日军的重大伤亡。他要求杜月笙与日军进行彻底而充分的合作，并进而威胁说："杜先生，你已失去了离开上海的一切希望，唯一的希望就是和皇军彻底合作。如果杜先生不肯为皇军效力，我们要列举你对皇军的敌意行为，然后施以膺惩。"然而，土肥原的威胁也归于无效。于是，土肥原恼羞成怒，决计采取断然行动。第二天，他便派特务和飞机严密监视杜月笙的行踪，以防止杜月笙出逃。杜月笙望着低空盘旋的日本飞机，忧心忡忡。

为了把杜月笙留在上海，日本人在威胁利诱失败后，又从浙江莫干山请来了张啸林，想让张以"张爷叔"的身份说服杜月笙。

八一三抗战以来，张啸林闲情逸致，百事不问。上海滩炮火连天，硝烟弥漫，他只管在其避暑胜地浙江莫干山悠然自得。一日，张啸林忽闻有一日本要人前来密访，他欣然相见，高礼以待。张啸林与来访的日本人嘀咕一番后，内心的喜悦爬上了眉梢，连连点头。他对日本人说："这不难办，一定做到，一定做到。"张啸林送走日本人后，即刻打点行装，奔上海而来。

杜月笙得知张啸林回上海后，兴冲冲地来见他。久别重逢，杜月笙自觉有一股热情，言谈举止处处表现出对张啸林的尊重。二人过话不多，话题便被张啸林引到是走还是留的问题上。杜月笙要张啸林离开上海；张啸林却执意要杜月笙一同留下。话不投机，嗓门也越来越大。二人面面相对，坐直了身子，犹如敌对双方谈判，一来一往。杜月笙说："日本人占了上海，这租界就成了孤岛，我们总不能困在这里，十年八年出不了这几条大街呀?"张啸林咄咄逼人地问："你出了这租界又能怎么样?"杜月笙也不甘示弱，大声说："只怕日本人不肯放过我!"张啸林追问："日本人为啥不会放过你?"杜月笙回答说："因为我是中国人。"

张啸林见说服不了杜月笙，便直截了当地说："日本人到中国来就不要中国人了呀?"听了张啸林的话，杜月笙越发明白了张啸林的用意。他沉了沉，口气坚定地说："这个——我杜某人决不做亡国奴，受日本人的指使。"杜月笙说到这里，一副"忧国忧民"的样子，继续说："啸林哥，你听到外面轰隆轰隆的炮声没有？你知不知道日本人每发一炮，我们要死多少同胞?"张啸林头一抬，眉一抖，毫不介意地说："对不起，我没有算过，我只要炮弹不在我的头顶上开花就好。"话说到这分儿上，已无法再继续下去，二人陷入了无言的对视之中。

此时的张啸林颇为难堪。这固然是因为杜月笙驳了他的面子，但更重要的是，无法向日本人交差。他思量再三，郑重其事地说：“你我的话，都说尽了；从今以后，不论你我的遭遇如何，我们就算是问心无愧，彼此对得起了，你去忙吧。”杜月笙见张啸林下了逐客令，不由得一怔。他意识到，事到如今，与张啸林之间的关系已无法继续下去，绝交在所难免。想到此，杜月笙的心情反而平静下来。他向张啸林打了个招呼，便告辞退出。

杜月笙回到家里，闷闷不乐。日本人的威胁利诱，与张啸林的争吵，使他十分烦恼。他仍然在反复思考走与留的问题。杜月笙知道，法租界并不是保险箱。对于日本特务来说，要取其性命易如反掌。所以，走还是要走的。不过，他还是觉得心中无底。于是，他唤来了陆京士、徐采丞等几位心腹。话一开头，杜月笙就提出了走还是留、往哪里走和如何走的问题。陆京士对此早有考虑，只是见杜月笙忙里忙外，脸色又极阴暗，一直未得机会直陈己见。见杜月笙问起，便抢先说了自己的看法。其大意是：第一，非走不可，而且最好去香港；第二，一切先准备妥当，以便随时走；第三，等到最稳妥有利的时机，方可动身；第四，最好的路线是走陆路。杜月笙听了陆京士的一番话，内心明朗了许多，表情也渐渐舒展开来，连连点头。

徐采丞是不主张杜月笙离开上海别走他乡的。他认为，上海是杜月笙的发迹地，这样一走的话，几十年的心血换来的产业就会付之东流，不如留下来另谋他策。然而，他知道杜月笙赞同陆京士的主张，所以觉得不便直接反对走，只是强调了走的困难。他说：“国军已全部撤离上海，日本人已布下天罗地网；第三舰队司令官谷川已封锁了上海到汕头的海路；昨天下午，日本人占领了高桥，特地派了一支宪兵队驻扎在杜家祠堂；十六铺、杨树浦各码头都有大队日本兵把守，先生恐怕是走不脱的。”

杜月笙向徐采丞微微一笑，说：“日本人派重兵扼守杨树浦和十六里铺，监视租界码头，他们的目的，恐怕并非只在我杜某人身上吧?”徐采丞略为一愣，转而也笑着答道：“自然罗，租界里还有宋子文、钱新之、胡笔江、俞鸿钧等不少影响极大的人物不曾走。”

徐采丞话音刚落，忽报蒋介石派人来见。杜月笙和陆京士、徐采丞均觉惊异，面面相对，一时没有反应过来。他们想，国民党正规军已全部撤退，日本人直逼南京，形势已极其紧张，蒋介石不急得团团转才怪呢，此时他派人前来所为何事？杜月笙刚刚松动的眉头又紧缩成一个疙瘩。陆京士赶紧把来人请进客厅。来人直说来意：蒋介石希望杜月笙能尽快离开上海，去香港暂住些时日。到香港后，事情另有安排。杜月笙闻言大喜，遂让来人转告蒋介石：“多谢大总统于危难之秋不忘我杜某人；所嘱事宜，一定照办，只待时机赴港。”

蒋介石之所以主张杜月笙去香港，主要是因为他懂得杜月笙在上海的地位和影响。虽然他了解杜月笙的为人处世，相信他被日本人利用的可能性较小。但是，杜月笙待在上海，总是夜长梦多，日本人肯定不会放过他。不如让杜月笙离沪赴港，与日本人脱离接触，一来避免杜月笙为日本人所利用，二来还可以让杜月笙在香港做些工作，发挥其作用。所以，蒋介石才派人专程到上海，向杜月笙转达他的意图。

杜月笙虽然感激蒋介石对自己的关心，但对到香港后的前途和命运却充满忧虑。但事已至此，上海不可久留，去香港可以静观其变，进退自如。思索再三，杜月笙决定离沪赴港。

11 月 25 日，宋子文打来电话告诉杜月笙，去香港的船票已经买好，第二天就起程。法国的“阿拉密司”号轮船停在法租界码头，杜月笙将与宋子文、钱新之、胡笔江等一起乘此轮南航。消息传来，杜月笙的家人、亲信议论纷纷。众人唯恐日本人派兵或密遣便衣，劫持阻拦，遂各自出谋划策，气氛极其紧张。

杜月笙此时却很沉着。他告诉家人和亲信：“我一不要化装，二不要保护，到时候，我谁也不带，一个人走。”他又告诫家人，不要声张，以免走漏了风声。他说：“啸林哥与日本人正打得火热，他知道了我也就走不成了。”听杜月笙这么一说，众人便不敢再言语了。

第二天临行前，杜月笙先与妻子儿女道了别，说明这次出走不带家人的原因，又唤来万墨林吩咐道：“我在上海的时候，事该怎么办我不说你也晓得；我走了之后，有什么事照旧办理就是。”万墨林毕恭毕敬，俯首称是。杜月笙觉得事情都已安排妥当，便轻装简从，只带一个随身仆役，钻进一部小汽车，趁着浓浓的夜色，避开了日本人的监视，一路直奔法租界码头。在南去香港的轮船上，杜月笙望着上海沉寂的夜空，想着即将到达的香港，心里既有说不出的轻松，又有几分感伤。

香港地处中国南部沿海，扼珠江入海口，水陆空交通便利，地理位置极其优越。从 1841 年起，香港这块风水宝地就一直被英国占据着，成为英国对中国进行军事侵略和经济掠夺的重要基地。100 年之后，也就是 1941 年，香港又曾落入日本人手中，惨遭蹂躏。因此，在香港这块不大的土地上，却凝结了中国人的百年辛酸，成为旧中国的一个缩影。在杜月笙踏上这方土地的时候，时值 1937 年冬，日本人的枪炮声尚在长江两岸隆隆作响，香港依旧呈现着沦陷之前的一片和平景象。

杜月笙在上海声威显赫，可以呼风唤雨，然而初到香港却人生地不熟，几乎什么关系也拉不上。他费尽周折，才通过芮庆荣的患难朋友李裁法，在九龙半岛饭店找了个落脚的地方。

李裁法是香港清帮的头目，被称为“香港杜月笙”。他来自上海，自幼敬仰杜月笙。在上海时，他曾在新光大戏院做售票员，通过戏院老板夏连良结识了杜月笙的结拜兄弟、小八股党之一的芮庆荣。李裁法对大名鼎鼎的芮庆荣很尊敬，二人逐渐成为密友。

杜月笙抵港不久，芮庆荣旋即接踵而来。二人异地相逢，倍感亲切。有了芮庆荣，杜月笙空空落落的悬着的心总算稍稍安稳了一些。毕竟，环境的改变使他处处都感到不适。夜里不再有人给捶背捶腿，更无夫人相伴，加上语言不通，食宿不便，日子确实难熬。平日生活起居讲究惯了的杜月笙，在初来乍到的香港一切只能将就着。上海那边家人被捉、被打甚至死亡的消息不断传来，使杜月笙更加精神焦虑，坐卧不安。他强打精神，多方谋划，想把沦入虎口的家人亲友救出来，但收效甚微。许多天后，到达香港的只有夫人姚玉兰、长子杜维藩、长女杜美如及几个小儿女。这些人同住在九龙半岛饭店，使得冷落的“杜公馆”渐渐有了些生气。

正当杜月笙忙于营救家人的时候，国民党大员许世英忽然来访。许世英是个资格极深的老官僚，在袁世凯时代就当过总长，在段祺瑞临时执政府里当过内阁总理。他有一个特殊本领，几乎可以突破世界记录。据说，他每晚必须同时服用几种高强度的安眠药才能勉强入睡；而一般人只要服他所用剂量的十分之一就可能中毒致死，因而他被称为当时全球三个“安眠药大王”之一。许世英来香港前是南京政府的驻日大使，由于日本对中国不宣而战，于1938年1月20日奉召归国。回国后，他去武汉向蒋介石述职，接受了蒋介石交办的任务，即来香港找杜月笙。

许世英知道，杜月笙不愿意参与国民党中央核心圈子的政事，也不愿做官，所以他向杜月笙披露了一些国民党的高层密闻。他告诉杜月笙：虽然日本侵略中国，危及整个民族的命运，但是国民党中央各派系之间角逐激烈。蒋介石对日本虽然有所抵抗，但一直抱有妥协心理，持观望态度；汪精卫独立心强，蠢蠢欲动；李宗仁则想借抗日趁火打劫，中枢首脑四分五裂。许世英边说边叹气，年近七十的他把半腔怒火和半腔无奈完全表现在那富态的脸庞上。许世英又说：“老蒋还要搞什么赈济委员会，让我挂个闲职。大战一起，赈济工作千头万绪，我希望你能帮我的忙。”

原来，许世英要搞赈济工作，需要有一个在社会上吃得开、兜得转的人物撑腰。蒋介石告诉他杜月笙正在香港，做这种工作再合适不过，可以让杜月笙做“中央赈济委员会”常务委员兼港澳救济区特派员，负责该地区的这项工作。许世英把蒋介石的意思告诉了杜月笙。杜月笙历来拒绝做官，因而百般推辞。许世英极力相劝，解释说：“之所以这样做，一则因为全民抗战人人有责，二责赈济工作具有慈善事业的性质，它不过是政府的一个机构，在赈济委员会办事，也未必就能算是做官。”杜月笙见许世英苦口婆心，碍于情面，不便再推辞，只好答应下来。

中央赈济委员会是国民党政府的一个机构，本是一个形同虚设的闲散衙门。卢沟桥事变后，这个一直闲置的机构开始被利用起来。为了救济各地难民，还扩大了组织。许世英回国后，蒋介石便委派他办理此事。但是，许世英毕竟年事已高，办理此事力不从心，因此赈济事宜一概甩手不管，全由杜月笙全权负责。由于当时港英当局不许大陆的官方机构在港公开挂牌，所以，国民党在香港的机构虽然有一个庞大的办公处，但门口却挂着一块“荣记行”的招牌。赈委会办公处设在九龙的柯士甸道，它作为一个国民党的官方机关，同样也不能挂出正式招牌。

对杜月笙来说，接受这个官衔，致力于赈济工作，或许是他在香港打开局面的一个契机。他深知，离开自己经营多年、驰骋自如的上海来到香港，一切必须从头开始。他生怕由此从其“辉煌”的顶峰跌落下来，失去往日的声威，从而被蒋介石抛弃。现在，既然蒋介石还看得起他杜月笙，就应该以积极的姿态站出来。这一是看在蒋介石的面子上，帮他一把，二是从赈济工作的性质看，说不定能从中得到些好处，从而改变目前的窘况。杜月笙心里这样盘算着，祈祝在香港的道路能少些坎坷，多些顺利。

1938 年 1 月日本政府发表第一次近卫声明后，为了推行“以华制华”的政策，积极扶植汉奸傀儡政权。他们首先看中了闲散了十余年的前段祺瑞政府的内阁大员，想把他们拉出来，组织傀儡政权。戴笠的特务机关获得这一情报后，决定把这些人接出来，使日本人的计划落空。几经磋商后，戴笠认为杜月笙最适合担当此任。于是，他派王新衡赴香港，与杜月笙联系。

杜月笙对戴笠的事历来是有求必应。接受任务后，杜月笙立即行动起来。他派恒社分子吴家元潜回上海，开辟秘密通道。吴家元曾是直鲁督军张宗昌的门客，跟段祺瑞的内阁大员素有来往。同时，吴家元的好友李择一在日本特务机关“松”机关中做密探，因此，吴家元可以自由出入华北沦陷区，来往于上海和香港之间。吴家元果然不辱使命，在不长的时间里便把前北洋政府的司法总长章士钊、交通总长曾毓隽、财政总长贺德霖、外交总长颜惠庆、陆军总长吴光新、临时参政院副议长汤漪，都接到了香港。

段祺瑞政府的十大阁员被接到香港后，日本特务机关只好推出王克敏在北平建立伪临时政府，让梁鸿志在南京建立伪维新政府。国民党的《中央日报》发表文章，极力称赞杜月笙，说他“身在江湖，心存于济，海中片岛，蔚为置邮传命之枢，天外一身，隐身旋乾转坤之重”。蒋介石还特地给杜月笙个人汇款 10 万元，作为对他的奖赏。

杜月笙成功地从北平拉出段祺瑞内阁大员的行动，既给蒋介石脸上添了彩，也为自己扬了名。于是，杜月笙在香港的声望迅速提高。不出几个月，他就成了这里的上层名流了。

杜月笙主持的赈济委员会，赈济的对象决不是普通的黎民百姓，而是那些从沦陷区逃到香港的，蒋介石、杜月笙认为应当救济的人。例如，清末曾任两广总督的张鸣岐，息影津门，由于获得杜月笙的济助，才得以免除冻馁之苦。对于杜月笙的雪中送炭之举，张鸣岐由衷感激，特意集杜甫诗两句："老夫生平好奇石，使君意气凌青霜"，并亲笔写成一副楹联，托人带到香港送给杜月笙。杜月笙还派顾嘉棠把逃到越南河内的老朋友刘航琛迎到香港。当杜月笙问刘航琛离开上海来到香港值不值得时，刘航琛笑着答道："当然值得，过去你是上海的杜月笙，时至今日，你不是已经成为中国的杜月笙了吗?"杜月笙听后十分得意，与刘航琛拍掌大笑。

杜月笙还利用赈济委员会大发其财。抗战开始后，蒋介石把监督战地运输的任务交给了特务头子戴笠，让他成立了西南运输处。明眼人一看便知，这是一桩无本万利的买卖。杜月笙当然不会放过这个发财的机会。他与其好友戴笠联手，把江西省的钨砂等矿物以及各地的土特产运至香港出口，把内地急需的医药用品等运进来，一出一进，利如流水。土特产中的大部分是从四川、云南等省运来的鸦片，进口的产品中夹带了不少供他们享乐用的奢侈品。到香港后，杜月笙依然不弃其豪赌之癖，输赢动辄几十万，赌资全靠这种收入和赈济委员会的公款来供应。

杜月笙凭借自己在社会上结成的层层关系和蒋介石的幕后支持，为赈济委员会攻克了不少难关。赈济委员会的权限越来越大，甚至远远超过了国民党在香港的领导机构"荣记行"，其工作范围也超出了最初赈济委员会所赋予的内容。杜月笙的权力也随之膨胀，他实际上成了蒋介石的私人驻港总代表。凡有机要大事，蒋介石都委托他联系或全权处理。蒋介石拉拢政客、军阀，要通过杜月笙联络和拨款，其中已到香港的，要由杜月笙招待并安排食宿；向沦陷区搜集情报，要杜月笙与戴笠合作配合；对留在上海的机构和人员，包括所谓"地下工作"，自然更要靠杜月笙去遥控了。此外，还有海外侨胞捐献的抗战物资，以及对沦陷区难民的救济品，凡国民党政府所能控制的，也一律由赈济委员会接受并运往武汉或重庆。蒋介石看到了杜月笙在香港的重大作用，因而极力拉拢并利用。杜月笙也因此得以再现昔日在上海滩头的不尽风光。

第十四章

日本鬼巧施诡计
汪精卫公开投敌

日本帝国主义发动全面侵华战争初期，对国民党采取以军事打击为主、政治诱降为辅的方针，企图凭借军事优势，一举打垮国民党军队，迫使国民党政府投降。特别是在占领上海、南京后，更是不可一世。1938 年 1 月 16 日，日本政府发表第一次近卫声明，公开宣称："今后不以国民政府为对手"，"而期望真能与帝国合作的中国新政权的建立与发展，并能与此新政权调整两国邦交"。很显然，近卫声明一方面是为了打击蒋介石政府，一方面是为了引诱国民党内的亲日派投降。

在此前后，日本帝国主义已经扶植起了几个地方性的汉奸政权。1937 年 11 月，日本帝国主义在张家口把伪晋北、察南、蒙古三个"自治政府"合并为"蒙疆联合委员会"。1937 年 12 月，日本卵翼下的"中华民国临时政府"在北平建立，由汉奸王克敏任行政委员会委员长。1938 年 3 月，日本帝国主义又在上海扶植汉奸建立了"中华民国维新政府"，由汉奸梁鸿志任行政院院长。此后，该伪政权迁往南京。1938 年 9 月，日本帝国主义又策划"临时"、"维新"两个汉奸政权的合流，在北平建立了"中华民国政府联合委员会"，筹组伪中央政权。

但是，战局的发展出乎日本侵略者的意料，其速战速决的企图被中国的全民族抗战打破。1938 年 10 月，日军占领广州、武汉后，无力再发动大规模的军事进攻，抗日战争进入相持阶段。相持阶段到来后，日本帝国主义改变了侵华策略，对国民党采取以政治诱降为主、军事打击为辅的方针。1938 年 11 月 3 日，日本政府发表第二次近卫声明，放弃了"不以国民政府为对手"的立场，说什么："如果国民政府抛弃以前的一贯政策，更换人事组织，取得新生的成果，参加新秩序的建设，我们并不予以拒绝。"极力引诱国民党投降。

抗战以来，国民党虽然参加了抗战，但蒋介石、汪精卫等人始终没有放弃"和平解决"的幻想。早在第一次近卫声明发表的第二天，即 1938 年 1 月 17 日，国民党政府外交部亚洲司第一科科长董道宁就在上海会见了日本满铁公司驻南京办事处的代表西义显。西义显是日本陆军大臣西义一的胞弟。经西义显与日本官方通讯社同盟通讯社上海支社社长松本治重安排，由伪满外交部驻上海办事处主任伊藤芳男陪同董道宁秘密访日，并晤见了日本参谋本部专门办理对华事务的第八课课长影佐祯昭。董道宁带回了影佐祯昭给何应钦、张群的亲笔信。此次秘密访问虽然没有取得实质性成果，但在中日两国交战的状态下，其象征意义非同寻常。

还在董道宁回国之前，国民党政府外交部亚洲司司长高宗武又到上海会见松本治重，进一步摸日本政府的底牌。3 月 15 日，董道宁与伊藤芳男从日本回到上海。次日，高宗武、董道宁与松本治重、伊藤芳男会晤。之后，董道宁打算立即去武汉转交影佐祯昭给何应钦、张群的信，高宗武认为这太冒失，应该在与周佛海商量后再作决定。3 月底，高、董回到汉口，先将影佐祯昭的信交给周佛海，周又转交给汪精卫。汪精卫认为，“这可以看作是日本方面的重要意见，也给蒋介石看过为好。”蒋介石看过信后，对影佐祯昭表示“钦佩与感谢”，并要高宗武再去香港，向日方转达他的“和平条件”，即东北和内蒙问题，可以留待他日再谈；河北省应即交还中国；长城以南中国的领土与主权之完整，日方须予尊重。显然，蒋介石只想恢复“七七”事变以前的状态。

1938 年 4 月，高宗武再次到香港会晤西义显。5 月，传来了近卫内阁将要改组的消息。高宗武回武汉向汪精卫、周佛海作了汇报。这时，梅思平也加入了他们的行列。周佛海不顾蒋介石的反对，极力鼓动高宗武再去香港，并相机访日，继续与日方交涉。从此，高宗武改换门庭，由为蒋介石搜集情报转而充当汪精卫与日本人之间的掮客。

高宗武到香港后，在松本治重的怂恿下，赴日本访问。他向影佐祯昭说明了由汪精卫出面进行“和平运动”的意向。他告诉影佐祯昭：“汪早已痛感有迅速解决中日问题的必要，称道和平论，而国民政府内部始终不能容纳他的主张。为此，不如从政府外部掀起国民运动，开展和平运动，由此造成蒋（介石）听从和平论的时机。这样较为妥当。”在日本期间，高宗武还会见了日本陆军大臣板垣征四郎、参谋次长多田骏。此次访日，高宗武获得一个重要信息，即日本人决不考虑以蒋介石为中心来收拾时局。他再也不敢回武汉，在向周佛海作了汇报后，就留在香港养病。

听了高宗武的汇报，周佛海在与汪精卫商量后，决定把日本政府属意于汪精卫的意向报告了蒋介石。蒋介石大骂高宗武是个“混蛋”。

此后，周佛海派梅思平接替病倒的高宗武与日方交涉。梅思平早年毕业于北京大学，曾担任过江宁县县长。南京失陷后，丢了乌纱帽，便投向汪精卫、周佛海的怀抱。从 1938 年 8 月 29 日至 9 月 4 日，梅思平与松本治重共进行了五次会谈。松本治重带着梅思平会谈中提出的对日“和平”方案回到上海，把这个方案通报给了西义显、伊藤芳男，他们又把方案告诉了到上海出差的日本大使馆武官今井武夫。今井武夫向日本陆军中央部作了汇报。日本方面对梅思平提出的方案进行了修改，形成了《日华关系方针》，并在1938年11月30日的御前会议上获得批准。

这时，国民党的中央机关已由武汉迁往重庆。梅思平与松本治重会谈结束后，到重庆向汪精卫、周佛海汇报。经过密商，汪精卫终于决定铤而走险，充当日本帝国主义的傀儡。

于是，汪精卫派高宗武、梅思平为代表，与日方谈判签定秘密协定事宜。1938年11月20日，汪方代表高宗武、梅思平与日方代表影佐祯昭、今井武夫，在上海东体育会路土肥原公馆（重光堂）会谈，此即重光堂会谈。双方达成了《日华协议记录》及其附件《谅解事项》和《日华秘密协议记录》。双方还决定在香港和上海派驻联络员，汪方联络员为高宗武、周隆庠，分别驻香港和上海，日方代表为伊藤芳男和西义显。1938年11月29日，汪精卫把陈公博从成都招到重庆，共同研究日、汪密约的各项文件。汉奸们取得一致意见后，电告在香港的高宗武。他们还制定了秘密出走的计划，决定汪精卫于12月8日赴成都，11日赴昆明，由周佛海提前到昆明作准备。梅思平则于11月30日飞回香港。

12月5日，周佛海以国民党中宣部代部长的名义，借口去昆明“视察”而溜出重庆。但不料在外地视察的蒋介石突然返回重庆，打乱了汉奸们的计划，汪精卫一直不能脱身。直到12月18日，汪精卫才趁蒋介石召集年轻的国民党中央委员训话的机会，溜出重庆，飞往昆明，并于次日飞抵河内。按照日、汪原定计划，汪精卫12月8日逃离重庆，日方于12日左右发表近卫第三次声明。现在，汪精卫19日才抵达河内，日方只好在12月22日发表《调整对华外交方针》。12月29日，汪精卫在河内发表了响应近卫声明的臭名昭著的“艳电”。汪精卫在“艳电”中极力掩盖日本帝国主义的侵华暴行，美化日本帝国主义的侵华政策，竭力粉饰他们一伙的叛国行径，还恶毒地攻击力主抗战的中国共产党。其卖国贼的嘴脸暴露无遗。

近卫声明和汪精卫“艳电”的发表，使重庆政府看清了日、汪之间的勾结，国民党中央宣布开除汪精卫的党籍。1939年2月，蒋介石派谷正鼎前往河内劝说汪精卫回渝供职，遭到汪的拒绝。于是，蒋介石命令戴笠派陈恭澍到河内执行刺杀汪精卫的任务。

陈恭澍手下的人经过一个多月的侦察，摸清了汪精卫在河内高朗街27号住所的情况，于1939年3月21日凌晨2时半实施刺杀汪精卫的行动。事有凑巧，3月20日曾仲鸣的妻子方君璧带着小孩从香港来到河内，汪精卫临时把自己住的大房间让给了曾仲鸣夫妇。结果，曾仲鸣成了汪精卫的替死鬼，汪精卫则因此逃过一劫。

此前，1939年1月17日，汪精卫的亲信林柏生在香港也曾遭到袭击，头部受重伤。曾仲鸣被刺杀一个星期后，汪精卫发表了题为《举一个例》的文章，列举国民党国防最高会议第五十四次常务委员会议的情况，披露了蒋介石在德国大使陶德曼的调停下与日媾和的情况。

日本政府于1939年3月22日得知曾仲鸣被杀的消息后，五相会议当即决定派影佐祯昭大佐和犬养健议员执行营救汪精卫的任务，1939年5月6日，汪精卫乘日轮“北光丸”抵达上海。

汪精卫到达上海后，向影佐祯昭倾吐了他的想法：“如果贵国政府没有异议，希望变更以前的计划，改成建立和平政府的计划。”影佐祯昭告诉汪精卫，在“询问了政府意见后再作回答”。5月25日，汪精卫向日方提出了《关于收拾时局的具体办法》，主要内容是：由汪精卫主持召开伪国民党第六次全国代表大会，由大会授权他组织中央政治会议，并负责改组国民政府。然后，伪国民政府还都南京，“维新”、“临时”两个汉奸政权宣布取消。

1939年5月31日，汪精卫偕同周佛海、梅思平、高宗武、董道宁、周隆痒等，在矢野征记、影佐祯昭、犬养健、清水董三等陪同下，赴日本访问。在访日期间，汪精卫先后与日本首相平沼麒一郎、陆军大臣板垣征四郎、海军大臣米内光政、大藏大臣石渡庄太郎、外务大臣有田八郎、枢密院议长近卫文麿等进行了会谈。6月16日，日本五相会议对汪精卫提出的《关于收拾时局的具体办法》作出如下决定：关于中央政府的名称和首都，由中央政治会议决定；关于国旗，在采用青天白日旗的同时，须在旗的上角附以三角形黄布片一块，上书“反共和平”字样；关于废除临时和维新两政府，只能理解为仅取消其名称，而对两政府与日本签订的协定及其他有关决定，则由中央政府继承下来；对于建立中央政府，要特别考虑具有人的因素和基础实力；对于国民党政府与外国签订的条约和协定，中央政府应按日华新关系的方针，宣布予以废除和修改。6月18日，汪精卫结束访日回国。

汪精卫从日本回国后，就加紧筹建伪中央政府的工作。为此，他首先于6月7日在北平与临时政府的头子王克敏进行了会谈。接着又于6月29日和7月5日两次与维新政府的头子梁鸿志进行会谈。王克敏、梁鸿志虽然都不甘心被汪精卫“收编”，但慑于其日本主子的压力，不得不在表面上支持汪精卫建立伪中央政府。

在与临时、维新两个汉奸政权协调立场后，汪精卫便紧锣密鼓地筹备召开伪国民党第六次全国代表大会。经过一番准备，1939年9月28日至30日，伪国民党第六次全国代表大会在上海极司菲尔路76号召开。大会首先推选汪精卫为中央执行委员会主席，然后在汪精卫的主持下，通过如下要案：（一）修正国民党政纲案；（二）决定以反共为国民党基本政策案；（三）根本调整中日关系并尽速恢复邦交案；（四）授权中央执行委员会主席，指派中央执、监委员，连同党外人士，组织中央政治委员会案；（五）尽速召集国民大会实施宪政案。最后，大会选举了伪中央执、监委员，并通过了大会宣言。召开了伪国民党第六次代表大会，汪精卫自认为他建立伪中央政府的活动就披上了合法的外衣。然而，大会在沪西极司菲尔路76号特务魔窟秘密进行，足以证明汪精卫一伙的心虚。

伪国民党六大后，汪精卫再次到南京与王克敏、梁鸿志会谈，以求进一步协调行动。汉奸三巨头经过讨价还价，就一些重要事项达成如下协议：（一）首先召开中央政治会议，负责筹备建立政府；（二）建立政府后，设中央政治委员会负责议政；（三）中央政治会议人选的分配，汪记国民党占三分之一，临时和维新政府占三分之一，余下的三分之一分配给蒙疆政府及其他各党各派和无党派人士；（四）中央政治会议的议决方法，重要的事项，须经全体或四分之三以上委员决定；（五）在中央政治会议中应讨论事项，是政府的名称、首都所在地、国旗等重要事项。因此，事前须充分协商，以便会议中全体一致通过。

但是，汪精卫政权能否出笼，关键是日本人的态度。为了得到日本人的认可，1939年11月1日至12日，汪精卫的代表周佛海、梅思平、陶希圣、周隆庠（后又加派林柏生），与日方代表影佐祯昭、须贺、犬养健、谷荻、石野征记、清水董三等，进行了七次会谈。会谈中，日方提出了《日华新关系调整要纲》，目的在于使日本对中国的占领合法化。同年12月18日至24日，陈公博与须贺又进行了六次会谈，专门讨论厦门和矿山资源利用问题。

为了讨好日本人，汪精卫于1939年11月12日发表讲话，为日本帝国主义涂脂抹粉，谎称日本没有灭亡中国之意，因此，中国应该准备结束战争，恢复和平。19日，汪精卫又发表题为《所望于产业界诸君》的文章，煽动产业界用具体行动实现与日本的经济合作，为中日“永久和平”奠定基础，妄图引诱上海的资产阶级投敌。周佛海则在12月9日发表题为《关于组织中央政府》的文章，极力为他们的卖国行为辩护，说什么，组织中央政府是为了担负和平的使命。还说，中央政府的成立不是时间的问题，乃是条件的问题。现在正在与日本谈判条件，只要条件全部谈妥，就可立即组织起来。周佛海的话即反映了汪精卫集团急于建立伪中央政府的心情，又说明他们与日方的谈判尚未完成。

1939年12月30日，汪精卫集团与日本“梅”机关在上海秘密签订了《日支新关系调整要纲》及《秘密谅解事项》。这就是通常所说的“日、汪密约”。《要纲》规定：（一）中国承认满洲国；（二）在新国交恢复以前，维新、临时两政府经办事项，由中央政府加以继承；（三）确保日本在中央政府外交、教育、宣传、文化及军事等各方面的权力和合作关系；（四）承认日本在内蒙、华北、长江下游、厦门、海南岛及其附近岛屿的政治、经济以及对地下资源开发利用的权利；承认在以上地区的防共和治安的驻兵权，以及与驻兵地区有关的铁路、航空、通讯、港湾和水路在军事上的要求；（五）在中央政府及各级机构中，聘请日本军事、财政、经济、技术顾问，以确保上述条款的执行。从上述内容可以看出，日、汪密约是一个彻头彻尾的卖国协定，连汪精卫都承认这是他的“卖身契”。

然而，日方并不急让汪精卫建立伪中央政府。就在日、汪密约签定前夕，即1939年12月14日，日本首相阿部信行在日本国民精神总动员中央干部与政府的恳谈会上发表讲话时说：关于处理中国事变，成立新政权问题，由于双方对具体内容尚未获得一致意见，成立时间需要推迟。日方之所以给汪精卫泼冷水，主要是因为，这时它正在与重庆方面秘密进行谈判。

原来，日本国内一些人对于日本政府只与汪精卫调整邦交而不努力作蒋介石的工作不满，主张直接与蒋介石进行交涉。在这种情况下，日本国内于1939年年底就是否应该与重庆媾和问题展开了激烈争论。日本在南京的中国派遣军总司令部也深知，汪精卫集团的实力不济，单靠建立汪精卫政权难以解决中国事变，希望在作汪精卫工作的同时，与蒋介石直接进行交涉，最好能促成蒋、汪合作，以便不战而胜。因此，中国派遣军总司令部一直与重庆保持着秘密接触，准备一旦重庆方面有意，就推行这一计划。

蒋介石政府从抗战以来一直没有放弃与日媾和的幻想，同时对汪精卫与日本的勾结保持着警惕。为了牵制汪精卫建立伪政权的行动，重庆方面派出行政院院长宋子文的弟弟宋子良，通过上海财界向日本派遣军总司令部表示，愿意进行接触，以便在汪精卫政权建立之前使重庆政府同汪精卫集团言归于好，从而全面恢复中日邦交。当时，已由陆军大臣调任中国派遣军总参谋长的板垣征四郎认为，这一方案可行。日本参谋本部派中国班班长铃木卓尔协助中国派遣军总司令部进行所谓宋子良工作。板垣征四郎把铃木派往香港，让他专门从事宋子良工作。双方谈判很快就由试探阶段进入到具体谈和平条件的阶段。双方约定，蒋介石须于1940年1月底以前作出答复。板垣征四郎认为，在此之前宜推迟建立汪精卫政府。在同汪精卫进行协商后，决定将建立汪精卫政府的时间推迟到3月底。

对于日本人与重庆方面的接触，汪精卫如同吃了苍蝇，但表面上却佯装支持，并表示要从旁协助这项工作。他还宣称：“蒋介石先生若与日本停战媾和，我们亦当不惜一切牺牲同先生通力合作，以实现全国和平。但是，先生倘若执意不听，我汪兆铭也就顾不得先生了。本人将遵循信仰，选择先行局部媾和，然后推向全国的道路。”

但是，蒋介石并没有在规定的期限内作出答复。宋子良说是由于在手续上有失误，所以答复迟了，但肯定会成功，要求把建立汪精卫政府的工作再推迟三个月。对于宋子良的言行，日方本来就有疑问，现在又要求再次推迟建立汪精卫政权，这对于汪精卫和日本人来说，都是难以接受的。因此，宋子良工作就被搁置下来。

宋子良工作陷入僵局之后，日本人就加紧进行建立汪伪政权的工作。但是，正当汪精卫一伙踌躇满志加紧筹备建立傀儡政权的时候，发生了汪精卫集团的重要成员高宗武、陶希圣向蒋介石政府投诚之事。高、陶事件无疑是对汉奸们的当头棒喝。然而，汉奸们并没有就此改邪归正，而是沿着叛国的道路继续滑下去。

如前所述，根据日本人的旨意，汪记国民党六大决定召开中央政治会议，讨论建立伪中央政权问题。为此，汪精卫集团与临时、维新两政府的汉奸们于1940年1月24日至26日举行了青岛会议。青岛会议是为中央政治会议作准备。会前，“梅”机关的《青岛会谈要领》为会议定了调子：（一）青岛会谈是中央政治会议的准备会议；（二）会期三天；（三）会议内容：通过及决定中央政府建立大纲、政府机构、名称、首都、国旗、中央政治会议组织纲要及条例、中央政治委员会组织条例、华北政务委员会组织条例等；（四）由汪精卫向王克敏、梁鸿志分别说明《日支新关系调整要纲》的部分内容及中日关系情况，决定以后中日关系由汪精卫负责处理。出席会议的除了汪精卫、王克敏、梁鸿志以外，汪记国民党的代表是：秘书长褚民谊，中央执委常委周佛海，组织部长梅思平，代宣传部长林柏生；临时政府的代表是：内政部长王揖唐，司法部长朱深，治安部长齐燮元；维新政府的代表是：立法院长温宗尧，内政部长陈群，绥靖部长任援道。

青岛会议的第一天，汪精卫与王克敏、梁鸿志就伪中央政府成立大纲及政府的名称、首都、国旗等问题进行会谈，达成了一致的意见。第二天，他们又就伪中央政府成立大纲及伪中央政府的组成进行了具体讨论，达成了如下谅解：（一）中央政治会议由重组的国民党、临时、维新两政府及其他各党各派、无党无派的三十乃至四十名人员组成；（二）新政府的最高领导机关中央政治委员会的组织权限等，大致继承以前国民政府的组织权限；（三）随着新政府的成立，临时、维新两政府皆予以解散，同时组织华北政务委员会；（四）关于国民政府的机构依据第一次会议所决定的中央政府成立大纲。政府的政纲则根据原国民政府的旧法统。会议的第三天，汪精卫、王克敏、梁鸿志又就中央政治会议的各种问题进行协商，并取得了一致意见。他们着重讨论了由汪精卫提出的中央政治会议组织法，实际上是就他们在新成立的伪中央政府中的地位以及各自能分得的席位进行讨价还价。因此，青岛会议实际上是各派汉奸的分赃会议。通过这次会议，确立了汪精卫在汉奸中的首席地位。

1940年2月12日，汪精卫在上海主持召开伪中央政治会议的筹备会议，各派汉奸的代表都出席了会议。会议确认了青岛会议的各项决定。1940年3月20日至22日，伪中央政治会议正式召开。会议决定，授权汪精卫负责制定中日新关系调整方针；确定伪中央政府的名称是国民政府，首都是南京，国旗是青天白日满地红，并另附“反共建国”的标帜；决定伪中央政府的成立日期是3月30日。会议还通过了《国民政府政纲》《中央政治委员会组织条例》《修正国民政府组织法第十五条》及《国民政府组织系统表》，并决定废止临时政府及维新政府名称，设置华北政务委员会，成立中央政治委员会。

华北政务委员会的设立，使伪华北临时政府换了一个招牌保留了下来，而华中的维新政府则由汪精卫政权取代。因此，汪精卫的所谓中央政府，不过是维新政府的翻版罢了。

根据伪中央政治会议的规定，伪中央政治委员会是伪中央政府的决策机构，其权限是议决下列事项：立法原则、施政方针、军事及外交大计、财政及经济计划、国民政府主席及委员、各院院长、副院长及各政务官的人选、中央政治委员会主席认为应交会议议决的事项。中央政治委员会设主席一人，人选在宪政准备时期由汪记国民党中央执行委员会主席任命；设委员24至30人；设常务委员6至8人，由主席在委员中指定。中央政治委员会设法制、内政、外交、军事、财政、经济、教育及其他专门委员会，各委员会设主任委员、副主任委员各一名，委员9至13人，其人选由主席指定。另设秘书厅秘书长一人，副秘书长1至2人，秘书及办事人员，由主席任命。

经过一番准备，1940年3月30日，伪国民政府宣布“还都南京”，难产的汪伪政府终于粉墨登场。这是一个在日本帝国主义卵翼下的傀儡政权。有人讥讽说：南京的城墙就是汪伪政权的边界。汪伪政府朝廷虽小，但百官齐全。请看汉奸群丑图：

国民政府主席	汪精卫代
行政院院长	汪精卫
行政院副院长	褚民谊（后为周佛海）
内政部长	陈群
外交部长	褚民谊（兼）
财政部长	周佛海
军政部长	鲍文樾（代理）
海军部长	汪精卫（兼）
教育部部长	赵正平

司法行政部部长	李圣五
工商部部长	梅思平
农矿部部长	赵毓松
铁道部部长	傅式悦
交通部部长	诸青来
社会部部长	丁　默
宣传部部长	林柏生
警政部部长	周佛海（兼）
边疆委员会委员长	陈济成（后为罗君强）
赈务委员会委员长	岑德广
水利委员会委员长	杨寿楣
立法院院长	陈公博
立法院副院长	（未定）
司法院院长	温宗尧
司法院副院长	朱履和
最高法院院长	张　韬
行政法院院长	林　彪
考试院院长	王揖唐
考试院副院长	江亢虎
铨叙部部长	江亢虎（兼）
考选委员会委员长	焦　莹
监察院院长	梁鸿志
监察院副院长	顾忠琛
审计部部长	夏奇峰
军事委员会委员长	汪精卫（兼）
参谋本部部长	杨揆一（代理）
军事参议院院长	任援道
军事训练部部长	萧叔萱（代理）
政治训练部部长	陈公博（兼）

汪伪政府成立的当天，汪精卫在对日广播词中说：敝国有志之士经过深切猛省后，痛下决心，将过去容共抗日的政策彻底放弃，重新确立和平反共建国的政策。国民党同人服务于国民政府者，先后退出重庆，联合事变以来全国各处先后成立的政权，以及在野各党派暨贤达人士，相与协力，成立中央政治会议。由中央政治会议议决，国民政府还都南京，以统一全国以内和平反共的运动。在此运动进行期间，得到贵国朝野热烈的同情与援助，遂得到达于今日的新阶段，鄙人于此，敬为中国前途，向贵国朝野

表示深切之谢意。

汪精卫的广播词虽然不乏献媚之词，但其日本主子并不怎么领情。当时，宋子良工作仍在进行，而且看上去很有希望。为了对蒋介石进行劝降工作，日本政府把承认汪伪政府的预定日期由 1940 年 8 月延至 10 月。10 月初，宋子良在香港突然失踪，不知去向，宋子良工作才无疾而终。

汪伪政权的成立庆典也搞得冷冷清清，既没有日本高官出席，也没有各国使节祝贺。日军驻华最高司令官西尾寿造只在第二天上午到汪伪政府走一趟了事。

汪伪政权成立的当天，还发生了一个小插曲。那天，在汪记国民党中央党部屋顶上挂了一面不带写有“和平反共建国”字样黄布片的青天白日旗。日本宪兵发现后，怒气冲冲地闯入党部质问，喝令当场降下这面旗子。伪中央党部职员打电话告诉伪中央政治委员会副秘书长罗君强。罗君强急忙派他的日语秘书前去与日本宪兵交涉，说这是中国国民党的党旗，中日双方商定的国旗才有黄色布片。日本宪兵听了解释后，才悻悻而去，临走还威胁说：如果规定不是这样，我们将向这面旗子开枪射击。

日本主子的冷落固然使汉奸们心寒，关于旗子的小插曲也使汉奸们感到晦气。汪精卫傀儡政权一开场就如此不景气，预示着它的命运必定是可悲的。

第十五章

蒋杜合谋巧拉拢
汪伪要员来投诚

抗战进入相持阶段后，日本帝国主义调整侵华策略，不仅招致汪精卫公开投敌，致使国民党政府发生分裂，也使抗战信念本来就不坚定的蒋介石更加动摇起来。1939 年 1 月，国民党五届五中全会确立了“溶共、防共、限共、反共”的方针，成立了专门的“防共委员会”，设立党、政、军一元化的国防最高委员会，蒋介石亲任委员长。会后又颁布了《共产党问题处置办法》《沦陷区防范共产党活动办法草案》《第八路军在华北陕北之自由行动应如何处置》等一系列反共文件。国民党五届五中全会标志着其政策重心由对外抗日转向了对内反共。从此，蒋介石开始消极抗日，积极反共。

然而，对汪精卫公开投敌，蒋介石心里仍不是滋味。本来，无论是蒋介石还是汪精卫，从抗战以来都没有放弃与日媾和的念头，并通过各种渠道探听日方媾和的条件。他们特别寄希望于德国大使陶德曼的外交活动。起初，在对日根本政策上，蒋介石和汪精卫之间并没有根本的不同，只不过在方式和程度上有些区别罢了。可是，汪精卫公然分裂政府，叛变投敌，却是蒋介石所未曾料到的。而且，汪精卫要建立的傀儡政府也挂青天白日旗，也称国民政府，分明是要与蒋介石分庭抗礼。这就气恼了自认为是“正统”的蒋介石。12 月 27 日，蒋介石给在河内的汪精卫打电报，劝其从速返回重庆继续供职。汪精卫不但置之不理，并于第二天致电国民党中央常务委员会及国防最高会议，揭露了蒋介石的妥协投降活动，说：“蒋总统在陶德曼工作之际，曾允以日方条件为和平谈判之基础。”汪精卫讲这话的目的是要告诉世人，蒋介石也想与日本人妥协，他汪精卫只不过比蒋介石先走了一步。对此，蒋介石十分气恼，心里想拆汪精卫的台，却又没有什么好办法。正在苦于无计可施之际，蒋介石忽然想起了远在香港的杜月笙。

想到杜月笙，蒋介石庆幸淞沪会战一开始，他就劝说杜月笙离沪赴港。如若不然，让杜月笙待在上海，万一被日本人拉过去，岂不是一大祸害。说实话，蒋介石打心眼里佩服杜月笙。在他看来，杜月笙虽不在官场，不握寸权，却能一呼百应，从者如流，无论面对多大难题，总是游刃有余，实在难得。前些日子，杜月笙帷幄于香港，决胜于千里之外，没用多久，就把前段祺瑞政府的七名大员在日本人的眼皮底下拉出了北平。此事即使让中统、军统的特务们去干，也难保能干得如此干脆利落。现在对付汪精卫，倘若派杜月笙出马，一定能拆掉汪精卫几根台柱子。想到这些，蒋介石的心情似乎好了许多，并立即电召杜月笙来渝。

再说杜月笙，自从赴港以来，也确实风光了一阵子。但是，香港毕竟不是他的发迹地上海滩。离开自己打出的码头来到香港，总有寄人篱下之感。俗话说：强龙难压地头蛇。他无法与香港的黑社会势力一争高低。从赈济工作中，他可以得到一些好处。但毕竟中央赈济委员会力量薄弱，编制狭小，难以安置全部来香港的门生。好在蒋介石对他还算器重。他也没有辜负老蒋的信任。蒋介石交办的事，他都尽心尽力。从北平拉出前段祺瑞政府七名要员就是一例。这次接到蒋介石的电报，杜月笙料定，蒋介石必定又遇到了什么难题，要他帮助解决。杜月笙顾不上多想，便乘飞机直奔重庆，去见蒋介石。

蒋介石和杜月笙久别重逢，格外高兴。蒋介石看着杜月笙风尘仆仆的样子，消瘦的黄色面孔似乎又苍老了许多。他一边为杜月笙倒茶，一边说："杜老弟，你远在香港，心系党国，受累了。"杜月笙与蒋介石寒暄了一阵子之后，便闭口不语，只听蒋介石讲话。蒋介石从淞沪会战讲到南京失守，又从广州、武汉被占领讲到汪精卫叛国投敌，言辞铿锵，摆出一副"忧国忧民"的神态，好像整个国家、民族的命运都握在他的手里。当谈到汪精卫的时候，蒋介石站起身来，倒背着双手，来回踱步，一副愁眉不展的样子。杜月笙见蒋介石谈天论地，既不提自己在香港的劳苦，也不说召他来渝的目的，满心的不快，便只管闷头喝茶，只等蒋介石摊牌。

蒋介石发现杜月笙神情不对，赶紧坐下来，转换话题。他先是询问了杜月笙在香港的疾苦，又对他的所作所为大加赞扬了一番，并嘱咐他不要操劳过度，伤害了身体。杜月笙顺势把在香港的困难处境向蒋介石表白了一番，想从老蒋那里讨些资助。不料，蒋介石却故意避开这个话题。蒋介石呷了一口茶，问杜月笙："老弟有没有听说汪精卫将在上海另组国民政府一事?"杜月笙慢条斯理地回答："早就有所耳闻。"蒋介石不情愿以一个大总统的身份有求于一个社会上的大亨，总想让杜月笙把问题挑明。于是他接着追问："那你对此有何看法呢?"

杜月笙见蒋介石就这样重要的问题征询自己的意见，暗自为能得到蒋介石的器重而得意。然而，他故意掩饰这种心情，装出一副冷漠淡然的样子，倚在靠背上悠然而答："这恐怕是最不利于蒋大总统了。"蒋介石见杜月笙所言极少，靠他主动把问题挑明已不可能，只好丢开面子，直言相对："这次请老弟来，正为此事。我想再劳你之手，通过你上海的关系，拆掉汪精卫搭起的台子。”杜月笙见蒋介石终于把问题挑明，并向自己发出了请求，便坐起身来说：“我想，您总应该对汪精卫内部之争了如指掌吧？”蒋介石听后摇了摇头。杜月笙接着说：“陶希圣、高宗武有投诚之心。如果您还能看得起我杜某，我可派一人做些活动，把他们拉过来。”蒋介石对杜月笙能获得如此重要的情报而感到惊讶，他不禁暗自赞叹杜月笙的神通广大。杜月笙问道：“如果把他们拉过来，准备如何处置呢？”蒋介石急忙说：“只要真心回来，一定既往不咎，要官给官，不愿做官的话，还可以资送出洋旅游。”杜月笙觉得对此事有了几分把握，便向蒋介石提出资金问题。蒋介石告诉他，可以暂时在香港的银行支取10万元，作为活动经费。事情谈妥，杜月笙匆匆赶回香港，着手策动高宗武、陶希圣投诚。

高宗武、陶希圣何许人也？

高宗武，浙江乐清人。早年赴日留学，入东京帝国大学攻读，获得法学学士学位。1931年5月，作《中央日报》特约记者，兼任国民党中央政治学校教授。1934年做外交工作，并经常在《外交评论》上发表文章，为汪精卫所赏识。七七事变后，曾被秘密派往东京，与日方商谈媾和的条件。高宗武是汪精卫“低调俱乐部”的主要成员。

陶希圣，湖北黄冈人，原名汇曾，北京大学法科毕业，做上海商务印书馆的编辑，曾先后在复旦大学、暨南大学、劳动大学、上海法学院、中央大学、北京大学任教。早在1935年前后，以胡适为首的“全盘西化论”者与以暨南大学校长何炳松为首的“中国本位文化建设论”者，曾大打笔墨官司。胡适在北京主持《独立评论》，何炳松则出版《中国文化》。何炳松联合了陶希圣、楚仲云、陈高庸等十位知名教授，发表了《中国本位文化建设宣言》，以抵制胡适鼓吹的舶来文化。陶希圣是十教授中的能文之士，因而出名。抗战爆发后，陶希圣的失败主义情绪严重，也是汪精卫的“低调俱乐部”的成员。

在汪精卫公开投敌后，汪精卫的死党和许多“低调俱乐部”的成员也分头溜出大后方，投奔汪精卫，陶希圣、高宗武也在其中。1939年9月，汪精卫主持召开伪国民党六大后，着手筹备建立统一的汉奸政府。在政治分赃中，陶希圣成为伪国民党中央执行委员会常务委员会委员兼宣传部部长，高宗武成为伪国民党中央执行委员会常务委员会委员兼任外交部次长。

高宗武、陶希圣对汪伪政权的分赃有些不满。陶希圣认为，自己帮助汪精卫运筹帷幄，功劳不在周佛海之下，当个实业部长总该不成问题，并曾向汪精卫有所表示。不料汪精卫已把这个职位许给了梅思平，陶希圣自然不高兴。同时，陶希圣与伪中央宣传部次长林柏生的矛盾也很尖锐。

林柏生早在大革命时期曾到莫斯科中山大学学习，回国后，在广州市执信中学教书。四一二政变后，林柏生只身逃出执信中学，于1928年亡命到巴黎。他在曾仲鸣的寓所见到了汪精卫。那时，汪精卫因反蒋失败，在国内无法立足，所以把巴黎作为其政治避难所。当时，汪精卫身边只有曾仲鸣夫妇。正当汪精卫形影相吊之时，林柏生前来投奔，自然会得到汪精卫的信任。汪精卫回国后，重视宣传工作，特别器重林柏生。1932 年他在上海创办的《中华日报》，即让林柏生担任社长。抗战初，汪精卫在香港创办《南华日报》，也由林柏生主持。汪精卫的"艳电"就是由陈公博、周佛海携带到香港，在此报发表的。林柏生在汪精卫发出"艳电"后，也跟随汪精卫投敌。

在汪精卫集团中，按照地位和声望，陶希圣远在林柏生之上。但是，要论与汪精卫的关系，林柏生则远远超过陶希圣。因此，在汪精卫的支持下，林柏生把持了宣传部门的大权，使陶希圣成了光杆司令。另外，陶希圣与梅思平之间矛盾也很深。陶希圣投诚后，周佛海曾说过：陶对梅思平的猜忌成性，一再挑拨他和我的感情，几次三番当面或者书面诉苦，后来简直极度愤怒，虽经屡次解释，终未释嫌，这对于他之离开也是重要因素。

高宗武对于担任外交部次长职务也颇为不满。汪伪政权成立时，他一心想当外交部长。汪精卫因高宗武年仅三十挂零，资格太浅，拟自兼外交部长，让高以次长身份主持部务。高宗武觉得自己卖了那么大力气，仅屈居次长，十分不满。

高宗武与陶希圣处境相同，气味相投，二人经常来往，逐渐成了汪精卫集团中的志同道合者。他们有时后悔当初跟随汪精卫叛国投敌，也曾有过弃汪投蒋的念头，但一直没有行动，一是因为没有机会，二是怕惨遭毒手。

再说杜月笙接受了蒋介石给他的任务从重庆回到香港后，立即请来了黄溯初，把策动高宗武、陶希圣反正的打算告诉了他。黄溯初是高宗武的同乡，早年留学日本，曾当过北洋政府的国会议员。抗战前做生意蚀了本，跑到日本长崎隐居。高宗武赴日访问时曾找黄溯初诉说苦衷，黄溯初答应帮助他返回重庆。不久，黄溯初通过他的同乡徐寄庼把此事告诉杜月笙。杜月笙就是从他那里才得知高宗武、陶希圣有投诚意向的。杜月笙把从银行取来的 10 万元钱如数交给黄溯初，并要他带上一批洋货，乔装成做生意的样子，去沪活动。交代完后，杜月笙亲自送黄溯初出门，分手时再次叮嘱他谨慎行事。黄溯初十分自信地对杜月笙说："杜先生请放心，您在家静候佳音就是了。"话别之后，黄溯初即启程赴沪。

黄溯初到上海后，通过关系顺利地见到了高宗武、陶希圣，把蒋介石和杜月笙的诚意转达给他们。这时，汪精卫正忙于同日本人谈判日、汪密约。高宗武、陶希圣已经失去汪精卫的信任，被排除在研究密约之外。高宗武、陶希圣经过思考，决定弃暗投明。

1940年1月4日，正值农历春节之际，高宗武、陶希圣二人秘密登上美国“胡佛总统号”客轮逃出上海，到达香港。为了表示归降的诚意，他们带来了日、汪密约即《日支新关系调整要纲》。杜月笙闻讯极为兴奋，立即把汪精卫卖国投敌的这一重要罪证交给了香港《大公报》总编辑张季鸾，并要张务必于晚饭前送还，以便晚上派专人送给蒋介石。高宗武、陶希圣还送给张季鸾一封《致大公报信》。1月22日，香港《大公报》发表了高、陶的信和日、汪密约的主要条款。《大公报》的这一独家新闻，早于国民党的官方通讯社两天发表，一时轰动了国内外。

高宗武、陶希圣在给《大公报》的信中说：“去年之夏，武承汪相约，同赴东京，即见彼国（日本）意见庞杂，军阀恣横，罕能望其觉悟。由日返沪后，仍忍痛与闻敌汪双方磋商之进行，以求从中补救于万一，凡有要件，随时记录。11月5日影佐祯昭在六三园（即上海江湾六三花园，日、汪双方谈判地点——编者注）亲交周佛海、梅思平及陶希圣等以《日支新关系调整要纲》之件，当由汪提交其最高干部会议，武亦与焉。益知其中条件之苛酷，不但甚于民国四年之二十一条，不止倍蓰；即与所谓近卫声明，亦复大不相同。直欲夷我国于附庸，制我国之死命，殊足令人痛心疾首，掩耳而却去。力争不得，遂密为摄影存储，以观其后。其间敌方武人，颐指气使，迫令承受，或花言巧语，涕泪纵横。汪迷途已深，竟亦迁就允诺，即于十二月三十日签字。武、圣认为国家安亡生死之所关，未可再与含糊，乃携各件，乘间离港。……除将摄存及抄录各件，送呈国民政府外，兹送上《日支新关系调整要纲》暨附件之原文摄影（译文另附），又汪方提出“新政府成立前所急望于日本者”之去文，及同件日方复文各一份，敬请贵报即予披露，俾世人皆得周知，勿使真相长此淹没，以至于不可挽救。

高宗武、陶希圣的信中虽然不乏自我开脱辩解之词，但他们在信中揭露了日、汪密约谈判的经过，并把日、汪密约的主要内容公布于众，这对于汪伪汉奸来说，无疑是一个沉重的打击。

据说，汪精卫得知高宗武、陶希圣投诚的消息后，涕泗滂沱，仰面号叹，大骂高宗武、陶希圣“自丧人格，实属卑鄙，殊堪痛恨”。也许，汪精卫此时后悔没有听沪西76号特工总部头目李士群的话。

原来，高宗武、陶希圣与重庆方面的接触，早已被李士群侦知。他手下的特务发现，高、陶二人晚上常到租界里去，直到深夜才回来，而且他们总是在进入租界前下车，谢绝日本宪兵的护送，徒步进入租界。李士群曾向领导沪西76号特工总部的晴气庆胤反映过这个情况，但由于没有真凭实据，不好下手。影佐祯昭也曾向汪精卫提起此事，汪却说：“高先生是老同志，对他虽有些不寻常的传说，但还不至于背叛，希望不要过分声张。”影佐祯昭也无可奈何。但李士群仍在监视高宗武、陶希圣，还曾想换掉高的司机，把他带到闸北秘密审讯。但由于高的卫兵尽忠职守，使李士群的计划落空。这个卫兵由于精神过度紧张而得了精神病，在医院不治而死。

高、陶事件发生时，汪精卫正在准备与王克敏、梁鸿志举行青岛会议。事件发生后的第三天，也即1940年1月24日青岛会议的第一天，汪精卫向露透社的特派记者说："陶希圣、高宗武两人，均系自始即参加和平运动者，然自去年3月21日曾仲鸣同志在河内被暗杀之后，二人即怀极度戒惧心理，……又陶希圣亦系一优柔寡断之人，毫无坚强决心，此与高氏如出一辙。然余因彼等两人，均系颇早即已加入和平运动者，故对彼等两人，亦竭力以尽量宽大态度待遇之。迨至去年11月左右，因对于彼等二人之态度，发见可疑形迹，故此后遇有重要交涉，即不复使彼等二人参加，二人乃竟窃去年十二月五日（应为11月5日——编者注）日本方面该地当局一部分人士之和案，居为奇货，向重庆方面告发。此种行为，不仅怯弱，且适足以表见其蒙受诱惑，自堕人格矣。卑劣至此，实堪浩叹。"汪精卫在对高宗武、陶希圣攻击之余，还给汉奸们打气说："余之同志莫不具有坚强决心，勇往直前，以新秩序建设为目标而迈进，故高、陶二人之退却，转足使吾人之团结益趋纯洁强固耳。""高、陶两人所发表者，完全出于向壁虚造，事实必有可证明耳。"汪精卫妄图继续用谎话来蒙骗国人，足见其内心的虚弱。

汪精卫集团的其他汉奸，特别是其二号人物周佛海同样遭到沉重的打击。据今井武夫说："他们内心受到的冲击是难以掩盖的，无可争辩，这对和平运动的前途投下了阴影。""最伤心的是周佛海，他认为高、陶的逃走毫不值得追究，但愤慨地说暴露密约完全是背叛行为，他泪下如雨，也不擦掉，唯有长叹而已。"

再说蒋介石接到杜月笙送来的日、汪密约，得知高宗武、陶希圣已投诚归来，心中暗喜。他通过杜月笙发给高宗武、陶希圣每人各4万元港币，作为慰劳金。当然，执行这次策反任务的杜月笙和去上海活动的黄溯初也得到犒赏。蒋介石于1月23日发表了《为日汪密约告全国军民书》和《告友邦人士书》。蒋介石说：日本军阀一面在中国努力制造傀儡政权，一面与尚在制造之傀儡政权签定协定，以组织所谓"日支满"三国经济集团，并以中国之政治、经济、军事、外交、文化等等，统由日本统治，俾其他各国一切活动，均受日本国策之打击，且以此《中日新关系调整纲领》之日汪协定，而根本取消各国在东亚之地位矣！

蒋介石在谴责日本帝国主义的同时，极力宣传日本对其他国家利益的排斥，目的是想让欧美各国干预中日战争。蒋介石的用心没有白费。欧美各国纷纷发表声明，表示要维护《九国公约》，不承认汪伪政权。2月13日，美国国会决定，对华贷款二千万美元。欧美各国还在欧战爆发前后，抽调兵力，增强远东地区的防务。

当时，高宗武不想立即回重庆，他让杜月笙把自己的想法转告蒋介石。蒋介石接报后，又发给高宗武5万元美金，让他赴美国“考察”，并任命他为国防最高委员会秘书厅参事。此后，高宗武化名高其昌，挂职旅美。

陶希圣则暂时留在香港休养。他为了洗刷自己的罪行，不断在香港进行公开、半公开的讲演。其内容无非是他如何摆脱敌伪的监视、冒险离沪的经过。有时也讲一些国际国内形势的题目，总是侃侃而谈，头头是道，俨然是一位爱国英雄。陶希圣自有心计，他表示不愿做大官，只想在蒋介石身边效力，由“总裁”亲自栽培。不久，杜月笙陪陶希圣离港赴渝面见蒋介石。蒋介石任命陶希圣为侍从室的主任秘书，次年，又兼任国民党中央宣传部副部长，并任《中央日报》总主笔。蒋介石的“名作”《中国之命运》就是出自他的手笔。1949年蒋介石政府即将垮台时，陈布雷服药自杀身亡，蒋介石让陶希圣代理陈布雷的职务。蒋介石逃到台湾后，陶希圣则更成为蒋氏王朝的第一支笔了。

不管高宗武、陶希圣二人后来如何，在国难当头之时，他们没有死心塌地地当汉奸，能迷途知返，并能反戈一击，总算是弃暗投明，是值得肯定的。

第十六章

两汉奸认贼作父 共建立特工总部

在抗战时期的上海，提起“沪西76号”，人人都会毛骨悚然，而且都知道是指汪伪“国民党中央执行委员会特工总部”。它坐落于沪西极司菲尔路76号（今万航渡路435号）。也许是人们觉得极司菲尔路绕嘴，所以一般简称其为“沪西76号”。这里原来是军阀陈调元的公馆，上海沦陷后，被日本侵略者用来作特务活动的场所。

从1937年11月上海沦陷到太平洋战争爆发前，位于苏州河以南的英、法租界因有特权，日军尚未染指，曾一度形成“孤岛”状态。中国共产党利用上海租界的特殊条件，与日本侵略者及汉奸的卖国活动进行了殊死的斗争。国民党特务组织也曾利用租界的条件进行了锄奸活动。为了对付国、共两党和上海抗日民众的抗日活动，日本侵略者极力网罗卖国求荣的汉奸，建立了以李士群、丁默邨为头目的特务组织，作为对付上海抗日力量的别动队。

李士群，浙江遂昌人，早年在大革命潮流的裹挟下曾加入中国共产党。大革命失败后，他在上海以“蜀闻通讯社”记者的身份从事党的地下工作。不久被公共租界工部局巡捕房逮捕。李士群托人打通了清帮“通”字辈大流氓季云卿的门路，被保释出狱。出狱后，李士群向季云卿投送了门生帖子，成为季云卿的门生。1932年，李士群被国民党CC特务组织逮捕，因经不起威胁利诱，叛变投敌，被委任为该特务组织的上海区直属情报员。

CC特务的前身是黄埔军校校长办公室机要科。四一二政变后，蒋介石把机要科改为国民党中央党部的党务调查科，由陈立夫担任科长。1927年8月蒋介石第一次下野后，指使陈果夫把“浙江革命同志会”扩大改组为“中央俱乐部”，其英文译名为Central Club，简称“CC”。此后，逐步形成了以陈氏兄弟为中心的CC系集团。后来，陈立夫先后被任命为国民党中央秘书长、组织部部长等要职，但他和其兄长陈果夫始终抓住党务调查科不放。该科的所有成员几乎都是陈氏二兄弟圈定的。人们把以二陈为中心的特务系统称为CC特务。二陈以CC特务为工具，严密控制着国民党的党务，所以才有“蒋家天下陈家党”之说。1931年九一八事变后，蒋介石为了加强特务工作，指示军需署拨款10万元，把党务调查科扩编为特工总部，由陈氏兄弟推荐的徐恩曾担任主任。1938年8月，中统局与军统局分立后，人们仍把中统与CC混称。

李士群叛变后，与国民党特务丁默邨、唐惠民等一起编辑由CC特务直接控制的刊物《社会新闻》。他们对共产党和进步人士极尽造谣污蔑、挑拨离间之能事，使《社会新闻》成为有名的造谣刊物。李士群虽然积极为国民党效劳，但直到抗战前，他仍然是一个默默无闻的国民党小特务。

日军占领上海、南京后，善于钻营的李士群与日本特务机关搭上了关系。他逃到香港后，由日本驻香港总领事中村丰一介绍给在上海的日本大使馆书记官清水董三，为日本人搜集情报。李士群不满足于仅仅做情报工作，便利用他与国民党上海方面人员的关系，积极拉他们下水。他先后把CC上海区情报员唐惠民、国民党中央宣传部驻沪特派员范正章等人拉下水，又通过范正章的关系，把国民党上海党部委员汪曼云拉下水。

李士群是清帮的一员，深知杜月笙在清帮中的地位和在上海的势力，于是千方百计与杜月笙拉关系。日本使馆书记官清水董三帮了李士群的忙。清水董三转给李士群一份《杜月笙在上海的势力》的材料，李士群如获至宝。因为这份材料不但详尽地介绍了杜月笙的出身、经历及其与黄金荣、张啸林、虞洽卿、王晓籁、钱新之、杨虎、陈群等人的关系，而且详细介绍了杜月笙与戴笠的特殊关系。李士群通过汪曼云把这份材料转给杜月笙，以此与杜月笙搭上了关系。

李士群虽然是国民党特务出身，但自知位卑言轻，缺乏号召力，便积极物色合伙者。时逢1938年国民党军事委员会调查统计局改组，中统局和军统局分立。丁默邨负责的第三处被撤销，丁默邨失去处长的头衔，改任军事委员会少将参议。参议是个闲职，丁默邨的地位一落千丈。李士群闻讯，在征得日本人同意后，便派丁默邨的同乡翦建午到昆明，拉丁默邨下水。翦建午向丁默邨说明了李士群的诚意，并告诉丁默邨，李士群自愿做他的副手。丁默邨一拍即合，欣然表示同意。丁默邨到上海后，李士群奉他为“老大哥”，事事让丁默邨出头，处处让着丁默邨。从此，丁默邨、李士群合伙，积极筹建特务组织。

丁默邨、李士群筹建特务组织的活动，得到日本特务机关的大力支持。日方最初出面支持丁、李的是土肥原机关。土肥原机关成立于1938年7月，设于上海虹口公园附近的重光堂。主要人员有大迫通贞少将、和知鹰二大佐、晴气庆胤少佐。

设立土肥原机关的主要目的是策动军阀唐绍仪、吴佩孚组织全国性傀儡政权。因为，当时虽然已经有了华北的伪临时政府和华中的伪维新政府，但根本无法与蒋介石政府对抗，于是日本人企图扶植一个能与蒋介石政府相匹敌的全国性的伪政权。1938年10月，唐绍仪在上海被刺杀，土肥原机关的主要工作目标就转向吴佩孚。吴佩孚深知汉奸这顶帽子的分量，迟迟不肯出山，巧妙地与日本人周旋，使土肥原机关的工作陷入困境。

正在这个时候，日本大使馆书记官清水董三把丁默邨、李士群介绍给了土肥原。土肥原在重光堂亲自接见了丁、李二人。土肥原在听取了他们关于特务工作的设想后，极力表示支持，并指派晴气庆胤作专门的联络人，协助他们筹建特务机关。

第二天，晴气庆胤就来到李士群的住所，与李士群、丁默邨商量建立特工组织事宜。丁默邨、李士群向晴气庆胤交上一份《上海抗日团体一览表》，并详细说明了打垮对手的设想，即利用釜底抽薪的方法，把国民党在上海的特务组织拉过来为我所用。见晴气庆胤显出一副不甚相信的神情，丁默邨、李士群又向他递上了一份《上海特工计划》。该计划对特工组织的方针、要领、组织机构、工作据点的开辟、情报、工作的开展、行动队的编制和管理、经费的运用、武器的保管和修理、反谍报、纪律守则等事项，都作了详细说明。丁默邨还特别向晴气庆胤说明，这份计划是以能得到日本的经费援助为前提而制定的。为了取得日本主子的信任，李士群甚至提出把自己的儿子作为人质交给晴气庆胤。晴气庆胤对丁默邨、李士群的计划表示赞赏。他立即向在北平的土肥原作了汇报，在得到土肥原的同意后，立即动身回东京向大本营汇报。

日本陆军部军务课长影佐祯昭对此十分重视。因为，日本大本营见吴佩孚的工作迟迟没有进展，已决定停止土肥原机关的工作，转而策动汪精卫搞“和平运动”。于是决定把丁默邨、李士群的特工计划作为一项重要内容，纳入“汪工作”之内。

晴气庆胤从东京回来不久，1939年2月10日，日本大本营参谋总长发来《致晴气少佐的训令》。《训令》指出：“大本营确定，将援助丁默邨一派的特务工作，作为对付上海恐怖活动对策的一个环节。”并指示晴气，“在上海应与丁默邨进行联络，援助特务工作，协助华中派遣军推行其对付租界的对策，并处理土肥原机关所遗留的工作。”另外，还派遣冢本诚大尉和中岛信一少尉作为晴气庆胤的部属。《训令》还特别指出，在援助丁默邨等的特务工作时，应对他们提出如下要求：“（一）专事杜绝在租界内发生的反日活动时，尤应避免与工部局发生摩擦；（二）不得逮捕与日本方面有关系的中国人；（三）与汪兆铭的和平运动合流；（四）3月份以后，每月贷与30万日圆，借与枪支五百枝、子弹五万发以及炸药五百公斤。”

晴气庆胤得到日本大本营的训令后，更积极地帮助丁默邨、李士群建立特工机关的工作。在晴气庆胤与上海的日本特务机关交涉后，决定把沪西极司菲尔路76号交给丁默邨一伙使用。从此，“沪西76号”就成了汉奸特务的魔窟。

丁默邨、李士群在得到日本主子给的经费之后，就在76号院内大兴土木，把76号改建成了阴森恐怖的堡垒。在76号内，正楼位于宅院的西北侧。其一楼是特务总部，设有办公室、会议室、食堂。所有窗子全部装上了铁栏条或铁窗门，入口处和楼梯上则装有铁栅栏。另有一条秘密地下通道，以备在紧急情况下由此外逃。二楼是丁默邨、李士群两家的宿舍。正楼对面的东北角是拘留所，有单间房子20间左右，用来关押俘虏。正楼与拘留所之间，竖立着20多米高的无线电铁塔。宅院的东侧是长长一排机密房间，有无线电室、密码破译室、情报室。宅院的南侧是几排木结构的房子，那是行动队的兵营。此外，还有印刷所、卫生所、武器库、鉴别室、车库、宿舍等。

从1939年3月1日起，沪西76号的特务工作正式开展起来。

1939年5月，汪精卫一伙从河内到达上海。日本方面同意他们在上海开展“和平运动”。但是，汪精卫一伙手无寸铁，时刻担心遭到国民党特务的袭击，惶惶不可终日。于是，按照日本人的旨意，汪精卫全盘接收了丁默邨、李士群的特务组织。从此，“沪西76号”成了汪伪特工总部的代名词。沪西76号在土肥原机关撤销后，先由晴气庆胤负责，并属日本大本营领导。后来，日本设立了专管汪精卫“和平运动”的“梅”机关，其头目是影佐祯昭。此后，沪西76号就改由“梅”机关领导。

1940年初，汪伪集团发生高、陶事件不久，又演出了沪西76号两巨头丁默邨、李士群火并的闹剧。

丁默邨、李士群的结合，本来就是各有需要，互相利用。李士群拉丁默邨入伙，主要是为了利用他的老牌CC特务的资格，以便招兵买马，拉起特工队伍。丁默邨甘愿与无名小卒李士群合伙，则是想利用他与日本人的关系，开创自己的天地。他们与汪精卫一伙合流后，因护卫汪精卫的安全、协助汪精卫召开汪记国民党第六次全国代表大会有功，得到汪精卫的赏识。汪记国民党六全大会召开时，丁默邨成了中央执行委员，并担任汪记国民党的社会部长。汪伪政府成立时，又当上了政府委员。丁默邨可谓一路顺风，青云直上。李士群在与丁默邨合伙之初，有求于丁，所以尊丁为兄长，事事让他三分。76号特工总部成立时，他当了丁的副手。对此，先于丁默邨投靠日本人的李士群自然于心不甘。汪记国民党六大时，汪精卫本来内定丁默邨为警政部部长，但因李士群反对，改为由特务委员会主任委员周佛海兼任此职，丁默邨只当了个没有什么实权的社会部长。

其实，丁默邨与李士群之间的矛盾早已产生。随着特务工作的开展，在76号特工总部内，围绕着丁默邨、李士群两人，逐步形成了两股势力。丁默邨周围多是CC系的知识分子；李士群周围的人则多是原来的军统特务。丁默邨为人阴险；李士群性格开朗，也比丁默邨有魄力。这样，以李士群为中心形成了一股强劲的势力。他们不买丁默邨的账，总想把丁默邨及其亲信赶出76号特工总部。对此，丁默邨竟毫无所知。

丁默邨与李士群矛盾的公开化以致被赶出特工总部，其导火线是丁默邨与军统特务郑苹茹的邂逅。

郑苹茹是个日华混血儿，其父是上海高等法院的首席检查官，母亲是个日本人。日本发动全面侵华战争后，16岁的郑苹茹参加地下抗日组织，并成为军统与中统分立前的军事委员会调查统计局的一员，经常出没于上海。丁默邨成为76号特工总部的头目之后，一次在电车上与郑苹茹不期而遇。丁默邨一见郑苹茹，就被她的美貌所吸引。但鉴于郑苹茹的身份，丁默邨似乎仍对她存有戒心。郑苹茹凭着多年特务工作的经验，一下就看透了丁默邨的心思，赶忙解释说："丁先生，我早已从危险的买卖中脱身不干了，你尽可放心。"丁默邨经不住郑苹茹的引诱，不久即把郑苹茹带进了76号特工总部，并让她做了自己的秘书。

郑苹茹的到来使76号的特务们哗然。他们认为，让郑苹茹待在76号，如同怀里抱着一颗定时炸弹，是引火烧身，纷纷谴责丁默邨的轻率行为。李士群的部下认为这是驱逐丁默邨的极好借口，特别是行动队队长吴四宝，更是当面指斥丁默邨。

但是，丁默邨对此置若罔闻。丁默邨的妻子患有歇斯底里症，丁为此十分苦恼。郑苹茹的到来，使他感到极大的满足。因此，任凭特务们怎样议论，丁默邨仍然一意孤行。郑苹茹不仅长得漂亮，而且说得一口流利的日语，与日本人打交道极为方便，很快与日本人打得火热。自从郑苹茹进入76号后，这个戒备森严的魔窟，如同拆除了铁丝网和铁门，门户洞开，汪伪特工总部的秘密源源不断地被送往戴笠的军统局。

1939年年底的一天，郑苹茹借口要丁默邨给她买一件时髦大衣，拉着丁默邨来到静安寺路的一家皮货商店。郑苹茹选定一件皮大衣，趁丁默邨在柜台前付款之机，悄悄地离去，消失在大街上的人群中。当丁默邨追出店外寻找郑苹茹时，突然遭到来自不明方向的枪击。丁默邨先是下意识地扑倒在地，待他稍微定了定神，就迅速钻进混乱的人群，狼狈不堪地逃回76号特工总部。这时，他从自己西服上衣口袋里发现了郑苹茹的名片，上面用铅笔写着"成佛"两字。丁默邨眼前一阵发黑，他意识到问题的严重性。他还没来不及思索，突然电话铃响了。他拿起电话听筒，里面立即传来郑苹茹的声音："丁先生，祝你平安无事，对不起了。谢谢你的大衣，我留作纪念啦。"然后是一阵狂笑。丁默邨脸色苍白，气急败坏地把电话听筒摔在床上。他立即叫来行动队长吴四宝，要他立即搜捕郑苹茹。哪知吴四宝不仅不听他的指挥，反而冲着他说："我再三跟你说，那个女人是敌方的间谍，危险，你就是不听，结果落得这种地步。我看到那个女狐狸就讨厌。你如此想见她，那你自己出去抓好了。"这时，76 号的众特务纷纷前来看热闹。丁默邨感到受了极大的羞辱。他抓起一把椅子，驱散了窗外看热闹的特务们。丁默邨又气又恼，干脆闭门不出。

事后，吴四宝唆使上海的报纸以《桃色恐怖事件》为题，对此大事渲染。于是丁默邨的丑闻很快传遍了上海的大街小巷。吴四宝还在 76 号内召开声讨大会，并作出决定，要丁默邨引退。

丁默邨得知吴四宝的所作所为后，立即打电话，要李士群处分吴世宝。李士群对丁默邨的处境表示同情，并想劝解反对丁默邨的那些人，但对于是否要处分吴四宝，他一时还拿不准。于是，他对丁默邨说："一定要采取行动，但请稍等一段时间。"丁默邨对李士群的这种态度十分不满。他向周佛海告了李士群的状，并说："李士群最不可饶恕，希望给他处分。"当时，周佛海正忙于整理汪伪与日本人的合作方案，无暇深究 76 号内部的纠纷，仅向李士群了解了一些情况就算了事。

李士群认为，自己对丁默邨已做到仁至义尽，而丁默邨却以怨报德，还想借周佛海的力量来整自己，真是岂有此理。他见事已至此，索性凭实力决一雌雄。李士群的态度影响了他的亲信，一时，76 号内到处是反对丁默邨的传单。

这时，曾于 1939 年 8 月调回日本参谋本部工作的晴气庆胤又奉派回到上海，作为影佐祯昭主持的"梅"机关的成员。晴气庆胤到任伊始，就奉命负责调解丁默邨与李士群之间的矛盾。不料，李士群不肯善罢甘休，不仅不接受调解，还纠集自己的亲信告丁默邨的状，并向晴气庆胤表示："同丁先生再也无法共事了，现在再要和解，那就请准予我们一同辞职。"不仅如此，他们还以同样的手法向汪精卫的亲信提出申诉。汪精卫集团的头目们鉴于他们的中央政府建立在即，再进一步激怒李士群一伙，对"大局"不利。当时也确实有传言说，76 号特工总部已经出现了反叛的苗头。于是，由周佛海与影佐祯昭协商后，决定以李士群为中心，重建特工总部；警政部由周佛海兼任，另外新设立一个社会部，由丁默邨担任部长。至此，丁默邨与李士群之间的狗咬狗的斗争告一段落。

在排除了丁默邨之后，李士群成了 76 号特工总部的当然霸主。丁默邨则专心去做汪伪的党务工作。汪伪政权建立后，李士群担任了警政部次长。他全面改组并扩建了 76 号特工总部，在南京、苏州、杭州、汉口、广州等地建立了支部。还准备在长沙、重庆等国民党统治区建立秘密谍报机关。

随着地位的提高，李士群企图插手政务。他对汪伪政权的政策，特别是不合理的人事安排不满意，并向周佛海表示了这种不满。周佛海不但没有采纳他的意见，反而在宴会上当着众人的面，严厉训斥了他一顿。李士群愤然离席而去，返回上海，几乎不在南京露面。此事使李士群和周佛海之间产生了隔阂。接着，李士群与周佛海又因为建立税警学校发生矛盾。李士群想把税警学校置于特工总部之下，并由王天木担任校长。周佛海反对把税警学校置于特工总部之下，而且要让其亲信罗君强担任校长。在晴气庆胤的调解下，李士群答应不再插手税警学校之事，周佛海则答应把警政部部长的职务让给李士群。这样，虽然暂时取得妥协，但二人之间的矛盾却进一步加深。

李士群深知以自己的权势无法与周佛海对抗，于是千方百计地巴结汪精卫的亲信。他为了取悦于汪精卫的老婆陈璧君，改组了广州的特工组织，专门为陈璧君争夺广东的实权服务。他频繁出入于汪公馆，检举了潜伏在那里的军统特务，进一步取得汪精卫的信任。他为了讨好陈公博，就把陈公博的爱妾莫国康安排在76号特工总部掌管总务。此外，李士群还利用从特工总部搞到的大量黄金，贿赂达官贵人。

但是，李士群特工总部的财政遇到了麻烦。眼下，特工的机构比汪伪政权成立前扩大了十多倍，但活动经费却只有过去的三四倍。加上任财政部长的周佛海与李士群不和，经常拖欠经费，更是雪上加霜。特工总部的行动队队长吴四宝及其手下的一伙人，平时是挥霍惯了的，哪里受得了这种委屈。于是，他们千方百计地盘剥老百姓，甚至公开地干起了拐卖妇女、抢劫、诈骗和恐吓等勾当，成了人人皆骂的匪徒。

日本人见吴四宝名气太臭，决定把他逐出特工总部。晴气庆胤向李士群提出这个问题后，李士群十分为难。毕竟，吴四宝是对汪伪有功的人。况且，吴四宝是个杀人不眨眼的恶徒，什么事情都干得出来。但日本主子的旨意不能违反，李士群答应晴气庆胤，由他处理吴四宝问题。不久，吴四宝因涉嫌恐吓案被日本宪兵队逮捕，并发现他与沪西小酒楼暗杀日本人的事件有关。李士群通过各种关系引渡了吴四宝，并用给吴四宝送酒饭的机会毒杀了他。

汪伪政府成立后，影佐祯昭成了汪伪政府的最高军事顾问。1941年初，日本军事顾问部提出“清乡”工作方案后，汪伪政府成立了清乡委员会，汪精卫任委员长，周佛海、陈公博任副委员长，李士群被任命为清乡委员会秘书长。他和日本人一起卖力地进行清乡工作。清乡工作先在江苏省内试点。清乡地区须脱离原行政区划，处于自治状态，所以随着清乡工作的开展，李士群与伪江苏省当局在辖区方面发生了矛盾。同时，江苏省是富庶地区，清乡地区脱离江苏省后，使得担任汪伪政府财政部长的周佛海失去了一个重要的经济来源。因此，李士群与周佛海之间的矛盾因此而进一步激化。1943 年，暗通重庆的周佛海根据戴笠的指示，让他在伪税警总团的副手熊剑东设法挑起了李士群与日本宪兵队冈村中佐的矛盾，借日本人之手，毒杀了李士群。李士群死时，年仅 35 岁。

李士群死后，76 号特工总部被撤销，改为政治部，由林柏生指挥。这样，随着李士群的死去，76 号特工总部的罪恶历史也就终结了。

第十七章

混沌岁月奇事生
杜闻人统率党政

抗日战争进入相持阶段后，由于日寇改变侵华策略，致使国民党内投降危险增长。汪精卫公开投敌后，在上海招兵买马，网罗党羽。国民党一批军政要员纷纷接受汪伪“招抚”。国民党CC系留沪骨干大批叛变；中统局头目徐恩曾的第一号助手丁默邨附逆；国民党上海市党部的留沪常委蔡洪田、汪曼云等率同职员集体投敌。在这股逆流中，相继投敌的计有国民党中央党部委员20人，高级将领58人，军队50余万人（占当时伪军总数的62%）。一时间，出现了“降将如毛、降兵如潮”的局面。上海则成了这些汉奸卖国贼的麇集之地，蒋介石在此苦心经营多年的基础几乎全部被摧毁。上海的军统特务见大事不妙，一面奏报蒋介石，一面揭露附逆名单。一时全国舆论大哗，责难频起。

面对上述局面，蒋介石十分被动。为了摆脱全国人民的压力，他不得不再次重申其抗日的态度，并假惺惺地把中统特务头子陈立夫训斥一顿，责令他重建上海CC组织。陈立夫也不甘心自己苦心经营20年的成果毁于一旦。于是，他派国民党中央组织副部长吴开先，以中央代表名义，携款赴沪，去收拾残局。

当时的上海，英、法等租界尚未被日军占领，有潜藏活动的余地。而且，上海是中心城市，这里的工作可以影响东南各省。因此，国民党各派系均争相往上海派遣人员。戴笠的军统局捷足先登，早已派出行动组，在上海租界内进行活动。国民党第三战区司令长官顾祝同也派出平祖仁作为驻沪代表。1939年春，三青团中央派吴绍澍到上海，筹建三青团上海分团，以原复兴社分子为骨干，在青年学生中进行活动。中统局除派吴开先指导上海工作外，还委派陈白担任国民党京沪、沪杭甬铁路特别党部主任委员，到上海恢复两路的工作。

吴开先从1927年起就是国民党上海市党部的委员。后来，他成为中统头子陈果夫、陈立夫的亲信，是中统在上海的骨干之一。他久混官场，深谙国民党内的派系斗争。这时，中统不仅在民众中威信扫地，而且与国民党其他派系之间也矛盾重重。吴开先对自己单枪匹马去上海指导国民党各派别的地下工作，忧心忡忡，感到很棘手。首先，军统头子戴笠就不会买他的账。其次，朱家骅系的干将吴绍澍也不把他放在眼里。但是，上司有令，吴开先不能不奉旨行事。他硬着头皮在上海熬了半年，终无所获，只好两手空空地回到重庆。

吴开先把在上海工作的困境，向蒋介石、陈立夫诉说一番，并建议说："我们应成立一个包括、笼罩各派系的统一指导机构，使其驾于各派之上发号施令，这样方可解决问题。"蒋介石、陈立夫听后，觉得吴开先言之有理。经商议，决定成立"上海党政统一委员会"，统一指导国民党各派系在上海方面的工作。蒋介石让陈立夫、吴开先提出一个统一委员会成员的初步名单。名单很快被拟定出来，常务委员中除了吴开先之外，还有原上海市市长、时任财政部次长的俞鸿钧、军统头子戴笠、蒋介石的亲信蒋伯诚、驻香港的上海大亨杜月笙。

统一委员会常委确定后，由谁来担任主任委员，又成了问题。吴开先自知对国民党各派系缺乏号召力，难以亲自担任主任委员一职。但他又怕此职落到别的派系手中，而使自己处于不利地位。思索再三，他觉得由一位超脱于国民党各派系的人物担任此职较妥。这时，吴开先想到了杜月笙。在他看来，论在上海工商界的影响，国民党上海市党部不如杜公馆大。论人事关系，几名委员中，戴笠是杜月笙的把兄弟，蒋伯诚是杜月笙的玩场好友，吴绍澍是杜月笙办的恒社的社员，大都与杜月笙关系密切。吴开先自己也是杜月笙退还门生帖子的出头弟子，与杜的关系也非同一般。因此，吴开先认为，由杜月笙出任统一委员会主任委员最合适。于是，他极力向蒋介石推荐杜月笙。

对于由杜月笙出任国民党上海党政统一委员会主任委员一职，蒋介石顾虑重重。因为，杜月笙不仅不是国民党中央委员，就连国民党正式党员都不是。让一个"党外人士"来领导国民党的上海党政工作，岂不引为笑谈？但蒋介石又想，统一委员会虽说统管党、政，却是一个不公开的临时性机构。主任委员这个似官非官的位子让杜月笙来坐，也无大妨。况且，国民党内历来派系林立，矛盾重重，让蒋介石伤透了脑筋，由别人出任此职，难免引发派系争斗。杜月笙出任此职，则可避免激化国民党的内部矛盾。因为蒋介石有这种考虑，再加上杜月笙的好友戴笠和陈立夫、陈果夫的支持，所以，杜月笙被一致推定为统一委员会主任委员。

1939 年冬，吴开光、蒋伯诚等身携重金，告别重庆，奔赴香港。当时，杜月笙刚从重庆回港不久，正在筹划策动陶希圣、高宗武投诚事宜。见吴开光、蒋伯诚来港，杜月笙深感奇怪。当他得知蒋介石让他担任国民党上海党政统一委员会主任委员一职后，一时还摸不着头脑。杜月笙问蒋伯诚：

“这个主任委员是个什么级别的官?”蒋伯诚神秘地一笑，说：“要论级别么，见官高一级，因为主任委员是委员的头子；要问有多大么，比上海市长大，因为市长管不了当地的党和团；要讲阔么，比行政院各部部长还要阔，因为部长最怕的是‘特工’，而你则在‘特工’首脑之上。”听了蒋伯诚这一番话，杜月笙哈哈大笑。这是他到香港以来少有的情形。

吴开先将所带来的吴铁城、陈立夫、戴笠等人的信交于杜月笙，并附言说：“蒋总统一再叮咛，上海的阵地不能丢，以后请杜先生多偏劳了。”杜月笙接过信，说：“大总统和诸位既然看得重杜某，我定当不遗余力，不负众望。”说完，他望着吴开先和蒋伯诚，喜悦之情溢于言表。

随后的几天中，杜月笙与吴开先、蒋伯诚商谈了统一委员会如何在上海开展工作的问题。杜月笙向吴、蒋二人交代说：“在上海，徐采丞是我的代表，万墨林是我的总管，对外联络靠徐，对内联系问万。”杜月笙所说的对外联络，是指与上海抗敌后援会的各界领导人、各党派的上海负责人、租界殖民当局以及各国（包括日本）驻沪外交使节等的联络；对内联系则指与国民党军统特工、各游杂部队驻沪人员、杜月笙的门人以及租界探警的联系。杜月笙还通知徐采丞，一切抗日团体都要听从吴开光、蒋伯诚的指导，一切活动都要受吴、蒋的指挥。又通知万墨林，所有各方面的联系和关系，都要为吴开光、蒋伯诚服务。

徐采丞原本追随于史量才。史被蒋介石暗杀后，徐采丞周旋于杜月笙与钱新之之间。当他经营的民生纱厂濒临倒闭的时候，由于杜月笙的协助，使纱厂死而复生，并赚了一大笔钱。从此，徐采丞投于杜月笙门下。杜月笙赴港后，徐采丞留驻上海。他活跃于军政工商各界，并与日本“兴亚院”的坂田搭上了关系，又通过坂田的介绍，结识了日本驻沪特务机关的川本。他得到川本的特许，以经商为名，自设电台，与杜月笙及重庆保持着联系。

除了徐采丞之外，杜月笙留在上海的门徒中有不少人已投靠汪伪，并身居要职。如汪曼云，任汪伪中央执行委员；黄克昌任汪伪中央候补执行委员；黄香玉任汪伪中央监察委员等。这些投敌的门生，成为杜月笙与汪伪联系的重要渠道。因此，尽管杜月笙远居香港，但他仍然感到，控制上海绰绰有余。

吴开先、蒋伯诚离港赴沪的当天，杜月笙又给黄金荣、金廷荪写信，请他们给予协助。还通知法国哈瓦斯通讯社上海分社社长张季先，要他在必要时予以掩护。

吴开先、蒋伯诚到达上海后，召集徐采丞、万墨林、吴绍澍、冯有真（国民党中央通讯社上海分社主任）等人，举行首次会议。会上，吴开先简要介绍了上海党政统一委员会成立的经过之后，又对该委员会的工作及其要求慷慨陈词：“统一委员会之职，在于统领上海党政，联合各党各派，团结工商各界，反对汪伪，一致抗日。但是，必须申明，任何党派团体，只有在拥护国民政府、拥护蒋大总统之前提下谈团结，谈抗日。”会议拟定了统一委员会的三项工作：第一，稳定上海局势，首先稳定上海工商界；第二，团结一切力量，开展一次广泛的反汪运动，打击汪伪组织的出现，以正中外视听；第三，加强拥护“领袖”的宣传。会议指定万墨林为总交通，冯有真、陆鸿勋（中统头目徐恩曾的同学，徐的驻沪代表）、龚仰之（吴开先的表兄）为专员，分别代表吴开先外出联络。另外，任命吉明斋等人为秘书，吴冰梅、吴茹二姐妹为干事。

几天后，由徐采丞出面，在杜月笙的老家为吴开先、蒋伯诚接风洗尘。黄金荣、金廷荪在金家两次宴请吴开先、蒋伯诚，并邀请原抗敌后援会的部分负责人和英、法租界的有关人士作陪。此后，徐采丞、万墨林又代表吴开先、蒋伯诚，分别邀请新闻界、工商界及所谓地方“名流”，举行慰问性聚餐。他们还以蒋中正或国民党中央党部秘书长吴铁城、上海党政统一委员会、国民党上海市党部等名义，发出大批慰问信，极力笼络各方人士。

为了稳定上海的局势，统一委员会开列所谓守正不阿者的名单，电请重庆批准分别用蒋中正、吴铁城的名义发函“慰勉”。对那些动摇者，则以锄奸团体的名义发出警告信。统一委员会还曾令三青团在各校发动了一次反汪罢课。汪伪政权粉墨登场时，汉奸报纸曾盗用上海各同业公会的名义发出“拥护”通电。统一委员会则联络各同业公会，登报予以否认。

杜月笙在香港遥控上海党政统一委员会的同时，又遵照蒋介石的旨意，与戴笠联手，发起成立了“人民行动委员会”。成立该组织的目的，是要把全国各地的清、洪帮头子及四川袍哥首领集合起来，一致行动。该委员会推举戴笠、杜月笙、杨庆山、向海潜、潘子欣、张钫、张树声、冷开泰、韦作民、李福林、梅光培、杨啸天等人为委员，由戴笠兼主任委员。人民行动委员会的成立，堪称一大“盛举”，中国的帮会有史以来第一次实现了空前绝后的“大团结”。杜月笙实际上成了各帮派的总龙头。他们把沦陷区划为上海、津浦、平汉、两湖、陇海、粤港六个工作区。上海区由杜月笙与杨啸天直接负责，根据蒋介石的指示行动。

正当吴开先、蒋伯诚在上海大造“反汪抗日”声势的时候，突然传来了上海大资产阶级代表人物虞洽卿企图投靠汪伪的消息，吴开先、蒋伯诚等人顿时紧张起来。他们迅速派人劝虞洽卿离开上海去重庆，结果遭到拒绝。于是，统一委员会的骨干召开会议，商讨对策。会上，蒋伯诚分析了虞洽卿一旦投汪的严重性，说：“大汉奸汪精卫正要粉墨登场，企图拉拢名人捧场，我们要想尽办法阻止这幕丑剧的演出。要知道，阿德哥（指虞洽卿）对上海工商界的影响太大了，他若一旦附逆，胜过一师叛变。更重要的是，阿德哥与蒋总统关系非同寻常，他若落水，岂不授人以口实？所以，我们一定要抢他回来。”此时，在场的万墨林动了心思。他深知杜月笙与虞洽卿之间的恩恩怨怨，认为此时正是对付虞的好时机。待蒋伯诚话音刚落，万墨林便接过来说：“这还不好办么，告诉戴老板手下的人，很容易动手，只要你一句话就行了。”蒋伯诚听了万墨林的话，连忙摇头，说：“这可不行，没有蒋总统的命令是不行的，现在就打电报去请示。”吴开先赞同蒋伯诚的主张，认为不能杀虞洽卿。但事到如今，刻不容缓，打电报请示已来不及。于是他说：“我们不妨代拟一个致虞的电报，促其离沪去渝，否则安全就成问题。同时找几个彪形大汉去吓唬他一下，我想，他就不敢再待下去了。”众人皆称此计甚妙。

于是，他们以吴铁城的名义拟定了一份致虞洽卿的电报，并于当晚发出。电报称：“奉总裁谕：上海情形复杂，安全堪虞，请即来渝为荷。”虞洽卿接到电报后，果真含泪离开了他的黄金窝，去重庆见蒋介石。吴开光、蒋伯诚大喜，遂把事情的始末告诉了杜月笙、蒋介石。本来，杜月笙从移居香港后，一直担心虞洽卿会乘机独霸上海滩。现在听说虞已经离开上海，高兴不已。蒋介石也表示，此举功不可没。

统一委员会在搞了一阵子所谓“反汪抗日”的活动之后，由吴开先、吴绍澍去重庆汇报请功，得到了蒋介石的首肯。但蒋介石认为，统一委员会对青年工作做得不够，抓得不紧。原来，抗战进入相持阶段以来，上海不断有热血青年奔赴延安、苏北，去参加共产党领导的八路军和新四军。当时，上海有不少爱国文艺团体，如上海剧艺社，在共产党的领导下，不顾危险，演出了不少反帝反封的名剧。许多进步青年把上海剧艺社视为希望和胜利的象征，其中一些人受其影响，奔赴延安和苏北。这引起了蒋介石的不安，所以，蒋介石特别责令统一委员会，要多做些青年工作，以防止更多的青年投奔延安和苏北。吴开先、吴绍澍领命回沪后，立即遵照蒋介石的命令，着手进行破坏抗日文艺团体的活动。对上海剧艺社，他们软硬兼施。先是通过上海剧艺社名誉社长、法租界华董赵志游的关系，给该社拨了一笔经费，并以经常给予补助为诱饵，妄图篡夺该社的领导权。在拉拢失败后，他们转而对剧艺社施以恐吓、威胁之手段。吴开先等人虽然机关算尽，其阴谋却始终未能得逞。

由于统一委员会的五大常委一直分居香港、上海、重庆三地，又不曾制定过统一具体的行动计划，因此，在做了一些大面上的文章之后，它便被闲置起来。杜月笙把持着吴开先从重庆携来的大部分经费，竭力抚慰和笼络流亡在香港的官僚、买办和所谓“名流”。1941 年年底，杜月笙恰巧在香港沦陷前去了重庆，得以免遭此劫。此后，他在重庆继续遥控上海。统一委员会的另一部分经费则由吴开先自己一手把持。他不仅自己大肆挥霍，常与万墨林、冯有真、陆鸿勋、蒋伯诚等一起豪赌，还纵容其亲信寻欢作乐，甚至给他们发放赌本，令其挥霍。

1942年夏，突然传来吴开先被汪伪特工逮捕的消息。杜月笙当即表示：必须迅速予以营救。于是，营救吴开先便成了统一委员会当前的中心工作。杜月笙数次致电徐采丞，要他利用与日本军部的关系，设法营救吴开先。他还找到陈立夫、戴笠等人，共商营救办法，决定派已经回渝的吴绍澍再度赴港，予以协助。

这时，上海英、法租界已被日军占领，统一委员会的骨干分子大部分已撤至皖南屯溪和苏南张渚两地。吴绍澍离渝后，辗转来到江苏宜兴县张渚附近的国民党江苏监察使署所在地。时值1943年春节前后，一天，日本文人吉田佑自称能够救吴开先，要求见吴绍澍。吉田曾营救过三青团调查组组长姜梦麟，并经常在《申报》上撰文，假惺惺地反对侵略政策。吴绍澍接待了吉田佑，询问他用什么方法营救吴开先。吉田不正面回答，却大讲徐采丞营救吴开先的活动。他对吴绍澍说："徐先生近来不辞辛苦，与军部紧密联系，通力合作，功效卓著，救出吴开先还是不成问题的。不过……"吉田话锋一转，接着说："中日两国人民一向爱好和平，战争为人民所厌恶，时下唯共产分子兴师动众，兴风作浪，扰乱治安，破坏中日之和平。吴先生认为此局将走向何处呢?"很显然，吉田是向吴绍澍传达日方的信息，即以重庆方面反共并与日本媾和作为释放吴开先的条件。吴绍澍看出了吉田的用意，据实以告："共党虽活动猖獗，国共虽有摩擦，但公开破裂反共，言之尚早。中日和谈，因战争复杂，估计时下不是时机，再者也非我吴绍澍一人能断。"吉田得到此番答复之后，满面阴云，愤然而去。

1943年夏，日本军部用飞机把吴开先送到广州湾（湛江），再把他护送过封锁线。吴开先从广西大摇大摆地回到了重庆。杜月笙、陈立夫、戴笠等人先后为他摆宴"压惊"。国民党中央社发表消息说，吴开先"冒险逃出虎口，辗转安抵陪都"。吴开先"安抵陪都"的奇迹令人疑窦丛生，世上哪有乘敌方飞机"逃出虎口"的？许多爱国民主人士以及国民党内部的抗战派纷纷提出质问。不久，吴绍澍回到重庆，披露了吴开先家里有电台与日本在上海的电台保持联络一事。消息传出，群情激愤。国民参政会一致要求审讯吴开先。吴开先终日躲在杜月笙的汪山别墅，不敢轻易露面。迫于各界的压力，蒋介石不得不宣布，"对此事正在彻底清查"。为掩众人之口，国民党中央党部宣布，免去吴开先的组织部副部长的职务。

日军进占上海英、法租界以后，统一委员会无法在上海立足，迁往重庆。这时，它已形同虚设，发挥不了什么作用。其主任委员杜月笙却利用他在上海的电台，仍"不遗余力"地为国民党效力。他能把上海当天的敌伪动态、经济概况、物价涨落、人事变动等情况，在第二天报到重庆。在日本投降前，敌方内部意见之分歧，集会时的秘密辩论，吃败仗时的痛哭流涕，以及其他重要情报，杜月笙都能随时向蒋介石和国民党政府行政院报告。这些敌方情报虽属一鳞半爪，但对蒋介石来说，仍不失为获取情报的一条重要渠道。那时，中统局与军统局在上海也设有电台，但因为使用过于频繁，容易被敌方侦破。唯有杜月笙的电台，因其通报范围较小，又不时东迁西移，所以始终能够保全。后来，随着时局的变化，此电台索性由秘密转为公开。日本投降前夕，何应钦颁给敌酋冈村宁次的第一号命令，就是经由此电台，转递到冈村宁次手中的。蒋介石虽然早已把上海党政统一委员会丢在了脑后，但对杜月笙的所作所为却予以嘉奖。

第十八章

跑狗场被迫关门
张啸林另攀新贵

张啸林经营的彩票公司红火了一阵子以后，便在激烈的竞争中逐步衰落下去。张啸林不懂得生意经，正经的生意他做不来。只能干些鸡零狗碎、投机取巧的勾当。为了发挥他的“特长”，在彩票公司衰落后，黄金荣、杜月笙又让他去经营跑狗场。

赛狗原本是有钱人酒足饭饱后穷极无聊时的一种娱乐活动，时间久了逐步演变为一种竞技活动，并被好赌者发展成为赌博的一种形式。更有头脑灵光的人，建造跑狗场，供好赌者玩乐，既满足了赌徒们的需要，又可以大把大把地赚钱。

跑狗场里的主角当属比赛用的狗。这赛狗是主人的摇钱树，所以饲养者大都舍得在狗身上下本钱。据说，狗吃的是牛排猪肉，喝的是牛奶鸡汁，住的是装有暖气设备的高级狗房。经过特别训练的赛狗特别灵敏，主人的每一个声音、动作甚至暗示，它都能很好地领会。

跑狗场里一般设有八条或十条跑道，每条跑道的起点安装一只电兔，作为引诱赛狗之物。比赛时，每只赛狗都穿上特制的狗衣，狗衣两侧标有号码，以供辨认。把狗按号码领到起跑线上后，枪声一响，工作人员即按动电钮，电兔便沿着跑道疾速向前飞去，赛狗则瞄着电兔，飞跑狂奔，先到达预设的终点者为胜。跑狗赌票每张面额一元至十元不等。赌者如果买中了取胜的狗的号码，就能以一得五，连本得六。买不中者，赌资由跑狗场主人通吃。

为了维持秩序，跑狗场内都设有稽查人员监场。此外，还设有专门的招待员。每逢大赌徒或有点身份的赌徒进场，招待员又是打躬作揖，又是端茶倒水，百般殷勤。跑狗场可算是服务周到，中彩者无须亲自去取彩金，全由招待员包取包送。当然，中彩者少不了分给他们一些烟酒钱。这都是惯例，行话称之为“输了空双手，赢了三只手”。

开跑狗场如同其他赌博方式一样，也是聚敛钱财的好办法。一般情况下，中彩者少，不中者居多。跑狗场主人从被通吃的赌资中拿出一小部分，即可支付彩金。何况，狗场主人还可在幕后大作手脚。读者也许不理解，狗是畜牲，不通人性，人如何作手脚？其实不然，狗也能被人操纵。一场跑狗赌票卖完后，跑狗场主人就统计出哪只狗卖得最少，于是让饲养员给这只狗喂烈性药。狗吃了烈性药，兽性大发，跑得特别快，往往先到达终点。这样，跑狗场主人可以少赔多吃，昧着良心赚钱。

张啸林开办的跑狗场取名“申园跑狗场”。不到两年，张啸林的钱袋里增加了三四十万块银圆。后来，他又与黄金荣、杜月笙合伙，投资十余万元，办了一个更大的跑狗场，取名“逸园跑狗场”。这逸园跑狗场设施先进，不仅设有钢筋水泥的看台，还在跑道上搭了顶棚，一年四季都可以营业。

有个法国人阿里玛，看到张啸林的跑狗场生意兴隆，分外眼红，想插一只脚进来却又不好开口。于是，他便在法租界公董局里大造舆论，说跑狗赌博纯系骗人，有损洋人的体面，提出要逸园跑狗场关门。张啸林明白阿里玛葫芦里卖的是什么药，经与黄金荣、杜月笙商量，决定拉阿里玛进来。于是，黄金荣出面约见阿里玛，说明合作意愿。阿里玛巴不得这样，便顺水推舟，答应下来。从此，逸园跑狗场的老板除了三个流氓大亨外，又多了个洋人，赌业也就更加兴隆了。

张啸林开办跑狗场不知害了多少人。有个珠宝商叫郑启昌，原在南京路开了一家天昌珠宝店。本来珠宝店生意兴隆，财源滚滚，谁料想这郑启昌迷上了跑狗。最初，郑启昌只是到逸园跑狗场消遣，偶尔赢了几块钱。从此，郑启昌迷上了跑狗这一行，以为赌赛狗钱来得快，他几乎每天下午都泡在跑狗场。郑启昌赚钱心切，赌注越下越大。跑狗场的钱岂是好赚的。输了钱又想翻本，郑启昌完全成了个赌徒。赌来赌去，把个好端端的珠宝店输了个精光。

张啸林发了财，就想给儿孙造福。他花了四万块大洋作运动费，托黄金荣从蒋介石那里给儿子张贵显买了一个内政部次长的官职。国民党当道时，买官者比比皆是，张啸林给儿子买官本没有什么稀奇。但是，老子在上海做大流氓，儿子在南京当次长，可谓绝妙的搭配。

1937 年上海沦陷后，杜月笙去了香港，阿里玛回到法国，逸园跑狗场的主人只剩下黄金荣和张啸林。当时，虽然租界因为有特权仍保持着原状，但毕竟日本人的势力不可小视。那些认贼作父的汉奸们仗着日本人的势力，耀武扬威，胡作非为。尤其是汪伪 76 号特工总部的特务们，一个个毒如蛇蝎，恶如虎狼。其中行动队队长吴四宝更是一个恶魔。他原籍是苏北高邮，自幼随父亲逃荒来到上海，在沪西地区以拾荒为生。长大后，吴四宝面貌丑陋，上窄下宽的脸，塌塌的鼻子，被称为“烂冬瓜”。他从做小瘪三开始就横行霸道，成年后拜沪西一带地头蛇清帮“通”字辈流氓张云祥为老头子，以敲诈、抢劫为生。吴四宝因打起架来舍得拼命，所以在沪西一带的流氓中有些名气。

吴四宝30岁左右时，正是敌伪横行的时候。他买了一支手枪，经常带在身边。张云祥见他有枪，就介绍他到沪西最大的赌窟六国饭店“抱脚”，替老板监视闹事的流氓。丁默邨、李士群建立沪西76号特工总部以来，就投靠了他们，并成为特工总部的行动队长。有了日本人在背后撑腰，吴四宝更加神气起来。他带领一群恶徒，大肆进行绑架暗杀，敲诈勒索，无恶不作。他见张啸林的逸园跑狗场日进斗金，垂涎欲滴。他无计把跑狗场弄到手，就指使他的门徒“小飞机”到跑狗场寻衅滋事。

“小飞机”原是沪西一带扒窃帮中的一个小头目，手下有几十个喽罗，专门在沪西一带的车辆或集市上扒窃。他们还备有几支手枪，有时也结伙上门抢劫。“小飞机”看到吴四宝在76号特工总部青云直上，就想投靠他。吴四宝为了扩大自己的势力，也正在广收门徒。他见“小飞机”手下有几十个同伙，又有几支枪，可以利用，就收他为门徒。

得到吴四宝的指示，“小飞机”便召集几十个同伙，以赌博为名，进了逸园跑狗场，在看台上坐下。执场的招待员免不了一番献殷勤。这时，又见“小飞机”从口袋里取出一千元一叠的三叠钞票，交给管招待的头目陈阿棠，叫他去买七号狗和八号狗的狗票。待狗票买来后，“小飞机”让陈阿棠替他拿着。这陈阿棠不知是计，就把狗票暂时保存起来。

赛狗结束时，红灯上打出的是九号狗取胜，“小飞机”的赌票自然没有中彩。但“小飞机”却对着陈阿棠说：“我着了彩了，你为什么不把彩金拿来给我?”陈阿棠一听大吃一惊，忙争辩说：“先生，你叫我买的是七号和八号的狗票，不是九号的狗票呀!”“小飞机”揪着陈阿棠的衣领，硬说他让陈阿棠买的是八号和九号狗票。双方争论不休，引来了在场的总稽查、黄金荣的门徒阿福胡子等人。于是，“小飞机”等人被带到经理室的稽查间里询问。

不久，经理烂脚德宝闻讯赶来，在向陈阿棠问清了事情原委之后，断定是赌客耍赖。他板起面孔对“小飞机”说：“这里不是你胡闹的地方，你要与我识相点，否则没有你的好处。”“小飞机”是存心来闹事的，他岂能怕烂脚德宝恐吓。当他得知说话人是跑狗场经理时，不由分说，照准他的脸就是一记耳光。

赌客竟敢殴打经理，这在跑狗场真是稀奇事。阿福胡子见状，掏出手枪对准“小飞机”。“小飞机”一伙早有准备，也掏出手枪相对。烂脚德宝见“小飞机”一伙是有备而来，赶紧喝住自己的人，并对“小飞机”说：“兄弟们，不要翻脸，有话不妨谈在桌面上，请坐下来再说。”“小飞机”依然态度强硬，坚持要对方支付一千五百元中的彩金，否则没完。

屋里交涉正紧，看台上的“小飞机”的同伙们也大打出手，并闯进经理室。烂脚德宝已猜到“小飞机”一伙是沪西76号的特务派来寻衅的，想赶紧设法把他们打发走。他答应“小飞机”，一千五百元中的彩金不会少分文，让他们明天来取。“小飞机”一看目的达到了，就此下台阶，带着他的同伙扬长而去。

张啸林闻讯后，立即驱车赶来。他听经理讲了事情的经过，又亲自查看了一片狼藉的跑狗场，气不打一处来。他带着烂脚德宝驱车直奔黄金荣家，共商对策。不久，杜月笙的门生汪曼云也赶到。张啸林虽气愤难平，但知道沪西76号的人不好惹，主张息事宁人，把那份彩金给他们了事。但汪曼云等人则认为，姑息只能养奸，他们会得寸进尺。听了众人的话，黄金荣从大烟榻上爬起身来，总结式地说：“我们斗气不斗财，宁愿不开逸园，决不任其无理敲诈。”他又转而对烂脚德宝说：“德宝，明天把逸园的门关起来，对里面人员和一切事务你要妥为安排。他们若再前来寻衅捣蛋，我自有办法对付他们。”

根据黄金荣的意见，逸园跑狗场关门停业。第二天下午，当“小飞机”一伙再次来到逸园时，发现大铁门紧闭，场子里空无一人，知道吴四宝交办的任务已经圆满完成，遂回去向老头子复命。吴四宝见肥肉虽然没有到手，张啸林之流也已吃不成，心里平衡了许多，也就就此罢手。

逸园跑狗场关门后，张啸林无事可做，就派门徒到川、滇地区贩烟土。虽说当时武汉尚未沦陷，长江航路尚通，但无奈长江上游属于洪帮的势力范围，关口太多，难以应付，贩卖烟土也没赚到大钱。

谁料想，这个曾与沪西76号特工总部的恶魔们为争夺逸园跑狗场而闹翻的张啸林，自己也投入日本人的怀抱，当了无耻的汉奸。此事似乎叫人难以理解。众所周知，张啸林曾经是一个深得蒋介石器重的反共老手。1927年蒋介石发动四一二政变时，张啸林与黄金荣、杜月笙一起，组织中华共进会，袭击上海工人纠察队，疯狂屠杀共产党人和革命群众，为蒋介石立下大功。此后，黄金荣、杜月笙为蒋介石干的一系列反共勾当，也都有张啸林一份。1931年10月，张啸林打着中华共进会的旗号，阻止上海工人、学生代表赴南京请愿，并在上海北站殴打工人和学生代表。1936年11月，当戴笠奉蒋介石命令逮捕救国会“七君子”（沈钧儒、邹韬奋、沙千里、李公朴、史良、章乃器、王造时）时，张啸林积极配合戴笠，跟踪追捕“七君子”。作为一个与蒋介石政权有着特殊关系的人物，张啸林堕落为汉奸，始于他同汉奸丁默邨的接触。

丁默邨是张啸林在浙江武备学堂时的同学。武备学堂被解散后，二人各奔前程。后来，丁默邨考入黄埔军校第六期步兵科。四一二政变后，丁默邨投靠陈果夫、陈立夫，成为CC特务，被派往上海，在文化界进行特务活动，曾主编造谣刊物《社会新闻》，攻击共产党和进步人士。国民党中央组织部调查科与复兴社特务处合并为军事委员会调查统计局后，丁默邨任该局第三处（邮政检查处）处长。1938 年中统、军统分立后，丁失去处长职务，改任没有实权的军事委员会少将参议。在不得志时，被李士群拉下水，当了汉奸，与李士群共同筹建了沪西 76 号特工总部，成了汪伪特工头目。

丁默邨当年做 CC 特务时，碍于身份，没有去找过他的老同学张啸林。当了汉奸后，无须再顾虑什么，就决定与张啸林建立联系，以便把这位流氓大亨拉下水。

张啸林自从跑狗场关门后，无所事事，曾闲居在莫干山的别墅里，让几个姨太太陪着打牌，消磨时光。淞沪抗战期间，日本人在游说杜月笙失败后，就派人到莫干山去找张啸林。日本人告诉张啸林，只要他肯合作，允许他在上海继续经营鸦片和赌场，并答应保证他在上海的财产的安全。张啸林回到上海后，曾根据日本人的要求，劝说杜月笙留在上海。杜月笙则劝他一同离沪赴港，二人话不投机，吵翻了脸。在张啸林看来，不管是法国人还是日本人，只要允许他贩卖鸦片、开赌场，能让他升官发财，他都愿意与之合作。他听说丁默邨投靠日本人后，成了汪伪特工总部的头目，颇为羡慕，也想学丁默邨的样子，背靠日本人风光一番。现在丁默邨找上门来，正是与日本人建立联系的好机会。俗话说，物以类聚，人以群分。在丁默邨的游说下，张啸林很快投入日本人的怀抱。后来，丁默邨又介绍张啸林与大汉奸周佛海拉上关系。汪精卫也很看重张啸林这位上海流氓大亨，曾亲自召见过他。

日本人也加紧做张啸林的工作，希望他出面主持上海市民协会。在张啸林看来，市民协会只不过是个民间组织，没有多大油水，一心想过过当市长、省长的瘾。不过，他知道这个要价目前还太高，日本人未必会轻易答应，不如先利用日本人的势力重操旧业，开赌场，贩鸦片，赚大钱。

张啸林看到，自从日军占领上海后，共产党领导的新四军在浙江一带开展游击战争，截断了日本在上海驻军的运输线。张啸林打算把自己手下的人组织起来，利用他与浙江一带黑社会的特殊关系，从苏南收购紧缺物资，运到上海出售给日本军方，从中牟利。他把这个想法告诉日本人后，很快得到答复，准许他在英大马路大新公司五楼开设兼营烟、赌的“俱乐部”，并准许他成立“新亚和平促进会”，独家经营军需品生意，为日本军方采购大米、棉布、煤炭等重要物资。

不久，新亚和平促进会成立。张啸林指派自己的亲信高鑫宝、俞叶封、程效欣等人负责，召集他的门徒，在日本人的支持和保护下，公然干起了物资资敌的勾当，大发国难财。这时的张啸林可有了显山露水的机会。杜月笙离沪前，事事盖过张啸林。现在，杜月笙走了，黄金荣也早已隐退，该是他张啸林大显身手的时候了。

随着地位的上升，张啸林又想染指政界。他早就觊觎上海市市长的职务，但日本人把这个职务给了傅筱庵。当时，伪浙江省省长人选尚未确定，张啸林又盯上了这个职务。浙江是张啸林的原籍，如果当上浙江省省长，他就可以衣锦还乡，光宗耀祖。而且，浙江是富庶之地，如果把浙江的大权握在手，岂不等于手捧着聚宝盆？当时，日伪为浙江省省长一职开出的牌价是：三年任期，“大黄鱼”（黄金）400 条。这是大有赚头的一笔买卖。当时，浙江省辖十一府七十二县，府台和县长都要由省长委任。按每个府台、县长四条“大黄鱼”计算，就能捞进 300 条。省府下属两厅、六局、十二科，这些部门的官职至少能卖 300 条“大黄鱼”。再加上各种进项，浙江省省长一职实实在在是一个肥缺。

张啸林从周佛海、丁默邨那里得到这个消息，并知道他们推荐自己担任此职，心中暗喜。当时，李士群很想借张啸林把自己的势力扩展到浙江省，也极力向“梅”机关的头目影佐祯昭推荐张啸林。这时，影佐也正想利用一些地方实力人物稳定浙江的局势，认为张啸林是浙江省省长的合适人选，于是决定由张啸林出任伪浙江省省长。

正当张啸林准备沐猴而冠，去杭州上任的时候，死神却已悄悄地朝他走来。

第十九章

戴杜合力除汉奸 张啸林命归西天

日本帝国主义为了实现征服中国的野心，竭力推行“以华制华”的反动政策。日寇占领上海后，用种种手段网罗中华民族的败类，为其侵华服务。寡廉鲜耻的汉奸们，则甘心认贼作父，供其日本主子驱使。

在上海的形形色色的汉奸中，帮会分子占了很大比重。日军占领上海后，在上海招收了上千名中国宪兵，其中多数是清帮分子。太平洋战争爆发后，日军进占租界，在租界巡捕房中设立特高科，专门对付抗日分子，其成员也几乎是清一色的清帮分子。1938 年 2 月，清帮“通”字辈头目、号称“江北杜月笙”的常玉清，以清帮成员为核心，建立了“黄道会”，自任会长。日本特务发给黄道会手枪、手榴弹等武器弹药，指使黄道会开展恐怖活动，镇压抗日群众。黄道会成立伊始，就在上海制造了一系列暗杀血案。1938 年 2 月，黄道会杀手杨嘉初在新亚饭店刺杀了《社会新闻报》编辑蔡钧徒，并将蔡的头颅割下，悬挂于电线杆上，还贴上写有“抗日分子结果”字样的纸条示众。同年 4 月，黄道会会员曾寿庚暗杀了拒不担任伪教育部长的沪江大学校长刘湛恩。1939 年 3 月，丁默邨、李士群建立 76 号特工总部之后，这种暗杀活动更加猖獗。

汉奸暗杀活动的猖狂是对戴笠的公开挑战。为了打击汉奸的嚣张气焰，戴笠领导的特务组织展开了大规模的锄奸诛叛活动。按照戴笠的说法，国难当头，必须使用激烈的手段才能打击敌人的气焰。这样做可以起到两个方面的作用：一是警告汉奸，不要死心塌地为日本人卖命，为虎作伥；二是向沦陷区的广大民众表示，国民党政府对于沦陷区并非鞭长莫及，从而起到振奋人心、鼓舞士气的作用。在对付日本人时，这样的暗杀活动不必选择目标，也不限于使用哪种手段，一有机会，就可以实施。但在对付汉奸时，则主要选择那些罪大恶极、死心塌地为日本人卖命的首要分子，以达到杀一儆百的目的。

早在淞沪抗战后期，戴笠在指挥苏浙别动队协助国民党正规军作战时，就建立了蓝衣社的上海站。此时，他命令上海站的负责人周道三组织行动小组，进行铁血锄奸。周道三按照戴笠的命令，将蓝衣社在上海的特工和留在上海的苏浙别动队余部，组织成上海区行动队，由杜月笙的弟子、原上海警备司令部稽查处经济组长陈默担任锄奸行动小组组长。此后，周道三、陈默二人带领一群职业杀手，开始了大规模的暗杀活动。1938 年，伪上海市市政督办公署秘书长任保安、伪上海市民协会主席顾馨一相继被刺身亡。同年，大汉奸唐绍仪被杀。

1938 年 8 月，军统局成立后，与汪伪特工总部展开了激烈的较量。1939 年杜月笙的弟子、军统上海区行动组长于松乔曾谋刺李士群 。同年，国民党高级特务、少将高参戴炳星谋刺丁默邨、李士群、汪精卫。1939 年底，军统女特务郑苹茹曾打入汪伪 76 号特工总部内部，并谋刺丁默邨。

军统上海区特工的暗杀矛头直指汪伪政府和 76 号特工总部的核心，因此，遭到了汪伪特务的血腥报复。戴炳星和重庆特派上海专员、军统高级特务吴赓恕被捕杀。汪伪特工还刺杀了著名文学家郁达夫之兄郁华和共产党员、职业妇女俱乐部主席茅丽瑛，甚至企图暗杀公共租界工部局总办英国人费利浦。在这场特工战中，由于汪伪 76 号特工总部有日本人支持，使得军统局一度处于下风。军统局上海方面的负责人王天木、万里浪、陈明楚等人先后投敌，并带领汪伪特工总部的特务四处搜捕军统局上海区的潜伏特务，使上海区的组织遭到严重破坏，几乎完全瘫痪。

戴笠被迫重整军统局在上海的组织。他决定再次起用陈恭澍。此前，陈恭澍因为在河内刺杀汪精卫失败而被戴笠“冷处理”，因为刺汪失败造成了很大被动。汪精卫乘机大肆宣传说，他本打算去法国养病，但曾仲鸣的死使他改变主意，投靠了日本人。国内不明真相的知名人士也把汪精卫的投敌归罪于河内的刺杀活动，纷纷指责他们。戴笠有口难辩，只好把气撒在陈恭澍身上。现在，情况紧急，只好重新起用他。戴笠对陈恭澍说：我们在上海的组织已经遭受到敌伪破坏。而且，我们至今仍未把全部情况摸清，情况仍在恶化中。我决定请你去处理这个问题。你要排除障碍，使工作得以继续进行，打击破坏组织的叛徒。希望你明天就出发，我随时会跟你保持联络。接着，戴笠又把王天木等人的情况告诉了陈恭澍，并要他到上海后与毛万里联络。

陈恭澍到上海后，不仅见不到王天木，也未能与上海区临时负责人赵理君取得联系。因为，汪伪特工总部正在追捕赵理君等原军统上海区负责人，赵理君等人只好东躲西藏，连家都不敢回。陈恭澍为了安全起见，只好隐居，根本无法开展工作。戴笠电令陈恭澍，通知赵理君、毛万里等人迅速潜离上海。

与此同时，戴笠答应刘戈青的要求，带着他的亲笔信前往上海，说服王天木不要投敌。刘戈青到上海后，见了王天木和陈明楚。这时，陈明楚早已是死心塌地的汉奸。当初，他因为赵理君反对王天木提拔他当军统上海区书记，对赵理君恨之入骨，就以投敌以示报复。为了拉王天木一起投敌，他伪造了一份戴笠要杀王天木的电令，并导演了一幕暗杀王天木未遂的假戏。王天木信以为真，为了报复，他把军统潜伏在英、法租界的组织和人员，出卖给汪伪特工总部。陈明楚怕刘戈青的到来坏了他在特工总部的事，就把刘戈青骗到特工总部，交给李士群关押起来。

听到刘戈青被捕的消息，戴笠气得发疯，立即决定除掉陈明楚和投敌不久的忠义救国军浦东地区特派员何天风。当时陈恭澍刚在上海站住脚，不宜暴露，戴笠就派与王天木及其手下马河图等人私交甚笃的吴安之潜往上海，策动马河图等人刺杀陈明楚、何天风。这年的圣诞节之夜，马河图等跟随王天木、陈明楚、何天风到公共租界寻欢作乐。当他们在越界筑路惠尔登舞厅玩乐后准备分手时，马河图等乘机把陈明楚、何天风击毙。

陈恭澍负责的军统上海一区建立后，仍无法与汪伪特工总部相匹敌，于是，戴笠决定成立军统上海二区。戴笠让他的同窗好友姜绍谟担任区长，并让他挑选一个适当的人当他的书记。姜绍谟选定了陈祖康。陈祖康比戴笠小六七岁，但其资历、学识却远远在戴笠之上。当年戴笠在黄埔军校学习时，陈祖康就是军校的政治教官，黄埔军校校歌的歌词就是他写的。戴笠起初对姜绍谟选择陈祖康不太理解。姜绍谟却认为，陈祖康法语讲得好，人又精明能干，写得一手好文章，万一与租界的法国人打交道，会很方便，由他执笔写的情报会更有价值。

戴笠加强了军统在上海的力量后，军统的工作逐步有了起色。姜绍谟、陈祖康的沪二区逐步联系了一些有一定地位和影响的人，如策反了汪伪政府的海军部长任援道，让他暗中为重庆政府效力。沪一区则几经周折，成功地刺杀了大汉奸张啸林、傅筱庵。

本书前面已交代过，在上海清帮三大亨中，张啸林是最没有民族气节的一个。黄金荣、杜月笙虽然作恶多端，但对日寇的态度还是明朗的。杜月笙不为日方的威胁利诱所动，在抗战初期毅然离开他的老巢上海，到了香港。黄金荣也拒绝了日本人让他当伪上海市市长的要求。张啸林则与杜月笙、黄金荣不同，一经日本人引诱，就甘心卖国求荣。1940 年，日伪决定由张啸林出任伪浙江省省长。蒋介石闻讯大怒，命令戴笠除掉张啸林。

军统要刺杀张啸林，必须与杜月笙在上海的帮会力量合作。1937 年 11 月杜月笙逃往香港时，把其亲信徐采丞、万墨林等人留在了上海。万墨林在上海浦东高桥地区设立了秘密电台，同各方联络。杜月笙到达香港之后，接受国民党政权的指示，遥控自己在上海的门徒，开展抗日活动。这时，杜月笙人虽不在上海，但对上海的影响还很大。重庆国民党政府在已沦陷的上海租界推销公债时，请杜月笙协助。在杜月笙的指示下，他在上海的门生四处奔走，使各界人士，甚至一些投靠日本的汉奸都纷纷认购，一下子推销了几千万元，使重庆政府感到惊奇。所以，凡是军统特务前往上海执行任务或秘密潜伏，都要与杜月笙联系，由杜派人护送；到上海后，也必须由杜月笙的手下接到可靠地点。由于杜月笙在上海耳目众多，而且杜的不少得意门生又是军统的骨干，所以，军统在上海的暗杀活动大都是和杜月笙的门生合作进行的。刺杀张啸林也不例外。

但是，张啸林毕竟有别于其他汉奸，他和杜月笙的特殊关系是人所共知的。主持刺杀张啸林的军统特务陈默是杜月笙的弟子，与张啸林也有师伯之谊。对陈默来说，刺杀张啸林乃是不得已之举。

军统对刺杀活动进行了周密的部署。参与刺杀张啸林的杜月笙的门徒过去与张啸林交往很多，对他的脾气禀性、生活规律及活动特点都一清二楚。

1940 年 1 月 15 日，张啸林的亲信、在新亚和平促进会中主持棉花资敌工作的俞叶封，因为上海名优新艳秋要在更新舞台唱《玉堂春》，便邀请张啸林同去看戏捧场。就在张啸林唤好妻妾准备出门之时，客厅的电话铃响了，张啸林接了电话后，让妻妾先走，并派听差给俞叶封打了个电话，告诉俞叶封不要等他了。俞叶封正坐在包厢里等张啸林，茶房进来告诉他说，张啸林要与日本人谈生意，不必等了。俞叶封大为扫兴，就吩咐开场。锣声一响，剧院的灯就灭了。等新艳秋在场角上一出现，全场顿时响起了一片喝彩之声。不料，突然两声枪响，等到剧院的壁灯复明时，才发现俞叶封已命绝身亡。此次，张啸林虽因为临时有事没有去看戏，侥幸免遭杀身之祸，但也吓得心惊肉跳。从此，他躲在华格臬路张公馆里，闭门不出。他还雇佣了几十个保镖保护自己的安全。日本宪兵也在张公馆周围日夜巡逻。

新亚和平促进会的重要活动之一，是由俞叶封主持把安南煤矿的煤运销到上海和华中各重镇，以供日军需要。俞叶封一死，煤的运输就中断了。这不但使张啸林丢了一个重要财源，也使日军的煤炭供应陷入困境，从而影响了日军在华中的清乡和扫荡。所以，日本人多次催促张啸林出面恢复安南煤矿与上海之间的煤炭运输，并威胁说，张啸林若不恢复新亚和平促进会的活动，就撤走保护他的日本宪兵。

张啸林被逼无奈，只得亲自出马。他带着保镖乘汽车驶出了华格臬路。此时，陈默率领的军统行动小组，已经在李梅路十字路口埋伏多时，只等红灯一亮，汽车刹车时用机关枪扫射。本来陈默是不必亲自动手的，但是他想到张啸林与杜月笙的十几年交情，为了使张啸林逃过这次狙击，才亲自上阵。他想在红灯一亮张啸林的汽车未停止时，自己先开枪。如果等汽车停了用机关枪扫射，张啸林必死无疑。

张啸林的汽车来到十字路口，红灯亮了。就在汽车放慢速度尚未停下的时候，陈默抢先抠动了扳机，子弹从张啸林汽车的顶上飞过。张啸林的司机听到枪声，猛踩油门，汽车急速向前驶去。这时机关枪响了，汽车玻璃被打穿了好几个洞。汽车闯过了十字路口，飞奔而去，张啸林又幸免一死。

两次刺杀张啸林均未成功，精明的周道三怀疑与陈默有关。于是他表面上安慰陈默，暗地里却避开陈默，单独筹划了另一次刺杀张啸林的活动。张啸林经过两次遇刺后，已经成为惊弓之鸟，再也不敢迈出大门一步。在这种情况下，已经没有机会在外面干掉张啸林。周道三就用重金收买了张啸林的保镖林怀部，从内部下手。

一个星期以后，汪伪政权的杭州锡箔局局长吴静观到张公馆，与张啸林在三楼张的四姨太房间里商量新亚和平促进会的一笔棉花生意。林怀部故意与张啸林的司机阿四（王文虎）吵架，惊动了张啸林。张啸林勃然大怒，推开窗户破口大骂。就在这时，林怀部拔出枪来，对准张啸林开了两枪。林怀部绰号王和尚，枪法百发百中。两颗子弹不偏不倚，正好从张啸林的口中射入，穿枕骨而出，从而结束了这个大汉奸的性命。林怀部刺杀张啸林成功，又枪杀了企图向日本宪兵报警的吴静观，然后冲出张公馆逃走。

杜月笙虽然迫于形势不能制止部下刺杀张啸林的行动，但是，他毕竟和张啸林兄弟一场。想当年，兄弟三人合伙奋斗，各展所长，各得其所，使上海滩成了他们的天下，何等惬意，何等威风。如今，这一切都成为过去。张啸林已死，黄金荣也早已隐退，只剩下他杜月笙一人奋斗。想到此，心情凄凉的杜月笙不禁为张啸林的死而感到悲伤。

刺杀了张啸林之后，戴笠和杜月笙又派周道三和万墨林联手除掉了伪上海市市长傅筱庵。

傅筱庵，字彦伯，浙江镇海人。15 岁那年，他由亲戚介绍去青岛，在一个同乡开的染料行当学徒，出师后又做职员。后来，他利用省吃俭用积攒下的钱，自己开了一个德昌染料行，专门经销德国商人鲁麟染料行生产的染料。德国商人为了倾销染料，不但价格优惠，还允许售后付款。这样，德昌染料行发展迅速，在济南、天津、上海等地开设了分店。第一次世界大战期间，许多德国商人回国，德国染料商急于把存货脱手，就把大批染料降价卖给傅筱庵的染料行。后来，随着战争的扩大，由国外输入的染料日渐减少，染料价格暴涨。傅筱庵因此成了暴发户，赚了几十万元。

发财后的傅筱庵衣锦还乡，在镇海城内盖了一座华丽的住宅。新宅落成那年，适逢傅筱庵 40 岁生日。人在有了钱后也就有了势。傅筱庵在镇海本来是个小人物，发了财后其地位却大不一样。做寿那天，傅家门前车水马龙，热闹非凡。镇海防守炮台司令、镇海县和鄞县的县太爷以及富豪乡绅们纷纷前来祝贺。傅筱庵成了一位显赫的人物。

第一次世界大战结束，德国战败，原由德国霸占的胶州湾又被日本占去。在军阀张宗昌、韩复榘先后统治山东期间，大肆横征暴敛，甚至绑架勒索，搞得鸡犬不宁。傅筱庵感到青岛不能久留，于是避往上海。从此，他成了上海商界的闻人，当上了上海市总商会的会长。

傅筱庵是个只有钱没有民族气节的败类。日寇占领上海后，建立了伪政权——上海大道市政府。日本人在动员黄金荣出任伪市长遭到拒绝后，就转而把傅筱庵作为猎物。傅筱庵寡廉鲜耻，投靠了日本人，当上了傀儡市长。在就职的那天晚上，傅筱庵在电台发表了《告上海市全体市民书》，恬不知耻地说，他担任此职，即不为名，也不为利，而是为了解除全市人民的痛苦。他还公然要中国人民与日本侵略者携起手来，相互合作，实现东亚共荣，睦邻相处，永结友好。完全是一副奴才的嘴脸。

傅筱庵当了汉奸后，日本人为了保护他的安全，把他的家从英租界搬到日军司令部附近的一座洋房里。在日军刺刀下生存的伪政权，日子也不好过。傅筱庵事事须仰日本人的鼻息。当傅筱庵得知国民党悬赏5万元要他脑袋之后，更是惶惶不可终日。

蒋介石得知傅筱庵当了汉奸后，命令戴笠干掉他。为了得到5万元赏金，戴笠的军统特务与杜月笙的手下个个跃跃欲试。但是，傅筱庵在日本人的严密保护下，一时不好下手。

傅筱庵在青岛时曾雇有一个帮助做饭的学徒叫朱升源，傅迁居上海时，见他为人稳重，又是同乡，就把他带来做了厨师。周道三和万墨林经过研究，决定利用收买朱升源的办法刺杀傅筱庵。特务们在朱升源经常去买菜的菜市场设立了一个鱼摊。朱升源见这个鱼摊的鱼即新鲜又便宜，就经常来买鱼。特务们主动与他搭话，套近乎。时间长了，就基本掌握了他的情况，决定对他实施“美人计”。

于是，由军统女特务史爱琴冒充朱升源的姨母给朱写了一封信，约他来家相见。见面后，“姨母”对朱升源关怀备至，问寒问暖，还问朱升源娶妻没有。朱升源说没有。“姨母”还做了宁波点心让朱升源吃。临走时，“姨母”嘱咐朱升源常来看她。这样，朱升源到“姨母”家走动了几次，史爱琴见时机成熟，就给朱升源介绍了个对象。那女子名叫蕊娣，年方二十，长得如花似玉，也是由军统特务扮演的。朱升源年近三十，从来没有接触过女人。他见那女子花容月貌，心中暗喜，便一口答应下来。结婚那天，由军统特务扮演的在外轮上服务的“姨夫”也正好回家。一家人备了一桌酒菜，吃了喜宴，朱升源就算结婚了。

婚后，蕊娣对朱升源相敬如宾，百依百顺。起初，她假装不知道朱升源在傅筱庵家做事。后来，当朱升源谈及此事时，就装出不高兴和惶恐的样子。从此，蕊娣一再对朱升源说，傅筱庵是汉奸，不会有好结果，劝他不要再做傅筱庵家佣人了。并说，如果能杀掉傅筱庵，不但两人可以做长久夫妻，而且还可以得到两万块银圆的奖赏。还说，如果朱升源能完成这项任务，国民党还会给他一个美缺。朱升源在金钱、美女诱惑下动了心。

朱升源平时少不了杀鸡宰鸭，但是让他杀人却为了难。蕊娣看出了他的心思，就说：你当个帮手就行，并不要你亲自去杀人，会有人替你杀的。朱升源听说不要他亲自杀人，就答应了。蕊娣马上下楼叫来了“姨夫”、“姨母”，连夜商量暗杀计划。史爱琴向朱升源询问了傅筱庵在家里的活动规律和卧室的情况后对他说：只要能够把你“姨夫”暗地里带到傅筱庵的卧室里，就算你完成了任务。至于杀傅筱庵，自有你“姨夫”去完成。这“姨夫”绰号叫“廷宝活鬼”，他既是国民党军统特务，又是史爱琴的姘夫和助手，是个杀人老手。四人商定，第二天晚上动手。

傅筱庵虽有妻室，但晚年喜欢一人独睡在楼上一间卧室。朱升源跟随他十多年，对他的生活习惯十分了解。第二天傍晚，“廷宝活鬼”身藏利刃，化装成一个收破烂的老汉，在朱升源的帮助下，悄悄地钻进了傅筱庵的卧室，躲在大衣柜后面，单等傅筱庵的到来。

晚上十时左右，傅筱庵上楼睡觉，不一会儿鼾声便起。这时，只见“廷宝活鬼”一手拿着毛巾，一手握着利刃，蹑手蹑脚地来到傅筱庵的床前，迅速用毛巾堵住傅筱庵的嘴，举起利刃猛力向他的脑袋砍去。顿时，傅筱庵脑浆四溢，血如泉涌，连一声也没叫出来就见了阎王。“廷宝活鬼”还怕他不死，又照准他的脑袋补了两刀。傅筱庵认贼作父，甘心充当日本人的鹰犬，落得如此下场，也是罪有应得。

“廷宝活鬼”杀死傅筱庵后，怕深夜逃走会引起日本巡逻兵怀疑，所以暂时躲在朱升源的房内。次日一大早，他和朱升源假装出去买菜，逃离了傅筱庵家。

这天早晨，傅筱庵的老婆不见他下楼来洗漱用餐，以为他病了，就上楼来查看。当她推开房门时，不由得大声叫起来。她看见傅筱庵的脑袋已经被劈成几瓣，床上和地板上的血都凝固了，一把沾满血的宰猪刀放在傅筱庵身边。

傅筱庵的老婆吓得魂不附体，赶紧下楼派人向日军司令部报告。这时日军上海后方司令黑田已调往南京，由吉野中佐接任司令官。吉野得到此报，急忙调兵遣将，在傅筱庵家周围实行戒严，逐户搜查凶手，并到傅家观察现场。经过分析，认定暗杀傅筱庵的凶手是厨师朱升源，但朱已不知去向。于是，抓了一些“形迹可疑”的人带到日军司令部刑讯逼供，也没有结果。

事后，特务们过河拆桥，把事先对朱升源许下的诺言全部推翻。原来答应给他两万块银圆，只给了他两千块钱；向重庆军统头子讨官加封一事也不了了之。

第二十章

唐生明诈降南京 周佛海暗通重庆

戴笠为加强军统在上海的组织，在派出姜绍谟、陈祖康建立了军统沪二区后，立即向蒋介石作了汇报。蒋介石听了仍不满意，认为姜绍谟、陈祖康二人资历、阅历都太浅，只能策反一些汪伪政权的中层干部，而他的目光却盯着汪精卫集团的头面人物。蒋介石希望策反汪伪政权的一些上层人物，让他们“身在曹营心在汉”，暗中效力于他的政府。蒋介石是在为抗战胜利后预作准备。因为，自从抗战进入相持阶段以来，他就把国民党军队的主力撤到了大西南和大西北。蒋介石的如意算盘是：让共产党领导的八路军、新四军与日本人拼命，让他们两败俱伤，最后由他蒋介石出来收拾局面。蒋介石的算盘打得虽然巧妙，但倘若共产党没有如他所愿被削弱的话，那么日本人一旦投降，中国岂不落入共产党之手？这是蒋介石无论如何也不能接受的，因此必须早作准备。蒋介石要策反汪伪政权的上层人物，为的是待日本投降后，这些人就可以摇身一变，成为国民党的“地下领袖”，堂而皇之地为蒋介石抢占地盘。

要实现蒋介石的打算，比从汪精卫集团拉回几个人难度更大。承担这个任务的人，必须既有一定的资历，又能与汪伪政府的上层人物搭上关系，以便能在汪伪那里站住脚。戴笠冥思苦想，在他的军统局范围内实在找不出这种合适的人选。正在发愁之际，他突然想起了他的好友唐生明。

唐生明是唐生智的胞弟，是个精于吃喝玩乐之道的“花花公子”。由于唐生智的关系，唐生明与汪精卫、陈公博、周佛海等均很熟，关系也不错。戴笠想，如果让唐生明假装忍受不了大后方的艰苦生活而投靠汪伪，汪精卫等人是会相信的。戴笠把自己的想法告诉了蒋介石，蒋介石也想到了唐生明，二人不谋而合。蒋介石当即决定，让戴笠设法把唐生明请到重庆来。于是，戴笠马上电令在湖南常德当稽查处长的沈醉，让他向唐生明转交了邀请电。蒋介石也亲自给长沙的第九战区司令部发了电报，催促唐生明迅速来重庆。此时，唐生明刚刚辞去常桃警备司令的职务，接到蒋介石和戴笠的电报，就把家眷安顿在湖南老家，仅带了他夫人的女秘书张素贞赶赴重庆。与此同时，蒋介石还派专机到桂林，把唐生明接到重庆。

唐生明到重庆后，戴笠根本不向他说明召他来重庆的目的，只是与他的情妇余淑恒一起，终日陪着唐生明、张素贞二人游山玩水，吃喝玩乐。开始，唐生明乐得逍遥自在，也不问为什么招他来重庆。玩乐了几天，唐生明见戴笠仍不言明，实在忍不住了，就在从北碚温泉回来的路上问戴笠："雨农，你到底知不知道校长为什么催我来？"听唐生明问要他来重庆的目的，戴笠诡秘地一笑，并不正面回答，只是反问道："季澧兄，在现在这种时候，你觉得应当做什么？又想做什么？"在唐生明支吾之际，戴笠接着问他："你想不想干一番既能生活得舒适，合乎你的个性，又能惊天动地的大事业，一鸣惊人？"唐生明一时猜不透戴笠的葫芦里到底卖的什么药，说："行啦，行啦！别跟我兜圈子好不好？什么一鸣惊人、惊天动地，我从没想过。"戴笠仍不想向唐生明交底，就把话题一转，问余淑恒："淑恒，你说明天我们陪季澧兄到哪里去玩才好？"唐生明见戴笠不肯交底，也不再追问，就拿戴笠与余淑恒开玩笑："呦！淑恒，你什么时候成了雨农的内当家了？"张素贞忙插话说："唐先生还不知道呀，戴先生现在快成了余家的乘龙快婿啦！"

余淑恒是湖南人，南京中央大学外文系毕业。一次，戴笠路过长沙到唐公馆看望唐生明时，余淑恒也因求唐生明为她找工作，正好在唐公馆，唐生明就把余淑恒介绍给戴笠。从此，余淑恒成了戴笠的女秘书。

戴笠知道张素贞是因为他化名"余龙"而开他的玩笑。戴笠取化名为"余龙"，确有取悦于余淑恒之意，所以他也不争辩，只是一笑了之。

当天晚饭后，戴笠终于向唐生明交了底。他把唐生明与张素贞请进书房，郑重其事地对唐生明说："有一个很重要、很重要的特殊任务，校长对我讲过好几次，只有你能够担任。"戴笠故意渲染任务的重要性，意在给唐生明"戴高帽子"，以便让他痛痛快快地接受。唐生明见戴笠说得那么玄，就急切地问："什么任务这么重要？"戴笠告诉他："我们在上海、南京的组织，绝大部分都被敌人破坏了。那个地方的工作，校长认为比任何地方都重要，可又不容易找到一个适当的人。后来，还是校长提出了你，认为你最合适。"唐生明心直口快，说："上海、南京的事跟我有什么关系？我又不是你们军统的人！"戴笠听了唐生明的话，忙拣好的说："校长很看重你，说你能干，遇事打得开。"听着戴笠的话，唐生明心里觉得舒服，但仍有顾虑，说："算啦，别净给我戴高帽子！谁不知道我和大哥过去反对过校长，他能信得过我？"戴笠连忙摆摆手说："那都是过去的事嘛，校长知道你当时也是迫不得已，对你始终是很器重的。他知道你跟汪精卫、陈公博他们都是老熟人。你如果假说受不了后方的苦，秘密绕道去上海，只是想生活得舒服一些，他们谁都会相信你，欢迎你的。"唐生明倒不担心汪精卫他们会加害于他，只担心日本人方面麻烦，就说：“这事我还得跟大哥商量一下。”戴笠知道，如果把此事先告诉唐生智，他一定会反对，所以不同意唐生明与其兄长商量，于是说：“我看这事等定下来再跟孟公说吧！你放心，我前前后后都为你设想过，你去绝对没有任何危险。因为你跟别人不同，以你的身份可以公开地去，大大方方地跟他们交往，一定会受欢迎。至于日本人方面，你只要自己多加小心，决不会出任何问题。”

此后的几天，戴笠总是缠着唐生明谈此事。戴笠见以公对公说不服唐生明，干脆搬出私人感情。他对唐生明说：“季澧兄，你我的交情也有多少年了，我什么时候负过你？如果没有十分的把握，我能把你往火坑里推?”戴笠这一招还真见效。唐生明见戴笠言辞恳切，不好再推辞。况且，蒋介石把自己找来，戴笠煞费苦心地好言相劝，再不答应，不但得罪了蒋介石，也伤了朋友的面子。想到这些，他终于答应了。但是，唐生明历来放荡惯了，军统局的清规戒律他哪能受用得起？他对戴笠说，任务可以接受，但只是以朋友的身份去工作，决不做戴笠的部下。戴笠见唐生明终于答应了，乐不可支，连忙答应唐生明的要求，并说，军统的上海、南京两个区的组织，唐生明可以指挥，但为了唐的安全，不一定要他直接领导，也不必经常与他们来往，但要负责照顾那里的军统人员。

第二天上午，蒋介石接见并宴请了唐生明。蒋介石告诉唐生明：去了以后，见到过去认识的人，都可以跟他们说清楚，只要他们做的事对得起国家，于国家有利，将来都是可以被宽恕的。并嘱咐唐生明，切不可大意，一定要与戴笠保持密切联系。

戴笠与唐生明商定，唐到上海后，先与汪伪政权的头面人物公开来往，待取得他们的信任后，再逐步执行下述任务：一是利用唐生明的人事关系，掩护京沪地区的军统组织，使其免遭破坏，并设法营救已经被捕的人员；二是相机传达蒋介石对汪伪人员的宽大政策，策动他们暗中为重庆政府效力；三是尽力帮助戴笠的特务武装忠义救国军；四是利用一切手段，打击新四军。起初，唐生明对第四项任务不甚理解，他想，新四军壮大了，不是对抗战有利吗？戴笠对他说：“我们真正的顽敌不是日本人，而是共产党。我们今天如果不限制共产党的发展，日后我辈将死无葬身之地。”戴笠的话是对国民党在抗战期间何以不断制造反共摩擦的最好注脚。

此后的一个月，唐生明在重庆熟悉上海、南京的军统组织的情况，以及汪伪组织及其特工总部的情况，为前往上海作准备。张素贞则先期去上海打前站，主要是要造成一种舆论：唐生明受不了后方的苦，要到上海来住。

经过精心准备，1940 年秋，唐生明取道香港到达上海。此时，军统上海区的局面已有所好转。姜绍谟的沪二区策反了像汪伪政府海军部长任援道那样的有一定地位和影响的人物；陈恭澍的沪一区则成功地刺杀了大汉奸张啸林和傅筱庵。瘫痪了一年多的上海军统组织又重新恢复了活力。

唐生明到上海后，如同事先想象的那样，很快取得了汪伪方面的信任。1941年，汪伪政权成立清乡委员会，汪精卫自兼委员长，周佛海、陈公博兼任副委员长，李士群任秘书长，唐生明被委任为军务处处长。起初，唐生明拿不准该不该接受这个职务，便请示重庆方面。蒋介石通过戴笠指示唐生明，要积极参与清乡工作，利用工作之便，一方面借日伪军消灭新四军，一方面尽力保护忠义救国军。此后，每当日伪军有军事行动，唐生明就事先通知忠义救国军；每逢重庆方面得到新四军的有关情报，戴笠就电告唐生明，由他转告日伪方面。

不久，汪伪特工总部捕获了军统局沪一区区长陈恭澍。正在苏州主持清乡工作的特工总部头目李士群赶回上海处理此事。听到陈恭澍被捕的消息，唐生明心里开始打鼓，生怕陈把他给供出来。李士群从上海打来长途电话，要他回上海，他心里更是没了底。原来，李士群从军统沪一区的秘密电台搜到一份电报底稿，内容是建议戴笠以后不要再在上海等地暗杀个别的日本官兵，因为这种暗杀往往遭到日本人的强烈报复，致使许多无辜百姓被杀，老百姓因此产生了对重庆政府的不满情绪。如果不改变这种做法，会失去沦陷区的民心。李士群等人经过分析，认为电报底稿出自唐生明之手，于是决定把唐生明叫回来盘问。

在76号特工总部，李士群质问唐生明，为什么瞒着他替戴笠工作。唐生明矢口否认。李士群让手下带陈恭澍来当面对质。陈一口咬定唐生明与他无任何来往。唐生明见陈恭澍没有出卖自己，态度就强硬起来，说他只是戴笠的朋友，不是戴笠的部下。

李士群见找不出唐生明的破绽，只凭那份电报底稿也不能证明唐生明就是军统的人，于是决定带他去南京面见汪精卫。

当天夜里，李士群亲自送唐生明夫妇和张素贞去南京。可是，到南京下关车站一下车，就被几名日本军官拦住，说要带唐生明去日本派遣军总司令部。经交涉，李士群同意日本人把唐生明带走，唐的妻子徐来和张素贞则被李士群带回家。唐生明最怕与日本人打交道，怕弄不好有生命之忧。但到这个分上，已身不由己，只能听任日本人摆布。

出乎唐生明意料，日本派遣军司令部的人非常客气地接待了他。都甲大佐握着他的手说："我们一直找不到与蒋介石阁下有关系的人商谈，今天找到你，我们都非常高兴，所以特地请你来谈谈。"唐生明不知道日本人究竟要干什么，只好来个"徐庶进曹营"，一言不发。都甲接着说："我们都很欢迎你来南京。我们今后一定尽力支持你的工作，你与重庆联系的电台完全可以由我们负责保护。"都甲见唐生明仍然一副疑惧的样子，就干脆挑明说："唐先生，你不要害怕。我们对你发给重庆的那份电报很赞赏。你的建议很有见识，我们非常重视。"唐生明这才明白，日伪方面发现了他托陈恭澍发往重庆的那份电报的底稿，才导致了这两天一连串的麻烦。

都甲见唐生明仍不相信他们，就拉着唐生明去见他们的参谋长河边正三。河边一见唐生明就亮明底牌："我们因为找不到办法，才拉汪精卫出来。今后希望通过你，能和蒋介石阁下直接谈中日合作方式，请你多协助我们，帮我们早点完成这个任务。"

唐生明从河边的话中意识到，太平洋战争爆发后，日本人为了摆脱两面作战的困境，急于想与蒋介石拉关系，以便早日解决中国问题。所以，当他们知道自己是重庆派来的人之后，不但不予追究，反而待若上宾。唐生明知道自己不会有什么危险。他当然不能公开承认自己是重庆派来的，但表示自己在重庆方面有很多朋友，可以在中间疏通。

不久，日本人派松井大尉常驻唐生明家中，专门负责联络和保护工作。日本人还为唐生明提供各种方便。当时，上海的粮油和汽油供应很紧张，日军司令部按月配给他充足的粮油和汽油，还命令电力公司不准在唐生明家住的金神父路地段停电，以便唐生明的电台随时可以与重庆方面联系。总之，从这时起一直到抗战胜利，凡是唐生明提出的要求，日本人从未打过折扣。利用这种方便条件，唐生明把毛森等几十个被日军捕获的军统人员保释出来。

在河边正三与唐生明谈话后，汪精卫也设宴招待了唐生明，汪伪政权的上层人物大都到场。这些人中除了丁默邨、李士群过去不认识唐生明外，其他人大都是唐生明的老熟人。例如，周佛海是唐生明的湖南同乡；汪伪政府陆军部长叶蓬的妻子是唐生明母亲的干女儿。熟人相聚，本来气氛比较轻松。但酒过几巡之后，汪精卫突然指着唐生明说："我得到报告，听说你与戴笠的私交极好。你这次来南京，是不是打算杀我？"说着，汪精卫站起身来朝唐生明走来。唐生明平日养成了少爷脾气，又被汪精卫突如其来的质问搞得不知所措，紧急中口不择言地说："杀鸡焉用牛刀？我把一家老小都带来了，会干那种事？我又不是不怕死的人。"唐生明此言一出，宴席上的气氛骤然紧张起来。唐生明身旁的叶蓬急忙拉了拉他的衣袖，示意他不要再说了。但唐生明满不在乎地继续说："我跟戴雨农是朋友，在一起玩是常有的事，可我这个什么事都懒得去做的人，还会跟他去当特务？"眼看一场冲突就要发生，叶蓬、周佛海等人赶紧出来替唐生明打圆场，有的说他绝对不会屈就在戴笠手下当特务，有的说他不是当杀手的人，连李士群也说，唐生明的情况他都了解，决不会干杀人的勾当。汪精卫见众人都替唐生明说话，就顺水推舟地说："我当然不相信那些话，所以才提出来问你。我们关系不同嘛，我信得过你，你不会对我不利的，你说是不是？"唐生明也顺坡下驴，连连称“是”。这样，宴席上的这场小风波才算平息下去。

唐生明诈降南京以来，利用与汪伪政权要人的关系，替蒋介石干了不少事。其中最大的成果要算策反了大汉奸周佛海。

周佛海，湖南沅陵人，早年留学日本，参加了共产主义小组，1927 年出席中共一大。1924 年任国民党中央宣传部秘书兼广东大学教授，同年 9 月脱离共产党。1925 年曾参与西山会议派的反共分裂活动。四一二政变后，历任国民党中央陆军军官学校政治总教官、军事委员会训练总监部政治训练处处长、总司令部政治部主任、国民党中央民众训练部部长等职。抗战爆发后，任国民党中央宣传部代理部长、蒋介石侍从室第二处副主任。1938 年 12 月追随汪精卫叛国投敌，参与了汪伪与日本勾结的重要谈判。汪记国民党六大后，任伪国民党中央执行委员会常务委员会委员兼中央党部财务委员会主任、特务委员会主任。汪伪政府建立后，历任财政部部长兼警政部部长、中央税警团总团长、清乡委员会副委员长。汪精卫死后，任汪伪政府行政院副院长兼上海市市长、财政部部长。由于他手握财政大权，在汪伪政权中有举足轻重的地位。同时，汪精卫遇有重大问题多爱听取周佛海的意见，所以人们称周佛海为汪伪集团的“参谋长”。

唐生明初到上海时，周佛海正计划把自己的母亲和岳父等亲属从湖南老家接到上海来，就向唐生明打听从长沙到上海的最佳路线。唐生明把这一情况报告了戴笠，并献计说，拉拢周佛海的最好办法是在他的亲属身上下工夫。戴笠采纳了唐生明的建议，派人把周佛海的母亲、岳父等接到贵州，软禁在息峰监狱。周佛海是个孝子，听到两位老人的消息非常难过。他怕激怒重庆方面而对两位老人不利，在公开场合从来不指责重庆方面。为了取悦于重庆方面，他还指使妻弟杨惺华，把军统特务程克祥从 76 号特工总部保释出来，并发给通行证，让他回重庆。

程克祥回重庆前，周佛海特意把他接到家中秘谈。他对程说：“我和雨农兄是好朋友，请你代表我向雨农兄说，我很感激他对我老母和岳父的照顾和保护。今后，如果他有需要我的地方，只要我力之所及，我一定尽力而为!”

凭着多年混迹政界的经验，周佛海当然明白，戴笠软禁他的老母和岳父，是用他们作为人质，胁迫他为重庆政府效力。回想当初，他追随汪精卫投靠日本人，本以为背靠日本人搞“和平运动”，就会使蒋介石屈服。没想到，蒋介石尽管消极抗战、积极反共，但却不肯离开抗日阵营。太平洋战争爆发后，日本已注定走向失败，自己何必作日本人的殉葬品？戴笠软禁他的两位老人，实际上是向他通了一个信息：重庆方面并没有完全抛弃他。周佛海想，一定要抓住这个天赐良机，打通重庆方面的关节，为自己留条后路。想到这些，他让程克祥转告戴笠，请戴笠代他向蒋介石请罪，承认自己事先未报告蒋介石就离开重庆是错误的，并表示：只要蒋介石有所指示，他仍然奉命行事。

程克祥回到重庆后，向戴笠汇报了周佛海的情况，戴笠很高兴。在他看来，抓住周佛海，就等于掌握了半个汪伪政权，他的许多计划就可以借周佛海之手去实现了。

为了进一步抓住周佛海，戴笠决定再把程克祥派回南京，任命他为军统局京沪区区长，专门作周佛海的工作，并让程克祥转告周佛海：周的母亲就是他戴笠的母亲，叫他不必挂念，鼓励他拿出勇气，把握未来，好好干一番。戴笠还让程克祥带去周佛海岳父的亲笔信，信中讲了戴笠对他们的照顾和优待，并转达了周佛海母亲的话："你不必做孝子，但要做忠臣，不要为周家祖先和子孙丢脸。"

程克祥这次回南京方便多了。他先乘飞机到衡阳，然后由忠义救国军护送到敌占区前沿的丝竹港，最后由杨惺华派去的伪军护送到南京。

程克祥在上海会见了周佛海，转达了戴笠的话，转交了周佛海岳父的信。周佛海向程克祥诉说了自己的处境：上有汪精卫，内有李士群的特工，外有日本宪兵、特务。主张利用日本人急于求和的心理，乘机渐进，乘虚而入，不可急功近利，鲁莽行事。程克祥表示同意，并电告戴笠。

戴笠接到程克祥的报告后越发感到，李士群的存在不仅对京沪地区的军统组织是个极大威胁，而且对周佛海的行动也有很大的牵制作用。过去他曾做过李士群的工作，但李死心塌地当汉奸，不肯回头。另外，李士群与周佛海矛盾很深，有他在，军统与周佛海的合作必然受到很大限制。于是，戴笠决定除掉李士群。他打电报给唐生明，征询除掉李士群的计策。唐生明认为，最好是利用汉奸内部的矛盾，或利用日本人与李士群的矛盾干掉他。

戴笠电令程克祥转告周佛海，设法除掉李士群。周与李士群的矛盾此时已达到白热化状态，除掉李士群可以了却周佛海一大心愿，去掉一块心病。当时，日本人也为周、李之间的矛盾而头痛。当时，周佛海兼任汪伪税警总团的总团长，他就让他的副手、税警总团副总团长熊剑东，挑起了日本宪兵队冈村中佐与李士群之间的矛盾。1943 年 9 月，冈村将李士群毒杀。

李士群死后，周佛海与重庆的联系少了一个掣肘者。蒋介石让戴笠给周佛海下达了新任务，即把工作重点放在反共方面，积极扩建军队，准备将来控制京沪杭地区，防止被新四军占去。为此，戴笠又把老牌的军统特务周镐派往南京，配合程克祥，协助周佛海收买伪军。周佛海把周镐安插在伪军事委员会当科长，利用职务之便，了解情况，联络伪军。此后，周镐几乎跑遍了长江以北的伪军据点，并策反了伪军的大头目孙良诚、张岚峰，向他们传达了蒋介石的“反共救国”的命令。

军统与周佛海的合作进展顺利，因为双方各有需要。周佛海明白，日本败局已定，靠不住了，只有听命于戴笠，将来才有生路。戴笠也知道，依周佛海在汪伪政权的地位，将来必然能派上大用场，必须抓住不放。为了拉拢周佛海，在周的母亲去世时，戴笠甚至亲自替周佛海披麻戴孝，为周母送终。

说实话，对重庆政府来说，在日本投降前，周佛海的作用还不很明显，真正发挥大的作用是在日本投降之后。

1945 年 8 月 14 日，日本宣布投降，全国人民欢欣鼓舞，蒋介石却慌了手脚。因为，这时他的军队大都在大西南和大西北，如果任事态发展，大半个中国将落入共产党之手。于是，蒋介石连续发出三道命令：命令共产党领导的军队“应就原地驻防待命，不得擅自行动”；命令国民党军队“加紧作战，积极推进，勿稍松懈”；命令日伪军负责维持地方治安，不得向共产党的武装缴械投降。推行“扶蒋反共”政策的美国人，也派飞机、军舰帮助蒋介石向前线运兵；美军还在青岛、塘沽、秦皇岛等地登陆，直接帮助蒋介石抢占地盘。一时间，形成了美、蒋、日、伪大合流，抢占中国人民抗战胜利果实的严重局面。

蒋介石给戴笠的任务是负责抢占上海。戴笠接到蒋介石的指示，立即命令他的忠义救国军各部和中美合作所训练班的学员向上海推进。但是，仅靠这点力量根本无法完成抢占上海的任务。这时，周佛海的作用显示出来了。戴笠任命周佛海为上海市行动总指挥，要他指挥汪伪税警团、伪保安部及伪军，负责维持上海的治安，阻止中共在上海的行动。这样，周佛海这个大汉奸，摇身一变成了国民党的“地下领袖”。

周佛海接到戴笠的命令，立即到上海电台向全市民众宣布了国民党军事委员会对他的任命和上海行动总指挥部的任务。他召集自己的亲信，立即行动起来，派人四处张贴由周佛海和军统特务程克祥共同签署的布告，宣布禁止进行集会和游行等活动。周佛海还命令日伪军负责维持社会治安，保护伪中央储备银行等重要机关，等候国民党中央军前来接收。不久，国民党接收大员纷纷来到上海。戴笠就让周佛海将税警团、伪军及伪中央储备银行的财产全部移交给了接收大员。周佛海还利用自己的身份，规劝京沪地区的大小汉奸向军统上海肃奸委员会自首，使京沪地区的肃奸工作得以顺利进行。

周佛海以为，自己按照蒋介石的命令，把一个完整的上海交给了国民党，总可以将功折罪了。不料，一天戴笠来到他家，向他转达了蒋介石要周佛海去重庆“休养”的命令。周佛海心里明白，所谓“休养”实际上就是软禁。此时的周佛海见蒋介石卸磨杀驴，不免心灰意冷。他唯一的希望是在审判他时，戴笠这位知情人能出面替他作证，以免因汉奸罪而被送上断头台。

其实，周佛海应该明白，蒋介石这样做也有他难言的“苦衷”。在日本侵华期间，无耻汉奸们助纣为虐，丧尽天良，坏事干尽，人民群众对汉奸恨得咬牙切齿。日本投降后，理应严厉惩治这些民族败类。周佛海作为头等大汉奸，不仅没有受到惩治，反而摇身一变成了国民党的“地下领袖”，继续骑在民众头上作威作福，民众哪有不愤怒之理。蒋介石迫于民众的压力让周佛海去“休养”，一方面是迫于无奈，另一方面也是为了防止他败露了蒋介石与日本人勾结的内幕。

周佛海被送到重庆后，先是被软禁在军统缫丝厂乡下办事处。因一路劳顿，加上心情忧郁，第二天就心脏病复发，住进了“四一”医院。不久，戴笠又把周佛海的妻子杨淑慧和儿子周幼海送到重庆。据说，周幼海一直反对周佛海当汉奸。当戴笠要他去重庆时，他表示反对，他是被戴笠胁迫来到重庆的。周幼海到重庆后，与丁默邨等人关在一起。他多次要求给他调换住处，始终未得到答复。

后来，戴笠从上海回到重庆，亲自去看望周佛海一家。戴笠对他们说，他目前工作太忙，一时顾不上他们，等华北、广东的肃奸工作告一段落后，一定妥善安排他们，请他们不要着急。戴笠还嘱咐部署要照顾好周佛海一家的生活。此后，戴笠亲自赶赴北平，指导华北的肃奸工作，接着又承担了先后去北平视察的蒋介石、宋子文的安全保卫工作。连戴笠也不曾想到，他这次与周佛海的会面竟然成了他们之间的诀别。当戴笠完成了北平的工作准备返回重庆时，他的座机撞在了南京附近的岱山上，落了个机毁人亡的下场。他对周佛海的承诺也就成了空头支票。

后来，周佛海被移至南京监狱。迫于全国人民的压力，国民党于1946年10月判处周佛海死刑。第二年，蒋介石又发布特赦令，改判周佛海为无期徒刑。1948年2月28日，当蒋家王朝风雨飘摇时，周佛海病死于狱中。

第二十一章

亡命重庆近权贵
杜镛陪都逞余威

1941年12月8日，日本偷袭珍珠港，太平洋战争爆发。这时，已与日军交战好几年的蒋介石政府，见英美与日开战，才不得不正式对日宣战。从此，中、苏、英、美等国开始缔约为盟，联手抗击法西斯的侵略。英、美两国分别向国民党政府贷款五千万英镑和五亿美元。然而，蒋介石对抗战根本没有取胜的信心，也不准备对日军发动反攻。他把国民党主力部队撤到以重庆为中心的大西南和以西安为中心的大西北，消极避战，观战。这时，国民党的陪都重庆成了官僚政客、工商巨贾聚集奢靡的安乐窝。“前方吃紧，后方紧吃”的说法一时传遍全国。

杜月笙因为在重庆列席参政会，没赶上日军对香港的狂轰滥炸，安然保命。可是，香港遭劫，上海英租界被占，使得他的家人亲友、门徒学生再度沦入魔窟，生死不明。杜月笙因而焦急凄苦，坐卧不安。

为了营救家人和门徒，杜月笙找到戴笠。戴笠称，香港启德机场尚未被日军占领，可以派遣飞机救人。但香港情形危急，秩序混乱，飞机不可能派多。再说，航空公司的人也未必肯去。即便去，驾机技术糟糕的也不行。最后，只有戴笠的好友“阿伍”肯负此使命，冒险前往。杜月笙想，香港杜公馆的人实在太多，朋友要人也委实不少。飞机少人员多，营救工作如何进行？他面色灰暗，犹豫再三，最后说：“凡是我的人，暂不考虑。”戴笠迟疑地望着杜月笙，见他态度坚决，便不再多问。他知道，杜月笙一贯义气行事。二人匆匆议定了先行抢救的人员：陶希圣、陈济堂、许崇智、颜惠庆、李福林、王新衡……

杜月笙不吃不喝，单等阿伍的飞机一到，去迎接受惊的众朋友。12月9日黄昏，飞机安然返渝，却让杜月笙大失所望。名单上所列诸位因下落不明，一个也没有接回来。杜月笙更加愁苦不堪，绞尽脑汁，再想他法。

12月15日，一直驻上海的徐采丞忽然接到杜月笙发自重庆的电报，大意是要他通过日本军方营救杜门亲友。杜月笙虽然知道徐采丞与日本军方有关系，但就当前局势看，靠这层关系恐怕危险较大。但是，他又不得不把仅有的一线希望寄托在徐采丞的身上。

徐采丞接到电报后，知道情况紧急，立时着手行动，几经努力，终于从日本人手中借到一架军用飞机、一艘轮船。他亲自乘日本军用飞机到达香港，安慰滞留在港、束手待毙的杜月笙的亲友，告诉他们，不几天即可转危为安。1942 年 2 月初，徐采丞借得的轮船驶抵香港，杜月笙门人奔走相告，雀跃欢腾。颜惠庆、陈有仁、曾毓隽、李思浩、唐寿民、林康侯、刘放园、潘仰尧等一干耆宿名流，以及杜门亲友、苏浙同乡三百多人，乘这艘轮船到达上海，在徐采丞的保护伞下脱离了险境。

杜月笙家人多已获救至沪，但杜夫人姚玉兰受杜月笙嘱咐仍滞留于香港。杜月笙想，自己说过接陶希圣、金廷荪等人的话，尤其是金廷荪，是自己再三恳请到香港的，谁知不及半月即遭此难，实在过意不去。因此，他电告在香港的家人：金廷荪、陶希圣诸位一日不离开香港，太太和少爷一个也不准离开。这样，当最后一架飞机离开香港时，姚玉兰只是对劝她同归的人付以一丝苦笑。她联络上海与重庆，竟为营救所余相关人物发挥了关键作用。杜月笙令妻子儿女断后，实为迫不得，苦闷和紧张已让他瘦了一圈，面容憔悴。他派顾嘉棠、芮庆荣二位大将负责救助姚玉兰等少数家人。任务尽管艰巨，但仍得以出色完成。姚玉兰、杜维藩、蒋伯诚等陆续于春节前后抵达重庆。

香港的这次大撤退，虽然让杜月笙愁苦万分，耗资百万，但众亲友的安然脱险还是令他激动不已。他愁容顿消，笑口常开，大摆宴席，一以祝贺，一以压惊。被救诸人视杜月笙为救命之神。在渝的文人政客、黎民百姓也深为杜月笙的“壮举”所折服。

杜月笙来到重庆后，比在香港时更加得势。不仅在渝的国民党中央大员，包括蒋介石在内，均对他不薄，就连四川的军政要员，不论掌着权或掌过权的，得着势的或得过势的，如刘航琛、康心如、范绍增等，没有一个不是杜月笙的知己朋友。杜月笙来渝之初，这帮阔老们便争相迎候，都想当一当这个名噪全国的大闻人的东道主。其中尤以刘航琛、范绍增表现最为积极。

刘航琛是四川泸州人。祖上经营药铺，除了经营四川名贵药材外，还兼营药酒，历时百年，腰缠万贯，富甲一方。其父盼他将来能承祖业，可他年少气盛，风流倜傥，不愿屈居内地，当了冯玉祥的幕僚。后来被刘湘以财政部长的高官拉入其集团。因刘航琛在北平居住多年，与北洋政府素有来往，所以他很容易就打通了北洋政府与刘湘的关系，一跃而成为刘湘的私人顾问。刘航琛在辅佐刘湘的同时，不忘扩大祖业，利用掌管财务大权之便，大规模地开办工厂、银行，成为四川第一巨富。后来，刘湘死后，刘航琛自然失势，但仍不失为川府的一尊财神。

范绍增，原是四川军阀刘湘部下实力最雄厚的将领，财富、产业仅次于刘航琛。但他的气派，挥金如土的作风却有过之而无不及。他用搜刮的军饷，买下了朝天码头一带的房产和地皮，在重庆拥有最大最豪华的一幢住宅，名曰“范庄”。范庄里，亭台楼榭，胜比花园。孔祥熙来到重庆后，就一直借住在这里，因而，范庄一时成了行政院院长的官邸。不久，中央监察委员杨啸天也被范绍增请进来。杜月笙来渝后，范绍增几次找到他盛情相邀，说：“杜先生，您初来乍到，吃住不方便，不妨来我这里，好房子多的是，愿住哪幢住哪幢。”杜月笙正在为营救家人亲友而焦灼不安，因而无暇顾及吃住，几次谢绝了邀请，一直住在交通银行重庆分行的招待所里。

太太姚玉兰、少爷杜维藩等人相继来渝后，杜月笙开始考虑到住处问题。这时，刘航琛一再邀请杜住他的汪山别墅。汪山是雾都重庆的佳地，风景宜人，气候凉爽。刘航琛给杜月笙预备的别墅就坐落在汪山的半山坡。这里四周尽是青松翠柏，鸟语花香。一条磨光石子铺就的曲折小路通到山下，一切都显得幽静、清新，和蒋介石的郊区“行宫”所在地黄山相去不远，双峰相对，召见、进谒很是方便。杜月笙由刘航琛陪着游历一遍，对此妙处赞不绝口。刘航琛道：“杜先生给兄弟一个面子，就住在这里吧！”

杜月笙觉得带着家眷住招待所毕竟不方便，看刘航琛又是诚心诚意，便顺水推舟。他道了声谢，说：“恭敬不如从命。”便答应下来。

与范庄相比，汪山别墅显得格外清新幽静，是个安神修身的好地方。而范庄门前则昼夜车水马龙，一片繁华景象。公馆里面，吃、喝、嫖、赌样样全有。孔祥熙为报“借屋”之情，特命警察局派宪兵日夜在汪山别墅巡逻。这种去处，当然又圆了杜月笙重回上海华格臬路的美梦。他休息在汪山，游乐在范庄，悠哉闲哉。

一天，杜月笙的得意大徒弟、恒社分子陆京士来见。陆京士见杜月笙的身体和精神状况已大有好转，十分高兴。几句问候过后，便向杜月笙提出了一个重要建议。他说：“我们恒社几年来，因战事之故，组织松散，人心不齐；目前恒社的骨干都在您的手下，我们何不借此机会整顿、扩充一番呢？这可是机不可失，时不再来呀。”杜月笙自住定后，正沉浸在恶浪渐息之后的微波徜徉之中，听陆京士一说，甚觉有理，立刻召集亲信着手进行。

杜月笙在香港时也曾有恒社香港分社。但当时除了赈济委员会、统一委员会、人民行动委员会的活动以外，不可能进行范围更大的活动。一批恒社分子，都由他安插在各会内部。虽也吸收过门徒，却不曾挂出恒社的招牌，也没有专用的社址。所有恒社分子，都以九龙柯士甸道113号杜月笙的住所为联络点。只是每逢阴历的七月十五，恒社分子从上海、重庆等地前来为他拜寿时，才花天酒地一番。

杜月笙来渝之前，已经在渝的恒社分子已为数不少，核心人物有从上海经武汉至重庆的陆京士、唐缵之；有从南京来的边定远、杨克天；有武汉来的沈楚宝等。原在香港的恒社骨干分子骆清华、郭兰馨、邵子英等也来到重庆。杜月笙来渝后，更是门面大张，新旧门徒，越聚越众。杜月笙倒是忽略了恒社一事，经陆京士这么一提醒，异常兴奋。

于是，由陆京士、边定远主持，沈楚宝、杨克天等奔走活动，成立了恒社重庆分社，在重庆临江路19号赁屋设址，招收社员。杜月笙秘密指示陆京士：招收社员必须兼收并蓄，广泛网络，简化手续，不拒绝秘密入社。在重庆入社的，虽也包括了各界各业人士，但其中一大部分是戴笠的追随者。而要求秘密入社的，则主要是国民党军政要员，如立法委员简贯三、空军司令毛邦初、八十八师师长孙元良等。他们碍于身份不愿公开入社，也不参加恒社的公开活动，只直接与杜月笙本人或其亲信联系。这些人更易为杜月笙暗中控制。恒社还遵照杜月笙“遍地开花”的指示，在成都、宝鸡、西安、洛阳、桂林、兰州等重要城市设立分社，招收社员。于是，恒社这张大网向全国铺开。

正在杜月笙为其力量日渐扩张而得意之时，孔祥熙忽然邀请杜月笙去他家作客。同去的有范绍增、杨啸天二人。酒足饭饱之后，孔祥熙告诉杜月笙：“蒋介石说四川帮会势力太大，他准备杀几个清洪帮的头子压一压。我就问他，清洪帮不曾反对过你，为什么还要杀他们。蒋介石听后没再讲话。”杜月笙闻听此言，满面的春色顿时化为乌有，脸色时而灰黄，时而苍白，怔怔地坐在那里，一言不发。杜月笙知道，孔祥熙谈这些情况，无非是想以此来拉拢自己。但他不能不警惕，蒋介石的刀子不知哪一天会架在自己的脖子上。他想：我与蒋介石共事可谓诚心诚意，仗义守信。可老蒋老奸巨滑，心狠手辣，杀人如麻是出了名的。今后言行必须加倍小心，避免授他以柄。杜月笙从孔家出来时，与范绍增、杨啸天低声说：“我们一向拥护他，今天成功了又要杀我们。以后大家都谨慎些。”

事过不久，蒋介石下令枪毙兵役署署长、四川袍哥程泽润。蒋介石此举让杜月笙吃了一惊。在渝失势的杨啸天更是不满。他四处秘密活动，挑拨说：“蒋介石已不仅开始杀袍哥，还要杀四川人。我们不能不给他点颜色看看。”在杨的鼓动下，四川几十万袍哥情绪激昂，准备与蒋介石大闹一场。蒋介石见鱼儿上钩，便毫不手软，立即调集大批武装特务严阵以待。戴笠受蒋介石指使也积极布置，一场血案随时就要发生。杜月笙看事态的发展对自己不利，这样下去帮会力量肯定吃亏。他赶紧找到杨啸天，连训斥带告诫地对他说：“事关重大，怎能蛮干？蒋介石抓着枪杆子，可不能吃这等眼前亏；如果大家闹起来，老蒋更会借口杀人。”在杜月笙的劝说下，杨啸天与众袍哥放弃了对抗立场，才避免了一场帮会与国民党政府的恶战。

通过这次对抗，杜月笙更加看清了蒋介石要限制其势力发展的意图，内心极为不快。有一天，杜月笙受杨杰之邀赴宴。宴会秘密在杨的家中进行。主客共有杨杰、杜月笙、范绍增、黄琪翔、章伯钧、杨啸天六人。会上，杨杰委婉、含蓄地邀请杜月笙参加一个秘密反蒋组织，杜月笙欣然同意。

恒社势力的扩大引起了蒋介石的警觉，又因为拉了戴笠的人，也使戴感到不舒服。杜月笙考虑到，若仍在这方面活动，势必会产生更大的摩擦，不如转变方向，来扩充恒社的经济实力。于是，他决定将早已筹备的"中华实业信托公司"在重庆真正地建立起来。

时值1942年初，大后方的经济恶化，国民党政府靠美国的贷款和大量发行钞票维持财政。由于滥发钞票，物价狂涨，商业投机猖獗。据国民党政府有关部门的统计，物价指数与战前1937年比，食物涨了14倍，衣着涨了19倍，燃料涨了21倍，金属涨了23倍，建筑材料涨了14倍。蒋介石、孔祥熙等官商一体的特权人物，攫取黄金、外汇、物资、地产，大发国难财，搞得民怨沸腾。为了平息舆论，不得不下令严禁金融机关兼营商业及运输等业务。杜月笙想，在这个时候成立"中华实业信托公司"，恐怕会遇到困难。他为此事秘密地找到了蒋介石。蒋介石淡淡地神秘一笑，说："杜老弟，你未免有点过于天真了，我的命令还能盖得了你？你尽可把心搁在肚子里，小事一桩。"杜月笙听了蒋介石的话，心中暗喜，年过半百的他好像突然又长了见识，大开了眼界。从上海到香港再到重庆，只有靠近了当朝权贵后，他才逐渐看清了官与官、官与商、官与民的复杂关系。

因为蒋介石点头应允，中华实业信托公司顺利地在1942年3月底得到了批准。4月1日，杜月笙把恒社的核心分子、亲密朋友陆京士、骆清华、钱新之、范绍增、刘航琛、康心如、沈楚宝、边定远等20人邀至家中，盛宴庆贺。觥筹交错之中，杜月笙高高地举起酒杯，一向发黄的脸上泛起了少见的红光，说："朋友们，恒社弟子增多，我们当然高兴；但是，我可以告诉大家，恒社实力的真正增强，要从本公司成立的日子算起，诸位可拭目以待。好，我们为此干杯！"杜月笙带头一饮而尽，众人也在热烈的气氛中干杯。酒饭用毕之后，杜月笙宣布：他自任董事长，陆京士、钱新之、刘航琛、康心如任常务董事，顾嘉棠、边定远等任董事；总经理由杨管北担任，骆清华、沈楚宝任协理；公司的日常事务由骆清华、沈楚宝秉承陆京士的指示具体办理。众人当中，骆清华是杜月笙经济事务上的得力助手，人称"绍兴师爷"。杨管北并非恒社分子，但其经济实力雄厚，各方面的关系也很"兜得转"，故杜月笙把他安插在公司的领导位置上，发挥他在对外活动中的作用。

中华实业信托公司设址于重庆林森路49号，其主要业务是从衡阳等地抢购从沦陷区运来的物资。当时，运输困难，法币贬值，衡阳与重庆的物价差价甚大。利用这种差价，可以大发其财。

中华实业信托公司成立不久，骆清华建议杜月笙把中国通商银行的重心移到重庆。杜月笙采纳了骆的建议，迅速布置银行的内迁事宜。杜月笙自任中国通商银行总经理，封骆清华为协理，顾嘉棠为监察。银行内迁后，杜月笙利用他与中央银行、中国银行、交通银行、中国农民银行、中央信托局、邮政储金汇业局的关系，以及与川帮刘航琛的川盐、川康银行，康心如的四川美丰银行、吴启鼎的四川银行的关系，使通商银行的业务很快发展起来。杜月笙在重庆金融、工商界的实力陡然增强。

1942 年 10 月，杜月笙又采纳骆清华的建议，作了一次西北旅行。杜月笙与西北的胡宗南、祝绍周关系甚笃。在杜月笙看来，西北之行既可会见老友，又可发展在那里的势力。他让陆京士留守重庆，自己率领骆清华、陆觉民、于松乔等遍访成都、西安、宝鸡、兰州等西北重镇。在西安，胡宗南把杜月笙敬为上宾，好生招待。各地方豪绅更是以讨好、巴结杜月笙为荣。因此，盛大欢迎宴会天天不断，弄得杜月笙疲于应付，不得不婉言谢绝了许多盛情邀请。此次西北之行，杜月笙所到之处，都设立通商银行分行，并在各分行内设立恒社分社，作为发展社员的根据地。各分行的负责人均由恒社分子担任。通过这次西北之行，杜月笙建立起了从西南到西北的政治网和经济网。恒社的势力，也随着这张网的扩展而向西北各地蔓延，铺开。

第二十二章

戴笠见利动心思
杜镛办通济公司

抗战以来，由于日军相继侵占了中国东半部，加上日寇实行野蛮的“三光”政策和“以战养战”政策，致使国统区的物资越发匮乏。到了1942年，国统区物资匮乏的程度进一步加深。特别是纺织品，情况更为严重。这是因为，国统区所在的西南、西北地区，很少有像样的纺织工业；从上海等地内迁的纺织厂，规模一般都比较小，其产品难以满足大后方的需要。1941年以前，还能从香港输入一些纺织品。太平洋战争爆发后，香港很快被日军占领，这条渠道也被切断。国统区原来储存的纱布，日渐枯竭。

为解燃眉之急，戴笠提出了一个大胆的设想，即从敌占区大规模输入物资。为了实现这个设想，国民党政府财政部战时物资管理局建议，成立一个专门机构，负责从沦陷区采购棉、纱、布和其他战略物资。蒋介石和国民党行政院副院长孔祥熙采纳了上述建议，并指示由戴笠的军统局负责办理。

经过一番策划，货运管理局于1943年5月宣告成立，由戴笠兼任局长。戴笠又在界首、龙泉、南平、韶关、柳州等地设立了货运管理处，派王兆槐、赵世瑞、江清秀等人分别负责。货运管理局组织了专门的运输队，做到物资随购随运。当时，国统区最缺乏的物资，除了纺织品以外，还有五金、橡胶、汽油、油脂、药品以及机械零部件等。这些物资，货运管理局主要是从上海采购。

当时，在一些人看来，戴笠此举纯属异想天开。因为，要采购的物资都在敌人的严密控制之下，加上运输时必须经过敌人许多道封锁线，可谓难上加难。因此，许多人不愿插手此事，更不理解戴笠为什么要自讨苦吃。那些与戴笠有矛盾的人，更是要等着看他的笑话，看他如何作茧自缚。然而，他们低估了戴笠的能量，也忘记了戴笠所特有的两方面的重要人事关系，即他与杜月笙、周佛海之间的特殊关系。

戴笠与杜月笙之间非同一般的关系是人所共知的。本书前面已经交代过，戴笠早在上海“打流”时，就曾在赌场得到过杜月笙的救助。后来他在为下野的蒋介石搞情报时，又曾得到杜月笙的资助。戴笠当上复兴社特务处处长以来，与杜月笙交往更加密切，其特务组织与帮会势力逐步融为一体。杜月笙在黑道上遇到麻烦，戴笠总是责无旁贷地为之排忧解难；戴笠有什么要求，杜月笙也总是毫不犹豫地鼎力相助，二人长期合作，亲如兄弟。上海失陷后，杜月笙本人虽然已离开上海，但他把徐采丞、万墨林留在上海主持一切。军统局潜伏在上海的特务中，不少是杜月笙的门生。另外，杜月笙的门生如汪曼云等人投靠了敌伪，并掌握了一定的权力。只要老头子发话，这些门生定会为其效劳。况且，清帮的组织遍布全国，控制着许多交通要道、水旱码头。杜月笙身为上海清帮的大亨，可以利用各地的清帮组织为自己服务。戴笠有杜月笙这位神通广大的好朋友相助，真乃如虎添翼。

戴笠与周佛海之间的关系则鲜为人知。周佛海被称为汪伪集团的“参谋长”，是汪伪集团的第二号人物。汪伪政府建立之初，他任财政部长兼警政部长；汪精卫死后，又升任行政院副院长兼财政部部长，一直掌握着汪伪政权的财政大权。戴笠为了把周佛海控制在手，接受了唐生明的建议，把周佛海的老母和岳父软禁起来作为人质，逼迫周佛海就范。周佛海为了两位老人的安全，更主要的是为了给自己留条后路，就通过保释军统特务程克祥，与戴笠建立了联系，暗中为重庆政府效力，并答应戴笠，今后有什么事尽管可以找他。抗战后期，在日本已成定局，汪伪政权摇摇欲坠的情况下，如果戴笠有什么事让周佛海办，他岂敢不俯首听命！

有了杜月笙、周佛海这两方面的人事关系，戴笠要从上海等地采购物资，就不是异想天开了。

当然，戴笠之所以乐于承担这项工作，不仅是因为他心中有底，而且也有他个人的打算。抗战以来，国民党的达官贵人都利用职权大发国难财，戴笠自然不肯落于他人之后。同时，他的军统局规模不断扩大，人员最多时曾达到10万。如此庞大的一支队伍，其开支之大可想而知，仅靠上司拨发的经费根本无法维持。过去，戴笠曾多次求助于杜月笙，由杜提供资金上的支持。但这毕竟不是长久之计，必须另谋生财之道。现在机会来了，若能从沦陷区采购军需和民需的紧俏物资运到大后方，再把当时不准出口的大后方的军火原料如锌、锡以及毒品等，贩运到沦陷区，这样一来一往，两头赚差价，一定可以获取厚利。当时，国统区战时交通检查、货物运输的大权统统掌握在戴笠手中，实现上述计划丝毫没有问题。这样好的机会，头脑灵光的戴笠岂肯放过。

戴笠知道，有些业务由官方机构出面不太方便，不如成立一个公司，以民营方式经营这项业务更便利。于是，戴笠与杜月笙合作，创办了一个官商合营的“通济公司”。该公司由杜月笙担任董事长，杨管北、钱新之任常务董事长，戴笠做后台老板。公司资本共一亿多法币，分别由杜月笙、范绍增、康心如、顾嘉棠等人的“商股”与以国民党中央四大银行（中央、中国、交通、农业）为主的“官股”各出一半。

为了便于经营业务的开展，他们又在上海设立了一个“民华公司”。该公司名义上是通济公司的交易对象，但实际上是它的分公司。其负责人是徐采丞。

前文说过，徐采丞是杜月笙的弟子和得力助手。上海沦陷后，被杜月笙留在上海，负责联络和指挥滞留在上海的杜月笙门人。徐采丞在与日本人周旋中，结识了驻上海的日军军官川本。川本视徐采丞为“对日亲善”分子，很信任和赏识他，并聘他为顾问，给予他许多便利。军统在上海的特工一旦被捕，只要徐采丞出面，一般都可以保释。正因为徐采丞与日本人有这种关系，所以，民华公司在上海采购物资的活动，得到了川本的支持。

打通了日本人方面的关系后，民华公司的业务还要设法摆脱汪伪方面的掣肘。当时，汪伪政权在上海设立了商务统制会，负责物资管制。该机构以从日本运来的大量黄金作为资本的后盾，能够囤积大量的物资。但是，由于这时戴笠已经把周佛海掌握在手中，有周作内应，民华公司的业务得以顺利开展。周佛海不但为民华公司的经营活动大开绿灯，甚至还默许军统私印伪钞。这样，戴笠可以放手地在上海采购所需的物资。

为了防止货物在运输途中出问题，杜月笙在运输线路上设立了界首、淳安两个分公司，作为中转站。这两个中转站，分别位于通济公司在沦陷区的两条货运路线的必经之地。两条货运路线中，一条是水路，由上海经杭州转钱塘江、富春江，用木船将物资运至浙江的淳安；另一条是陆路，先用火车将物资运至陇海路，再转运到安徽的界首。当时，伪军郝鹏举部驻防陇海路一带，源源不断的货物在这里装卸，很难逃过伪军的眼睛。然而，郝鹏举与戴笠之间也达成了默契，因而民华公司的货物运输得以畅行无阻。民华公司把货物运过封锁线后，就由通济公司接收，再交给军统控制的交通运输大队，一直运往重庆。大后方的所谓“土特产”，也顺着上述路线，源源不断地运往上海，出售给敌伪。

据说，民华公司实际上是徐采丞、万墨林与日本特务机关合作组建的。其资金三亿伪币，全部由日本特务机关提供。而且，由驻沪日军负责在上海收购棉纱等物资，并打包装运，通济公司则以日军急需的物资作交换。狡猾的日本人不会作吃亏的买卖。这种物资交换不但可以使日军得到一部分急需物资，而且日方企图利用这个渠道，打通与重庆国民党最高当局的联系，诱使蒋介石政府背着英、美，单独与日本媾和，以便缓和中国战场的战局，抽调侵华兵力支援太平洋战场。从这个意义上说，通济公司的业务实为日、蒋之间的“通济”。也正是因为有这层关系，日本人对杜月笙也很“关照”。日本占领上海后，一直没有触动杜月笙的财产。杜月笙在杜美路70号的豪华住宅，也没有被占用。一直到抗战胜利，这座房子始终空闲着。

通济公司业务活动的性质，用当今的话来说，就是一种“官倒”行为。它的经营规模之大，从戴笠的话中可见一斑。戴笠在一次谈话中曾说，由通济公司和其他渠道抢运的物资中，仅阴丹士林布就有6万匹，价值达6亿元；白布价值也在5亿元以上；还有一大批正在途中，其价值更大。由于通济公司生意兴隆，大量金钱源源不断地流入杜月笙和戴笠的腰包。难怪杜月笙在重庆时仍常与范绍增、刘航琛、康心如等商业、金融巨头豪赌，一掷千金而毫无惧色。

此间，杜月笙还与戴笠合作，从事罪恶的鸦片贸易。贩运鸦片非常赚钱，杜月笙与戴笠见钱眼开。如有一次，杜月笙让戴笠先准备好烟土待运。然后，派范绍增给孔祥熙送去一张500万元的支票，以此换取国民党财政部放行的护照。护照到手后，由戴笠手下的特务将几十卡车的烟土武装押运到镇南关交货。卖烟土所得，大部分由戴笠与杜月笙平分。

1945年3月29日，杜月笙的得力弟子、在国民党政府财政部任总务司长的王绍斋，秘密来到汪山别墅面见杜月笙。王绍斋精神紧张，同时又带有几分兴奋。他对杜月笙说：“先生，有一个机密情报，学生特来向您通风。”他见杜月笙正在倾耳细听，接着说：“财政部下命令，明日黄金牌价要上涨了，由每两2万元提高到3万5千元，几乎上涨一倍。这是个发财的好时机，您不能丢啊！”原来，国民党政府为了缓解恶性通货膨胀的压力，由孔祥熙召集了几个机要部下，商议要搞黄金储券，规定六个月为一期，公开发行。凡购买此券者，不论将来币制如何变动，到期都可以兑到黄金。王绍斋是被孔祥熙召来开会的几个“机要部下”之一。获得这一重要情报后，他立即跑来向杜月笙通风报信。

杜月笙马上意识到，这的确是发财的绝好机会，顿时兴奋起来。他告诉王绍斋：“不要再声张了，你赶快回去，否则要招惹麻烦的。”说完，他唤来儿子杜维藩，让他立刻去找大业钞票印刷公司老板李祖永（华北汉奸王克敏的外甥），要他倾所有资金买进黄金。接着他又给中华实业信托公司总经理杨管北打电话，要他也迅速动手。

第二天一早，黄金牌价上涨的决定刚公布，蒋介石、孔祥熙就得到消息，昨日仅半天工夫，中央银行就被买走巨额黄金。蒋、孔甚为震惊，断定有人泄密，遂下令严厉追查，严加惩处。不久，杜月笙抢购黄金之事败露，王绍斋、李祖永、杨管北陆续被捕入狱。有关当局顺藤摸瓜，终于追到杜月笙的头上。

事发后，杜月笙虽有些紧张，但并没有惊慌失措。他想，蒋介石、孔祥熙在黄金涨价的决定公布之前，一定吃个肥饱，我杜月笙只不过揩点油水，算得了什么？再者，虽说老蒋近来对自己冷冷淡淡，若即若离，但凭着多年的交情，他还不至于翻脸不认人。

蒋介石本来就对杜月笙来渝后的所作所为有些不满意，现在又搞出一个“黄金案”来，实在不像话。他明令有关方面，对该案要一查到底，严肃处理，以平民愤。不久，国民党法院向杜月笙发出了传票。杜月笙接到传票，着实受了一惊。他没想到，自己原先的估计竟然错了。杜月笙突然预感到，他与老蒋的关系快要走到尽头了。然而，法院却迟迟不对此案作进一步调查审理。这倒把杜月笙打入了闷葫芦。

抗战末期，蒋介石更是无心抗战，一心只想如何把共产党搞掉，维持他的独裁统治。当时，国民党把所谓“国民大会”炒得沸沸扬扬。一时间，大小党派纷纷成立，力图在将来的“国民大会”中占据一席之地。在这种背景下，陆京士也突发奇想，建议杜月笙把恒社改组一下，成立一个政党，以便将来在政界求得发展。杜月笙听了，最初也确曾为之心动。但转念一想，老蒋一贯厌恶国民党以外的任何政治力量的发展，一听“政党”二字就头痛。我杜月笙与老蒋交往多年，他不仁，我不能不义，我不能拆他的台。思虑再三之后，杜月笙决定放弃陆京士的建议。

第二十三章

蒋介石降以重任
杜月笙衣锦还乡

1945年6月，日寇已经力渐不支，最终走向失败的大局已定。这时，美国统治者已开始为其战后在远东的利益打算盘。中国面临着“前门赶狼，后门进虎”的危险局面。狡猾的美国佬妄图在战后取代日本人，独霸中国，变中国为美国的殖民地。其部署之一是，美军打着进攻日军的旗号，在中国登陆。为此，美国海军部通过中美技术合作所美方代表梅乐斯少将转告戴笠，让他做好配合美军在杭州湾登陆的准备。梅斯乐还向戴笠透露，一俟抗战结束，中美合作所的工作告一段落，美国就与军统局开始一项新的合作，即美国协助筹建中国海军，由戴笠任海军部长，并将配合美军登陆的忠义救国军和别动队经美军培训后，编为中国的海军陆战队。

戴笠听了梅斯乐传达的消息，怦然心动，“美好”的前景对他无疑是个巨大的诱惑。起码，他不必为抗战胜利后自己的命运费思索；也无需担心军统10万喽罗的出路问题；他与杜月笙合作搞起来的忠义救国军、别动队也算有了出路。因此，他决心竭尽全力打好最后一仗，以各方面工作的实绩，向美国佬显示一下自己的能耐。

然而，迎接和配合美军在中国东南登陆，谈何容易！自抗战进入相持阶段以来，蒋介石消极抗战，积极反共，把军队调往大西南、大西北，东南几乎成了国民党军队的真空地带。立即大规模调兵遣将，既无可能，老蒋也不会同意。戴笠冥思苦想，正在无计可施之机，突然想起他的好兄弟杜月笙。他知道，杜月笙前些日子犯了“黄金案”，闹得满城风雨，惹恼了蒋介石，正在被审查之中。但是，就目前而言，杜月笙是东南方面最有实力的人物。他的帮会势力强大，而且渗透于四面八方，聚散极其容易。在上海，杜月笙的地位和影响更是无人与之匹敌。东南的工作有他帮办，肯定能大获成功。想到这些，戴笠立即晋见蒋介石，说明原委，请求老蒋批准。蒋介石听了戴笠的想法连连点头称赞，并说：“把杜月笙叫来，谈谈再说。”

杜月笙自“黄金案”案发以来，虽然捞到的钱仍在腰包中，但一直闷闷不乐。昔日常去的范公馆，时下似乎对他已经没有半点吸引力。他整日大门不出，二门不迈，待在家中想事。杜月笙并不是怕案子判下来，让他蹲狱坐牢。令他费思索的是，蒋介石葫芦里到底装的是什么药。案子一拖再拖，迟迟不作结论，老蒋到底要把我杜某人怎么样？

6月1日这天，杜月笙早晨八点多钟才起床，精神依然不佳，喘得厉害。洗漱完毕之后，仆人送来早点：两个鸡蛋，一杯牛奶。杜月笙毫无食欲。他摆了摆手，示意仆人端走。仆人无可奈何地望了他一眼，没敢说话，退了下去。仆人出门不久，忽又返回来报告说，戴笠来见。杜月笙久已灰暗的眼睛为之一亮，立即吩咐仆人，速速把戴笠请进来。

杜月笙自从吃了官司以来，门前十分冷清，来客极少。这也是这位热闹惯了的杜闻人烦恼的原因之一。他心里暗暗骂那些趋炎附势的人。戴笠则不同，是他的好兄弟。平日因公事繁忙，没有要事，他很少登门，今日突然到来，肯定有什么重要事情相告。杜月笙正想着，戴笠已兴冲冲地进了屋。没等杜月笙让座，他便一屁股坐下来。杜月笙看到这种情形，也免去寒暄，直截了当地问："老弟，何事如此匆忙？"戴笠并不答话，望着杜月笙笑了笑，却明知故问地说："杜兄近来何故面容憔悴，无精打采？"杜月笙叹了一口气，说："抗战八年，到头来，我杜月笙却成了党国罪人了。"戴笠见杜月笙的确在为"黄金案"发愁，便说："杜兄，我正是为此事而来。你马上就和我去见蒋总统。"杜月笙被这突如其来的话弄得摸不着头脑。他望着戴笠，想等他作进一步解释。戴笠却不再说什么，拽起杜月笙就要走。杜月笙越发奇怪，犹豫中便被戴笠牵出了家门。

汪山别墅与蒋介石的行宫相去不远。一路上，杜月笙的心一直突突地跳，额头上大粒的汗珠早已渗出，脸色愈加难看。此时他饿着肚子被拉来见蒋介石，是吉是凶，难以料定。戴笠见他神情紧张，才渐渐透出口风："黄金案一事乃是区区小事，杜兄何必耿耿于怀呢！我已向蒋总统说好了，此案不再予以追究。"杜月笙听了一怔，疑惑地问："是真的？"戴笠说："蒋总统肯定同意，并且很可能要委你重任。"杜月笙仍然将信将疑，接着问戴笠："王绍斋、李祖永他们怎么办呢？"戴笠很干脆地说："放！"

十分钟后，戴笠和杜月笙见到了蒋介石。蒋介石对杜月笙一副慈善面孔，问寒问暖，关怀备至。这倒让杜月笙有些不自在。蒋介石根本不提"黄金案"一事，而是高谈大好形势：德国已经投降；日本也大势已去，英美盟军计划不久就要在中国的杭州湾附近登陆，最后胜利的日子屈指可数。蒋介石眉飞色舞，一副得意洋洋的神态。陡然间，蒋介石沉下脸来说："美军要在东南登陆，需要中国军事力量的配合；接受日军的投降，也要有足够的我们自己的力量。"蒋介石有意把"我们自己的力量"几个字说得既重又慢。之后，他对着杜月笙说："在这方面，我们还需要杜老弟的积极配合和帮助，你是否……”蒋介石有些迟疑，没有把话说完。他这时最关心的是，一旦日军缴械，由谁前去受降。他自己的嫡系部队远在大后方，受降不可能，弄不好，受降权落到共产党军队手里。

蒋介石之所以要亲自与杜月笙谈，就是想由杜月笙在沪浙一带的帮会力量参与受降工作，让戴笠专心做配合美军登陆的工作。由于戴笠在场，并且已经提出要杜月笙同行，所以蒋介石不便把话直接说明。杜月笙凭着他丰富的经验，已经明白蒋介石的想法。他以负罪之身，正想要好好表现一番，将功补过。因此，不等蒋介石把话说完，就接过来说：“党国大事，匹夫有责。我杜月笙愿全力协助。”蒋介石听了甚为高兴。直到这时，他才提到“黄金案”，告诉杜月笙不要把此案放在心上。这样，蒋介石与杜月笙之间的这笔“交易”即告成交。中间人仍然是戴笠。

6月底，戴笠、杜月笙从重庆出发，乘车赶到地处环山之中的贵阳军用机场，与在此等候的梅乐斯会合后，改乘美制C—46型运输机东行，直飞福建长汀。为了避开日军的监视和炮击，飞机时南时北，忽高忽下，左侧右倾，发动机发出刺耳的噪音。戴笠和梅乐斯尚且有些吃不消，而对没坐惯军用飞机的杜月笙来说，简直难以忍受。他面如土色，大气直喘，由两个保镖一刻不停地服侍着，好不容易挨到了目的地。

长汀属于国民党第三战区管辖。杜月笙派出先行的陆京士等人早已在此恭候多日，彼此见面，自然高兴。杜月笙虽然鞍马劳顿，但精神异常振奋。因为，不久他就可以重返故里，再度称雄上海滩了。另外，从长汀到目的地淳安，虽说路途崎岖，但毕竟不算太远了。

当时的淳安县城，在今天的地图上早已销声匿迹了，它已被碧波粼粼的新安江水库所淹没。而在那时，淳安却是国统区的一处要地。这里设有军统局的55号站。该站也是忠义救国军总部办公及招待来往军统人员的地方。其具体地址在淳安县城郊的西庙。

戴笠、杜月笙、梅乐斯三人到淳安已是7月底了。他们经过一番筹划，即分头开始工作。戴笠与梅乐斯每天早出晚归，组织方圆百里内的中美合作所东南各情报单位的工作。杜月笙则坐守西庙，指挥他的部属陆京士等人，联络有关方面的人士。杜月笙联络的人员主要有三部分：仍在京沪地区的清帮门徒；投靠伪军并已掌握了一部分兵权的昔日门徒；上海的部分劳工。上述第一部分人因一直留在京沪地区，多少都与日伪有些瓜葛。他们为了将来不被当作汉奸处理，自然愿意重新聚集在杜月笙的旗下。第二部分人主要有杜月笙昔日的门徒马柏生、徐朴诚，二人均是伪军的纵队队长。他们一见到杜月笙派去的人，便立即表示愿意弃暗投明，听从杜老板的指挥。对于第三部分人，则主要由陆京士、曹沛兹利用早年搞劳工工会的关系，选调年轻力壮的工人，到安徽榕村的“工人忠义救国军训练班”

接受短期培训，然后潜回上海。

杜月笙时刻不忘发展恒社的力量。他在淳安设立恒社的分社，并吸收中国银行淳安分行经理、第三战区参议彭光亭（与戴笠是同期黄埔毕业生）入社。入社的还有丁锡山、王彦存、陈默、杨志雄等。

日本投降前夕，蒋介石也忙碌起来。1945 年 8 月 11 日，蒋介石连续发出三道命令：一是要共产党领导的武装力量原地驻防待命，不得擅自行动；二是要他的嫡系部队加紧作战，积极推进，勿稍松懈；三是要日伪军不得向共产党领导的武装缴械投降，并负责维持地方治安，若八路军、新四军前去受降，日伪军可以武装自卫。抗战八年，蒋介石丢掉华北、华中、华南广大国土，退到西南、西北，躲到峨眉山上避战观战。共产党领导抗日军民艰苦抗战。当胜利的曙光即将普照大地的时候，蒋介石却迫不及待地从峨眉山上下来，要抢占抗战的胜利果实。

正当戴笠与杜月笙紧锣密鼓地调兵遣将的时候，突然传来消息说：苏联出兵我国东北，美国在日本的广岛、长崎投下两颗原子弹，日本已正式宣布投降。消息传开，举国沸腾。当时，戴笠正在东南紧张地布置工作，准备截断京沪、浙赣等交通要道，配合美军登陆，阻击日军。日本这么快就宣布投降，是他始料不及的。日本宣布投降，盟军登陆就没有必要了。中美合作所几年来培训的 5 万特务武装，还有他精心策反的伪军，瞬间便失去了迎盟军、抗日寇的作用。尽管如此，戴笠与杜月笙还是兴奋不已，激动异常，毕竟，中国抗战胜利了。

面对日本投降的新形势，在淳安的戴笠和杜月笙加紧商讨对策。他们都很清楚，共产党的新四军、游击队和地下组织在浙沪一带已有相当大的实力，一旦这些力量抢先进入上海、南京等经济、战略要地，后果不堪设想。戴笠不无担忧地说："中央军远在西南、西北，屁用不管。要想抢先一步控制沪、宁二市，光靠军统局的部属和中美所训练班的学员恐怕是不能解决问题的；必须利用上海、南京一带的伪军力量，汉奸也要用。"戴笠喝了一口酒，沉了沉，接着说："杜兄，你看这样做妥不妥：令忠义救国军淞沪地区阮清源部，连夜向无锡、太湖一带及吴淞一带挺进；令集结在温台区的忠义救国军指挥郭履洲，率部队及军统上海行动总队以及中美所训练班的三个教导营，进占崇明、浦东；令中美所参谋长李崇诗，率部向上海市区推进；派军统京沪行动总队等向南京近郊挺进。"戴笠讲完后眼睛盯着杜月笙，一动不动。他既想看一看杜月笙对此的看法，也想看看他的表现。

杜月笙激动兴奋的情绪还没散尽，这时又搀杂了些紧张。突然的胜利的确让他高兴，但附近的局势也的确让他捏着一把汗。一旦上海、南京被共产党占去，不但他的这次行动归于无效，而且他恢复上海昔日风光的种种幻想亦将化为泡影。他听了戴笠所作的布置，连连点头，说："我完全赞同，并且行动越早越好，越快越好。”他顿了一顿，又补充说：“我的帮会弟兄力量也不小，我可以即刻通知他们做好各种准备；现在还可以命陆京士掌握的工人迅速潜回上海。”戴笠对杜月笙的意见和态度十分满意，就此拍板议定。

安排妥当后，杜月笙给蒋介石发出一封电报，将所作布置作了汇报。戴笠以军委会的名义给各地伪军领发委任状，根据伪军人数的多寡，分别授予纵队司令和支队指挥官的头衔。特意任命大汉奸周佛海充任上海市行动总指挥，让他把其伪税警团、伪保安部及伪军统统集结起来，临时负责维持上海治安，阻止共产党的任何力量在上海进行活动，保存好伪中央储备银行的全部财产。这样，周佛海这个在国难当头时投靠日寇的民族败类，摇身一变，成了国民党的重要人物。

8 月 15 日，阮清源部进入上海市区。不久，郭履洲部的一部分依靠军统上海行动总部的支援，击退了崇明岛上的新四军，占领崇明岛，另一部分开到浦东。李崇诗等部也先后赶到上海。

坐镇淳安指挥的戴笠、杜月笙于 8 月 20 日接到周佛海的电报，得知上海已完全掌握在自己手中，手舞足蹈，笑逐颜开。戴笠当即请杜月笙先行一步去上海，自己在淳安做些扫尾工作，随后赶到。于是，杜月笙带着顾嘉棠、叶焯山、庞京周诸门徒 30 多人，兴高采烈地奔上海而来。

杜月笙自从离开生他、养他并令他发迹的上海滩，在外漂泊七八年，如今终于可以重返故里了。他憧憬着回上海后的情景，心里乐不可支，脸上也神采飞扬。却不知，久违的上海滩如何迎接这位衣锦还乡的杜闻人。

9 月 3 日，杜月笙一行满心欢喜地到达上海。正当他在梅陇镇等待好友、门徒迎接他的热烈场面时，有个报信的门徒钻进车内，伏在杜月笙的身边密语了一阵。杜月笙脸色骤变，瞠目结舌，怒气升腾，好半天才令司机掉转车头，朝爱文义路的顾嘉棠家开去。原来，在上海北站附近贴出了许多“打倒杜月笙”的标语和传单。满怀欣喜的杜月笙被那门徒的一阵耳语浇了个透心凉。他脑海里都是盛大的欢迎场面，怎能容忍冒出那些打倒他的标语。他不愿见到那种令他难堪的场面，因而连自己的家也不回了，决定到顾嘉棠的家里暂避一下，以观外面动静。

第二天，杜月笙便得知，贴标语、撒传单之事，系他的弟子吴绍澍所为。这更令他气恼、伤心。他百思不得其解，这位昔日自投门下的大弟子，今日为何反目。早年，吴绍澍就读于上海法科大学时，参加学生运动。四一二时，他出卖了中共上海市委组织，逃到汉口，投靠国民党。后来在汉口混不下去了，又来上海投帖杜门，恳求收他为门徒。杜月笙收了他的帖子，从此二人结成师徒。如今吴绍澍受蒋介石差遣，身兼上海市副市长、上海社会局局长、三青团上海分团主任三个要职，大权在握，已是今非昔比了。“莫非他故意要与我杜某作对，压我的威信，抬他的身价？”想到这些，杜月笙暗下决心，一定要给这个“欺师灭祖”的家伙点颜色看看，把他从高位上拉下来。

不几日，戴笠从淳安来到上海。杜月笙把吴绍澍来沪接收及其反目之事从头到尾说了一遍，要戴笠出谋划策，帮助除掉他。戴笠实际上早已觊觎上海社会局长一职，如今却被吴绍澍抢走，内心也极不痛快。他说：“杜兄，这事包在我身上，保证让吴绍澍在上海横行不了几天。”

吴绍澍作为蒋介石委派到上海的第一个接收大员，来沪后一刻不停地布置日寇投降后的接收工作。他心里明白，杜月笙在上海一呼百诺，举足轻重，自己要想在上海站住脚跟，揽住大权，必须消除杜月笙的影响。于是，他一方面指挥接收工作，一方面策划消除杜月笙影响的活动。所以，才有了杜月笙抵沪时的那一幕。

吴绍澍的所作所为，违犯了清帮十大帮会之一的“不准欺师灭祖”。为此，杜月笙的大弟子吴开先等人回到上海后，曾对吴绍澍大兴问罪之师。他们把吴绍澍“绑”到顾嘉棠家中，斥责他“欺师灭祖”，并要他当面向杜月笙认罪。吴绍澍被逼无奈，只好认错。但事后他仍然我行我素。

戴笠和杜月笙对吴绍澍在接收中大搞“劫收”一事已有所闻。为了获取吴的罪证，他们派人四出搜集吴“劫收”的材料，等待时机，把他扳倒。

不久，军统特务就发现了吴绍澍的罪证。吴绍澍在接收上海巨富邵式军的豪华住宅后，将其改为国民党上海特别执行委员会的办公场所。据邵式军的老婆说，她家有四个大保险箱，全部被吴绍澍接收，条件是把邵式军放走。戴笠得到此情报后，立即派毛森率领大批忠义救国军搜查了原邵氏住宅。发现四个保险箱已坏了三个，箱内价值数亿的财产已被吴绍澍全部攫为己有。另据其他特务提供的材料，吴绍澍不经任何手续，共接收房子一千多幢，汽车八九百辆，黄金一万余两，珠宝无数，也全部中饱私囊。

戴笠和杜月笙得到吴绍澍这些材料后，大喜过望，立即向在重庆的蒋介石报告，说吴绍澍在上海搞“五子登科”（即金子、房子、车子、婊子、馆子）。吴绍澍见情况不妙，天天求见戴笠、杜月笙，想要他们网开一面。戴、杜二人拒而不见。不出几天，蒋介石即电令免去吴绍澍的上海市副市长职务，其上海市社会局长一职也被罢黜。戴笠、杜月笙虽然出了一口气，但仍觉不解恨。10 月底，吴绍澍乘车外出时，遭军统特务打暗枪，幸未中弹。他吓得不敢再久留上海，于 11 月 3 日匆匆离去。

戴笠、杜月笙兴师动众地大抓吴绍澍“劫收”的罪证，其实，他们自己又何尝不搞“劫收”呢？凭着戴、杜在上海的实力，他们的“劫收”比吴绍澍有过之而无不及。日本宣布投降后，在吴绍澍前来上海“劫收”之前，军统特务、杜门徒众早就动手“劫收”了。他们一方面“接收”伪机关、银行、工厂、商店，一方面以“肃奸”为名，四出抓人，勒索钱财。戴笠回到上海后，又以军统的名义查封了一批工厂、企业、仓库，并把手下劫得的黄金、珠宝和汉奸们的妻妾，“收缴”了一大部分。据说，通过这次“劫收”，戴笠夺得的黄金、珠宝等，价值达几万两黄金；汉奸的妻妾女眷被“接收”的，更是无法计数。

杜月笙及其门徒也不甘落后。吴绍澍倒台后，杜月笙要求门徒要积极放心地做好“接收”工作。杜的侄女婿万墨林，在杜美路70号设立总部，指挥“接收”。中央商场仓库中价值600亿元的无账物资，一次即被万墨林盗卖42亿元。徐采丞在抗战期间一直留守上海，“接收”起来更是如鱼得水。他对什么地方有物资可搬，哪里有油水可捞，谁的房子可封，了如指掌。他“接收”的房子、汽车等受用不尽，就送给他的杜门兄弟。叶焯山、杜维康、万墨林的汽车，王新衡、胡叙五的公寓，都是徐采丞奉送的。陆京士到上海后，被封为“忠义救国军总指挥”。他利用手中的权力，抢占房屋和其他重要物资，不计其数。

正当戴笠与杜月笙协力攻打吴绍澍的时候，外界“打倒汉奸卖国贼”的呼声一浪高似一浪。这时，汉奸周佛海犹如过街老鼠，成了众矢之的。人们怎么也没有想到，周佛海这个汉奸头目，摇身一变，竟然成了国民党的“地下领袖”，重新骑在人民头上作威作福。他出入照样汽车开道，警卫成群，前呼后拥，招摇过市。国际舆论也为之哗然，纷纷指出，伪政府首脑人物属于战争罪犯，理应受到审判，绝不能逍遥法外。

在人民群众的唾骂声中，周佛海惶恐不安。他原本认为，凭着自己与戴笠的老关系，加上日本投降后自己又被蒋介石重用，替老蒋尽心尽力，国民党无论如何也不会拿他开刀。然而，在国内外强大舆论面前，他却胆战心惊，害怕总有一天，自己会被送上军事法庭。为了逃脱惩罚，他想通过外交途径，打开一条国际通道。于是，他携带重金前去拜见杜月笙。周佛海对杜月笙说：“杜先生，眼下外面风声很紧，我可能要大祸临头了。想来想去，保全性命还要劳您之手。这点薄礼，一份您收下，一份请您转送外交部长王宠惠。”杜月笙见周佛海可怜兮兮的样子，觉得既好气又好笑。他认为，周佛海卖国投敌，坏事做尽，被众人唾骂是罪有应得。但是，既然他求神求到我的头上，那就帮他一把。杜月笙笑容可掬，劝周佛海无须惊慌，让他回家静候佳音。周佛海走后，杜月笙打开周送给自己的那份礼物一看，原来是金条500根；打开另一份，还是金条500根。

杜月笙派人把周佛海的礼物转送王宠惠后，就与戴笠商议如何保护周佛海。他们商定，马上给蒋介石发一电报，以求稳妥。不料想，电报尚未发出，传来了逮捕周佛海的命令。杜月笙是久混江湖之人，他庇护周佛海不成，甚觉不“义”。俗话说，收人钱财，替人消灾。自己收了周佛海的重礼，又帮不了他，总觉得过意不去。在扣押周佛海的那天，戴笠、杜月笙设宴为周饯行。戴笠、杜月笙竭力为周佛海洗刷罪行，说他为国民党立过大功，保证决不会坐牢。国民党逮捕周佛海，也是慑于国内外舆论，不得已而为之。一直到第二年3月，法院才提审周佛海。那时，杜月笙还在为周开脱，放出空气，说周佛海至多被判处无期徒刑。

第二十四章

杜闻人受挫官场 戴老板机毁人亡

杜月笙从大后方返回上海后，虽说不很得意，但聊以自慰的是，他毕竟是上海黑社会的首领。这时，上海三大亨中的老大黄金荣，年老体衰，早已隐退；老二张啸林也已魂归西天；杜月笙当然要坐第一把交椅。仅凭这一点，他就可重振昔日雄风，再造“辉煌”。

然而，杜月笙错误地估计了形势。

抗战胜利后，上海的帮会势力逐渐衰落。究其原因，首先是因为帮会内部出现了严重的分化。那时，上海冒出了许多独立的流氓团伙，如“三十六股党”、“七十二股党”、“薄刀党”、“阿飞党”等。这些组织的出现与发展是对杜月笙控制的帮会势力的一个潜在的威胁。同时，清洪帮内部的结构也发生了一些显著的变化。最主要表现是，出现了一批与传统的帮会组织系统难以相容的独立的社团，如以杜月笙为领袖的恒社，以黄金荣为首的荣社，杨虎建立的兴中协会，以及范绍曾组建的益社等。这些社团在组织形式上与帮会大相径庭。

帮会实际上是一种仿血缘的封建性的组织。具体来说，清帮是按师徒如父子的辈分制建立起来的，洪帮是按同门皆兄弟的原则组织起来的。帮会内部出现大批社团，无形中使帮会内部出现了裂痕，失去了共同的联系纽带和基础。这样就不可避免地导致了帮会成员纪律松弛，效忠观念淡薄，凝聚力和向心力下降等后果。此外，帮会中地方主义势力的开始抬头，也是一个令人瞩目的现象。比如前面提到的益社，其成员几乎全是四川籍人士。又如由洪门广东帮首领创建的侠谊社，其成员则是清一色的广东人。这些具有鲜明地方色彩的帮会组织，对传统帮会的组织原则也造成了不小的冲击。

帮会势力衰落的另一个原因，是它逐渐失去了租界的庇护。租界的存在是帮会得以兴风作浪的重要条件之一，黄金荣、杜月笙都是靠法租界发家的。他们以租界为巢穴，把触角伸向社会的各个角落。帝国主义租界当局不能完全搬用西方那一套来管理租界，只好利用和扶植租界的流氓恶势力，“以华制华”，以达到其维持殖民统治的目的。租界是国中之国，中国政府无权管辖租界，却又必须和帝国主义租界当局打交道。于是，中国的地方官吏往往利用租界内的帮会头目同洋人建立联系，互通声息。这样，帮会在洋人和中国官方两方面都具有了举足轻重的地位。可是，到了1943年前后，情况发生了变化。随着英、美等国政府相继同国民党政府签署了废除租界的条约，上海的全部区域又都回到了国民党政府的控制之下。这样，原来立足于租界的黑社会势力不仅失去了租界当局的庇护，也失去了为中国地方当局利用的价值。官方可以放胆地对那些破坏性很强且又影响政府声誉的黑道势力采取扼制和打击的措施了。

再说，抗战胜利后，蒋介石对以杜月笙为首的黑社会势力的态度也发生了变化。在上海滩流氓堆里混过多年的蒋介石，对帮会流氓的反复无常、善于投机钻营，深有体会。面对抗战胜利后的时局，集国民党党、政、军大权于一身的蒋介石开始担心，如果还像过去那样过于纵容、支持黑社会势力，就会使人联想起他的帮会历史，损害他的名声。更重要的是，军统和黑社会势力的长期密切合作，已形成了一种尾大不掉的局面，使他产生了戒备之心，深恐有朝一日会危及他的统治。当然，社会的压力，尤其是国民党内一批高级军官、政客对帮会的态度，也不能不对蒋介石有所影响。陈诚就曾多次扬言，要对洪门分子格杀勿论。蒋经国、宣铁吾等人也认为，只有斗垮黑社会势力，国民党的天下才能坐稳。中统局的社会部也曾专门组织人员收集帮会分子的劣迹丑闻，并将之披诸报端，痛加诋毁。所有这些，都促成了蒋介石对帮会态度的转变。

面对上述变化，杜月笙却不识时务。此时的杜月笙已不满足于仅在帮会势力中发号施令，而要涉足于政界。回到上海后，他一心想当上海市市长。在他看来，凭他多年在上海的影响，再加上抗战期间他对蒋介石的效忠，老蒋应该满足他的愿望。然而，令杜月笙始料不及的是，蒋介石却把这一职位送给了他的侍从秘书钱大钧。

杜月笙尚未从这次打击中恢复过来，另一次更大的打击又降临到他的头上。

1946年3月，从南京传来消息，军统局局长戴笠乘坐的专机于17日在南京东郊坠落，机毁人亡。杜月笙的家人和门徒深知他与戴笠之间非同寻常的关系，相约瞒住杜月笙。但不久，杜月笙知道了戴笠的死讯。他与戴笠情同手足，二人长期合作，珠联璧合。本来打算，抗战胜利后继续联手，大干一番，不料，自己的好伙伴突然离他而去。兔死狐悲，杜月笙为戴笠的死伤心不已，大病了一场，卧床不起。身体稍有好转，他就挣扎着下了床，联络吴国桢、杨虎、宣铁吾等人，筹办戴笠的追悼会。追悼会于5月26日在浦东同乡会大厦举行，杜月笙亲自主祭。此后，他又在南京淡水庙请了一帮和尚、尼姑，为戴笠超度亡灵。杜月笙仍觉不能寄托对戴笠的思念，于是，他又与胡宗南一起，设立了一所“雨农中学”，由戴笠的独生子戴藏宜任校长。戴笠死后，杜月笙为他做了这么多事，他们二人的交情由此可见一斑。

戴笠生前最后一个春节是在北平度过的，他是1946年春节前来到北平的。他此行的任务，主要是肃清当地的汉奸，接收敌伪财产，并负责保卫前来北平检查工作的蒋介石的安全。蒋介石走后，国民党行政院院长宋子文又飞来北平。于是，戴笠又担负起保卫宋子文安全的责任。除夕之夜，戴笠专门为宋举办了一场盛大的舞会。舞会开始前，宋子文告诉戴笠，凡军统业已接收的财产，行政院将不予过问。这使戴笠感到很高兴，跳舞时的兴致也很高。新年的钟声敲响了，北平上空除旧迎新的礼花鞭炮声，震耳欲聋，响成了一片。戴笠、宋子文等人停下了舞步，纷纷跑到院子里，争先恐后地燃放花炮。跟随戴笠多年的一名侍卫，不知从哪里找来了几支冲天炮，由于胆小，几次都没点着。戴笠一边笑骂他笨蛋，一边伸手接过了香，把花炮拿在另一只手上去点。这次，花炮倒是点着了，但他还没来得及脱手，花炮就在他的手中炸开了，把他的两个手指炸得乌黑，痛得他龇牙咧嘴。这一下，戴笠方才还欢悦的心情顿时黯然下来。他总觉得，这是一个不祥的征兆，预示着在新的一年里，万事皆不顺利。

他的预感不久就得到了证实。1946年3月初的一天，他接到了毛人凤转来的蒋介石的一份电令，要求他即刻返回重庆，参加情报机构的整顿会议。戴笠深知，整顿情报机构就意味着特务机关的裁撤。抗战胜利后，在重庆谈判和政协会议上，中国共产党和民主党派的代表纷纷要求国民党取消特务机关，这使蒋介石难以应付，不得不摆摆样子。尽管蒋介石不会轻易地取消特务机关，但压缩编制和精简机构恐怕在所难免。由于军统局机构繁多，人员达10万之众，所以必然首当其冲。戴笠接到这份电令后，深为自己部下的出路发愁。他原打算把精简下来的一部分人员安排到警察系统中去，并为此早已拟好了一份“全国建警计划”，推荐他手下的大将唐纵主持这项工作。然而，他从毛人凤附送的一份电文中得知，戴笠的对头、中央警官学校教育长李士珍也拟定了一份战后全国建警计划，并通过考试院院长戴季陶，送到了蒋介石手里。蒋介石碍于戴季陶的情面，特意召见了李士珍。对此，戴笠心里十分窝火。更加令他气恼的是，中统也在极力打击和排斥军统。陈果夫、陈立夫就经常在蒋介石的面前说军统的坏话，破坏军统的形象。所有这些，都使戴笠感到心烦意乱。思前想后，他最后决定，一俟抵达重庆，就以出国考察的名义提出辞呈，暂避一时，以待他日东山再起。

1946年3月13日，戴笠召集在北平的部下训话，之后，他就准备前往天津。他在北平的许多部下都提出要为他送行，他没有答应。但是，军统局北平站少将站长王蒲臣一再坚持，戴笠无奈，只好答应，但告诉他，这次送一送，以后可不要送了。谁料这话竟被戴笠说中了，这一次送行竟成了他们之间的诀别。

1946年3月13日当天，戴笠又由天津飞抵济南。3月16日，飞机启程前往青岛。在那里戴笠会见了美国海军第七舰队司令柯克将军，和他商讨了由美国军舰协助蒋军往东北运送军队、给养之事。当晚，他在自己的寓所宴请柯克，并邀请当地军政首脑作陪。非常巧合的是，这一天席间的话题大多是关于飞机事故问题。

3月17日这天，青岛阴雨连绵。有人劝戴笠在青岛暂留几日，待天气转好后再启程，戴笠没有答应。上午11时45分，戴笠偕上海帮会名人金玉坡、军统局处长龚仙舫等人，由青岛直飞上海。飞机于当天下午一时许飞抵上海上空时，正值大雨滂沱，飞机无法降落，于是调头向南京飞去。老天好像专与戴笠作对似的，南京也是雷电交加，云层又低又厚，飞机很难降落。机场令飞机飞往别处，但戴笠坚持要在此降落。机场无奈，只得同意。但从此以后，飞机就与地面失去了联系。下午四时，军统局上海站见戴笠的专机还未到达，就打电话向南京、重庆等地进行查询，但均无结果。

在重庆，毛人凤不断让工作人员与青岛、济南、天津等地联系，各地均说不知戴笠的下落。18日一大早，毛人凤急忙到蒋介石官邸向他作了汇报。蒋介石也很焦急，忙令秘书与航空委员会主任周至柔联系，亲自询问戴笠专机的情况。蒋介石认为，戴笠的专机可能迫降到共产党控制的地区了，所以才一直没有消息。于是，他命令周至柔和毛人凤分别派飞机前往戴笠专机可能降落的共产党控制区上空搜索。毛人凤立即召集军统局将级干部参加的紧急会议，说明情况，问谁愿带队前往共产党控制区去搜索。会场上鸦雀无声。毛人凤又急又气，说："你们大家怎么都不说话呀？我如果脱得开身，我一定亲自去找，也不为难大家了。"最后，被戴笠提拔为少将总务处长的沈醉自告奋勇前去，才打破了僵局。但沈醉还没有成行，南京方面就传来了戴笠一行已机毁人亡的消息。

原来，3月19日的天津《大公报》根据新华社的消息报道说，戴笠的座机已在南京附近坠毁。消息虽然尚未得到证实，但南京的军统局人员已经人心大乱了。军统局南京办事处主任刘启瑞亲自带领全部手下，冒着风雨，在南京附近搜寻。当他们搜寻到江宁县板桥区时，有一个农民告诉他们，前两天下午有一架飞机撞在山上坠毁了。他们立即赶到板桥区公所，从区公所人员在现场捡回来的两支手枪和一枚图章辨认出，均为与戴笠同机的龚仙舫的物品。这使他们感到凶多吉少，立即让区公所的人带路，前往飞机坠毁的现场。

板桥距出事地点岱山仅10华里左右，但天黑路滑，刘启瑞和戴笠的副官贾金南等整整用了两个小时才爬上山顶。在火把映照下，只见到处都是飞机残骸和被烧焦的尸体。刘启瑞、贾金南等人立即放声大哭起来。此后，刘启瑞当夜赶回南京向重庆报告，贾金南则在区公所人员陪同下，在现场守了一夜。次日天一亮，贾金南就一一查看尸体，寻找戴笠的遗骸。据当地人讲，飞机撞上岱山后，爆炸起火，天下着大雨，大火整整烧了一天一夜。由于尸体全都烧成黑炭，根本无法辨认。跟随戴笠多年的贾金南知道，戴笠左边臼齿上镶有六颗金牙。凭着这一特征，贾金南终于在山腰一条名叫“困雨沟”的山沟里找到了戴笠被烧焦的尸体。

对于戴笠座机坠毁的原因，目前有两种说法。

一种说法是，当飞机在南京降落时，由于云层太低，能见度极差，飞机竟然飞过了机场，撞在了板桥镇南面的一棵大树上。驾驶员赶紧把飞机拉起，不想又一头撞在了岱山上。

另一种说法是，戴笠的座机是被预先安置的定时炸弹炸毁的。此事须从东陵盗宝案说起。

1928年7月2日，刚刚被蒋介石收编、任第六集团军第十二军军长的孙殿英，一夜之间把慈禧和乾隆的墓掘开，将墓内陪葬的金银财宝洗劫一空，这就是著名的东陵盗宝案。

在孙殿英盗得的宝物中，最珍贵的当数乾隆墓中的一柄九龙宝剑。这柄剑长约五尺，剑柄特别长，上面雕有九条紫金龙，象征“九九归一”。剑鞘用鲨鱼皮制成，上面嵌满了红蓝宝石和金刚钻。

东陵盗宝案发以后，全国哗然。老于世故的孙殿英用盗得的赃宝，买通了国民党当朝权贵，使轰动一时的东陵盗宝案不了了之。出身于杂牌军的孙殿英为了取得蒋介石的信任，通过关系与戴笠结成了把兄弟。后来经戴笠引荐，受到蒋介石的接见和任用。

1939年春，孙殿英为了表示对戴笠的谢意，把从乾隆墓中盗得的九龙宝剑送给戴笠，由戴笠献给蒋介石。戴笠将宝剑交给军统特务马汉三，要他负责送往重庆，呈献给蒋介石。马汉三知道九龙宝剑是一件无价之宝，遂起了贪宝之心。当戴笠后来询问时，马汉三谎称，宝剑仍放在孙殿英处，容日后再作计议。

1940年初，马汉三被日本特务机关逮捕并暗中投敌，宝剑先后落入日本大特务田中隆吉和川岛芳子手中。后来马汉三虽然被田中释放，但私自截留宝剑之事始终是他的一块心病。经多方打听，得知宝剑落入川岛芳子手中。

抗战胜利后，马汉三被戴笠任命为军统局北平办事处主任。他到北平后第一件事就是逮捕川岛芳子，并在川岛住宅的地窖中找到了宝剑。1946

年春，戴笠到北平检查肃奸工作，在提审川岛芳子时，意外地获悉了宝剑的下落和马汉三投敌之事。戴笠从马汉三手中索回宝剑后，并没有责备他。但马汉三感到死亡的阴影总是笼罩在头上，与其坐以待毙，不如铤而走险，干掉戴笠。

1946年3月16日，戴笠由北平去天津（戴笠由北京去天津的日期，史料记载不一），随即转飞青岛。马汉三在天津机场送走戴笠后，就找来心腹死党刘玉珠，命他先期赶到青岛，设法在戴笠的专机上安置定时炸弹，制造空难事件。

3月17日，戴笠决定于上午11时由青岛飞往上海。刘玉珠获悉戴笠登机的时间后，立即驱车赶到机场，提出要登机作安全检查。由于刘玉珠有华北督导员的身份，警卫没有怀疑。刘玉珠登上飞机后，把一颗高爆定时炸弹放入一个木箱中，并将引爆时针拨到飞机飞临上海上空时爆炸，以造成飞机降落时失事的假象。

戴笠的专机起飞后，得知上海方面正下着倾盆大雨，飞机无法降落，决定改飞南京。飞机到达南京上空时，同样也是大雨倾盆，能见度很低，飞机偏离航线。下午1时13分，当飞机抵达南京郊县江宁县板桥镇上空时，定时炸弹引爆，飞机失控，一头栽到板桥镇以南的岱山上。飞机坠毁后，起火燃烧，机上人员无一生还。

不管上述两种说法哪一种是正确的，戴笠机毁人亡则是事实。戴笠死时，年49岁。戴笠字雨农，飞机撞的那座山叫岱山；戴笠横尸于困雨沟，如此巧合，难怪世人都说戴笠死于岱山困雨沟是天意，命该如此。

3月25日，国民党政府正式公布了戴笠机毁人亡的消息，并派朱绍良少将主持治丧事宜。4月1日是每年一度的军统局成立纪念大会。蒋介石亲临大会，与各地来重庆参加大会的特务们一同悼念戴笠。此间，国统区各大城市陆续举行了追悼会，军统局各地的主要机构都设置了灵堂致祭。6月11日，国民党政府追认戴笠为中将，并决定按集团军总司令阵亡之例公葬。

6月12日公葬这一天，南京依旧淫雨霏霏。蒋介石偕宋子文、陈诚、陈立夫等文武官员，从南京中山路军统办事处护送戴笠的灵柩前往紫金山灵谷寺。万余人的送葬队伍在雨中走过，大街上一片狼藉。蒋介石送给戴笠的挽联是："雄才冠群英山河澄清仗汝迹，奇祸从天降风云变幻痛予心。"公祭时，蒋介石还含泪宣读了他的一篇祭文，除历数戴笠的"功绩"之外，少不了"心伤天丧，五内俱煎"之类的哀痛之语。同年8月，蒋介石还冒着酷暑，亲自到紫金山灵谷寺为戴笠选择墓地，并叮嘱毛人凤，一定要在子午时下葬。戴笠一生对蒋介石忠心不二，为他拼了一辈子命，死后能得到蒋介石如此待遇，二人之间也算扯平了。

戴笠一死，军统局群龙无首，一片混乱。郑介民、毛人凤、唐纵三人之间展开了争权夺势的斗争。当时，蒋介石委任郑介民为军统局代理局长，毛人凤任副局长，唐纵则被委任为警察总署署长。后来，唐纵逐步退出这场权力之争，主要成了郑介民与毛人凤之间的较量。

郑介民上任后，迫于当时的形势，对军统局进行了缩编。决定把周伟龙统辖的5万特务武装忠义救国军，全部移交交警总队，剩下的5万名内外勤特务，只保留抗战前就参加特务处的人员和抗战期间正式从各特训班毕业的人员，其余的一律裁汰。这样，10万之众的军统局只剩下两万多人。尽管如此，社会上要求取缔军统局的呼声仍然很高。戴笠的好友胡宗南、宋子文等人建议蒋介石用改头换面的方法保留戴笠一生奋斗创立的这个组织。蒋介石接受了这个建议。1946年10月，军统局正式改名为国防部保密局，郑介民为局长，毛人凤为副局长。此后，毛人凤利用郑介民的老婆侵吞日伪财产和郑介民借五十大寿收受贿赂等事，把郑介民搞下去，他自己当上了保密局局长。

保密局继承了军统局的衣钵，继续干着屠杀共产党和革命群众的勾当。1949年南京解放前夕，保密局随同国民党政府迁往台湾。由戴笠一手创办、经营的这个特务组织在大陆寿终正寝。

第二十五章

选议长杜镛“让贤”“打老虎”小蒋败北

抗战胜利后，蒋介石虽然迫于各方面的压力，与中国共产党进行了重庆谈判，并同意召开了政治协商会议，但是，他根本无意执行政协会议通过的包括国民大会案在内的五项协议，只不过以此为掩护，进行内战的准备。为了维持国民党一党专政的政治体制，蒋介石公然撕毁政协的协议，决定单独召开伪国民大会。1946 年三四月间，他要求各地将临时参议会改为“民选”参政会，以便为即将召开的伪国大披上合法的外衣。

蒋介石玩弄“民选”的把戏，纯粹是强奸民意，但却给杜月笙提供了一个良机。

杜月笙觊觎上海市市长的企图落空后，内心对蒋介石不满，一直耿耿于怀，总想找个机会显示一下自己的实力，让老蒋瞧瞧自己的厉害。当他得知上海的临时参议会即将改成“民选”的参政会后，暗暗自喜，感到机会终于来了，于是，他跃跃欲试。本来，杜月笙并不十分热衷于官场。他觉得，游离于官场之外，涉交于各界之间，倒是自在，另有一番风光。但由于在上海市市长职位问题上蒋介石不肯赏光，他憋了一肚子气。这一次，选举上海参议会议长，他定要露一把脸，出出这肚子窝囊气。

杜月笙既然瞄上了参议会议长的位子，就下定决心想法把它弄到手。在他看来，凭借自己在上海的地位和影响，手下又有那么多盘踞要津的弟子门徒，再加上自己控制的银行、企业、媒介等 200 多个单位，捞取选票并不难。为了拉取尽可能多的选票，杜月笙使出浑身解数，四处奔波，推荐他的得意门生、亲信党羽做议员，甚至连管家、医生也一起推荐。1946 年 4 月 28 日，议员选举结果公布，一百多个席位中，属于杜月笙势力的参议员，有“御医”庞京周、绍兴师爷骆清华、侄女婿万墨林、表弟宋文德，以及门徒党羽杨管北、徐永祚、杨志雄、黄炳权、唐世昌、徐学禹等 30 多人。杜月笙对选举结果深感满意。有自己 30 多个心腹在议员里面，再加上自己能施加影响的工商界人士，竞选议长就成功了一大半。

8 月 13 日，杜月笙冒着酷暑，踌躇满志地赶到了正始中学礼堂，参加议长选举大会。礼堂对面站着许多人。他们一个个好像比参加选举的议员还要热情高涨，把手中的小旗子挥得哗啦啦直响，高呼“杜先生众望所归”，“杜先生德高望重”，“杜先生是最佳人选”等口号。杜月笙望着人群中许多熟悉的面孔，知道自己的布置效果还好，脚步更觉轻快。一进会场，正迎头碰上新任上海市市长吴国桢。吴国桢忙趋步上前招呼：“杜先生，欢迎，欢迎。”语音一落，会场里爆发出热烈的掌声。杜月笙与市长搭讪了几句，向会场内扫了一眼，见议员大都到齐，并且都站在那里起劲地鼓掌，许多人还朝他挥手致敬。杜月笙非常高兴，双手举过头顶，往四周拱了一拱，算是答礼。之后，他神态自若地在第一排中间找了个位置坐下来。他身后是万墨林。

少顷，吴国桢走上主席台，清点了到会议员人数，共180人，并把选举程序宣读了一遍。程序第一项是新当选议员的就职宣誓典礼。第二项，由临时参议会议长徐寄庼公布本次选举的候选人。

新议员宣誓一毕，徐寄庼颤颤巍巍地走上了主席台。他先是朝坐在正前方的杜月笙望了一眼，然后向全体议员礼节性地点了点头，对着话筒喊道：“经各位议员和各界团体协商，决定由杜月笙先生为正议长候选人，潘公展为副候选人，在座诸位如果没有异议，就开始投票了。”话音还未落下，台下便响起了掌声。有的干脆站起来大叫大嚷：“没有异议，投票，投票！”

杜月笙在台下不动声色，一本正经地在选票上写下了“杜镛”二字，郑重其事地投了一票。然后，他开始耐心地等待足以显示其影响力的那一刻。

半小时以后，计票完成。吴国桢当众公布选举结果：杜月笙得票116张，当选为上海市参议会议长。结果一公布，台下立时欢声雷动，掌声又一次响起，经久不息。

杜月笙缓缓地从掌声中站起，笑容可掬，连连向众人挥手。一瞬间，欢呼声、掌声停息下来，全场一片肃静。杜月笙神情严肃，他慢悠悠地走上主席台。议员们都睁大眼睛盯着这位上海闻人，听他作什么样的演说。杜月笙面对众议员深深地鞠了一躬，又示意他们坐下，然后对着话筒说：“谢谢市长大人，谢谢各位捧场。敝人今天承选为议长，甚为荣幸。唯我国正向民主之途迈进，上海又是通都大邑，议长责任异常重大；我乃多病之人，不敢担此重任，辜负诸公厚意，多请原谅，再予改选。”他话还未讲完，会场里便嘈杂成一片。有人高呼要杜先生勉为其难；有人则高呼以保护杜先生健康为重，并成全其让贤美德。几派人各执己见，争吵不休，眼看就要拳脚相加。众记者从未见过这样的场面，未听过如此新闻，忙成一团，对准杜月笙和骚乱的会场紧按快门，镁光频频闪烁。这时，吴国桢站起，拿着“杜氏健康诊断书”，示于众人，又当场宣读一遍，说：“杜氏众望所归，当选自属必然，今既坚诚请辞，自应听从志愿，另行重选。”吴国桢宣布定议之后，人声鼎沸的会场才渐渐平静下来。议员们另行改选，结果，潘公展当选为议长，徐寄庼当选为副议长。

杜月笙的“让贤”举动迅速作为头号新闻传遍四方。一时间，杜月笙三个字成了上海乃至全国报纸、广播中出现频率最高的字眼。有关杜月笙的传闻更成了街头巷尾议论最多的话题。面对外界的赞扬之声，杜月笙心情极为复杂。他对这次竞选的组织工作感到满意；选举结果也让他露了脸，并向蒋介石证明，他杜月笙在上海仍然有实力，照样“兜得转”。然而，这“让贤”的美名却委实令他尴尬，个中滋味，恐怕只有这位杜闻人自己才能体会。

议长选举没过几天，8 月 19 日，杜月笙正在家中听戏，忽然看见侄女泪水涟涟地跑进来，进了屋后更是哭叫不止。杜月笙忙问其故。侄女勉强抑制住哭声，断断续续地说：“万墨林被警备司令部抓走了。”

事情是这样的。当时上海粮食来源枯竭，法币已是骨瘦如柴，米价如脱缰之马、离弦之箭，急剧上涨，闹得市民人心惶惶，局势动荡不安。国民党当局迫于形势，不得不贷出一笔巨款，交由万墨林，以上海市米业同业公会理事长身份兼办采运。而万墨林利欲熏心，用贷款进行私运，与孔祥熙的长江公司同谋，囤积居奇，激起公愤。人们指名道姓地骂万墨林是“米蛀虫”，并作对联“乌鸦一般黑，万墨竟成林”来冷嘲热讽。为了平息民愤，国民党上海当局把米价上涨的原因全都推到奸商身上，严令查办“米蛀虫”。于是，万墨林作为头号奸商被宣铁吾掌握的警备司令部抓走。

杜月笙对万墨林囤积居奇、哄抬米价、大发横财的事了如指掌。他曾打算劝戒万墨林不要太露锋芒，以免激起民愤。但是由于忙于竞选，此事被搁置下来。听说万墨林被捕，他腾地一声站起来，怒不可扼地叫起来：“我看宣铁吾是吃了豹子胆!”说完后，他定了定神，又慢腾腾地坐下来，怒气却愈发高涨。他想，万墨林的被捕肯定会在外面造成诸多传闻，也肯定把自己牵涉进去，糟践他“让贤”得来的好名声。再说，打狗还需看主人。宣铁吾随便就抓走了万墨林，这不是有意砸杜月笙的招牌吗？杜月笙越想越气，随即给蒋伯诚打电话，要他向宣铁吾说情，想方设法救出万墨林。放下电话，他还觉得心中没底，又叫来陆京士，让他负责搜集长江公司的黑材料。

几天过后，蒋伯诚打电话告诉杜月笙，宣铁吾不讲情面，而且言辞强硬。这时，陆京士获知，长江公司囤积米粮数量之大，赚钱之巨，万墨林与之相比，相去千里。杜月笙迅速将这一重要情报提供给宣铁吾，让他酌情处理，否则就公开披露。他相信，仰仗蒋介石的宣铁吾，怎么也不敢在孔祥熙头上动土。不出所料，第二天，万墨林就被宣布无罪释放。

一波未平，一波又起，让杜月笙难堪的事情又发生了。宣铁吾向杜月笙开刀不成，反被要挟，大气难平，便跑到蒋介石面前诉苦，并控告杜月笙参与组织了上海的摊贩事件。他还声称，上海只要一天有杜月笙在，他就一日不上任，并自请辞职。

当时，国民党上海警局发出布告，严禁在黄浦、老闸两区设摊经营。1946年11月30日，上海摊贩三千多人游行示威，反对这一决定，遭到血腥镇压，造成7人死亡，数十人受伤。第二天，参加游行者更多，声势更大。结果又被打死10人，打伤100多人。杜月笙想借摊贩的斗争来发泄对宣铁吾的不满和怨气。不料，宣铁吾却到蒋介石那里去告他的状。这不禁使他联想到万墨林被捕一事。他心里明白，如果没有蒋介石在背后撑腰，宣铁吾岂敢在上海滩兜威风。

回到上海后的这一波三折，令杜月笙烦恼至极，并总有一种不祥的预兆萦绕于他的心头。他决定采取以退为进的策略，暂到香港去避一避风头，以等待时机。杜月笙说走就走。1947年1月底，他以45万美元的价钱卖掉了杜美路的房产，发表了一个有病在身、赴港养疴的声明，便偕妻妾等人，离沪赴港。

蒋介石听到杜月笙再度赴港的消息，开始感觉有点意外，进而想之，觉得这样也好，没有杜月笙的势力，上海肯定会更稳定些。然而，不出一个星期，便陆续传来了杜月笙在香港的种种齐谈怪举。上海一家报纸称："上海市商会监事长杜月笙及中华海员总会理事杨啸天（杨虎）两氏，最近联袂赴港，在港欢迎会上，忽发怪论，对于国内政治经济之措施失当，诿为官僚主义之后果，并公然主张停止内战，实行民主，闻者出乎意料，为之乍舌。犹忆去年政协闭幕后，国共失欢，内战掀起，上海商会曾电请政府明令戡乱，时杜月笙为该会常务委员，实主其事……在吾人理想中，斯二人者，纵非官家之自己人，与民主阵营终觉格格不入，不谓一登香岛，居然作风大变。"蒋介石又从媒体中获知，3月8日杜月笙为其子完婚，贺客中不仅有杜月笙往年旧友杨啸天、王正廷、许世英、洪兰友等，还多了李济深、蔡廷锴等坚决反对内战的人物。对杜月笙的这些举动，蒋介石大感震惊。他认为，这是杜月笙有意与他作对。同时，他又深恐杜月笙一旦被共产党和其他势力所利用，对自己极为不利。

蒋介石迅速作出决定，派人到香港面见杜月笙。他命令去香港的人，务必把杜月笙拉回来，并要他尽快来南京。3月23日，杜月笙与《申报》副董事长史永赓（史良才之子）一起回到上海。当天晚上，杜月笙又由王晓籁陪同，乘夜车赶赴南京。

蒋介石在官邸热情地接待了杜月笙。他先是对杜月笙的病情询问一番，接着又大谈内战之必要，并嘱托杜月笙发动社会人士，协力推动“经济改革方案”的实施。两周以后，蒋介石又赶到上海慰问各界。杜月笙被列在招待对象的首位，以示对他的倚重。

杜月笙见以退为进的策略获得胜利，积蓄已久的一肚子怨气和懊恼才渐渐泄出。但是，杜月笙对蒋介石的“抚慰”政策早有领教，所以对蒋介石的嘱托并不放在心上。从南京回来，他便开始筹备自己六十大寿的庆祝活动。为此，成立了以陆京士、徐采丞、顾嘉棠、范绍增等人为骨干的“祝寿委员会筹备处”，负责各方面的宣传、联络和发动工作。

1947年阴历七月十五，是杜月笙的生日。此前的几天，各方面送贺礼、寿文的络绎不绝，而且一天比一天多。最早来的是原市长钱大钧，邵力子夫妇紧随其后，送了“仁者寿”三个字。宋子文送来了乾隆年间的竹根雕成的寿桃和佛手。国民党政府各院院长、各部部长、各省主席、各路总司令等等，也纷纷前往。一时间，杜宅车水马龙，人来人往，好不热闹。

杜月笙只随便浏览了名气稍大的人物像宋子文之辈送来的贺礼，对其他贺礼根本不感兴趣。他等来等去，不见蒋介石送礼物来，心里犯开嘀咕，便慌忙给陈布雷打了个电话，希望他能代蒋介石写几个字送来，以撑门面。陈布雷满口答应。但是，过了两天还是没有消息。到了生日的前一天，蒋介石派专机送来了礼物。杜月笙打开一看，是蒋介石亲笔写的“嘉乐宜年”四个一尺多的大字。他喜出望外，心头的阴云总算散去。

生日这天，泰兴路丽都花园内外车水马龙，人声鼎沸。宪兵、警察三个一群，两个一伙，维持秩序；警察局长俞叔平亲自指挥进出的汽车。祝寿典礼就在花园内举行。寿堂内五尺见方的大寿字悬挂在正中，上海市全体议员的名字密密麻麻地签于其上。寿幛上面是蒋介石题的“嘉乐宜年”四个大字。杜家八公子身穿长袍马褂，老婆、女儿和儿媳都胸前挂寿字花。杜月笙不去寿堂，命陆京士、杨啸天、徐采丞、顾嘉棠、徐寄庼、范绍增六人招待宾客。

上午9时，第一个祝寿者登门，国民党政府文官长吴鼎昌作为蒋介石的代表前来贺寿。杜月笙笑容满面，亲自迎接招待。接着是宋子文、王宠惠、俞鸿钧、汤恩伯、郑介民、吴国桢、宣铁吾、魏道民等政界、金融、工商界的巨头、社会名流。连同其他无名小卒，宾客共八千多人，汽车一千多辆。

12时，章士钊从人群中站起，说要当众送给杜月笙一份由于右任、孙科、李宗仁、宋子文、孔祥熙、何应钦、吴铁城等一百多人共同签名、由他本人执笔写成的祝寿文。章士钊手捧寿文，高声朗读。四周宾客侧耳细听，并不时发出赞叹之声和阵阵掌声。寿文曰：“卢沟事起，海内震动，未达三日，敌席卷千里，漫不可制，如是者相持至于八载。顷之，强敌一蹶不振，肉袒请降，此掺之至坚，导之使然之二三君者，其谁乎？吾思之，吾再思之，此其人不必在朝，亦不必在军……试执涂之人而问焉，吾敢曰，战时初期，身居上海而上海重，战时中期，身居香港而香港重，战时末期，身居重庆而重庆重者，舍吾友月笙先生，将不知所为名之也。”章士钊读至此，停下来望了望稳坐正中的杜月笙，掌声随即四起，欢呼之声震耳。见此情景，章士钊更加起劲。他清了清嗓子，又埋下头来，一气把寿文读完。杜月笙非常兴奋，决定从当日起，举行祝寿赈灾的京剧义演，把全部收入用于赈济两广、四川、苏北等地的灾民。义演初定五天，因南北名角联合演出，所以精彩纷呈，观者如流，故不得不延长五天。十天义演共得收入 20 多亿元。随着赈灾义演的结束，杜月笙的祝寿活动也落下帷幕。

杜月笙虽然对这次祝寿活动比较满意，尤其是蒋介石还亲自给他写了四个大字，但是，杜月笙总觉得美中有些不足，那就是，此次祝寿活动不及杜祠落成时那样红火、那样风光。

杜月笙的六十大寿庆典刚过，蒋介石便派亲信俞鸿钧、儿子蒋经国，以上海经济督导正副专员的身份，统率“戡乱建国大队”来沪督察币制改革工作。蒋介石感到，通货膨胀已近病入膏肓，于 8 月 19 日下达了“经济紧急处分令”，实行币制改革，发行金圆券，强令民间收藏的金银、外币、珠宝首饰，一律交出，换取金圆券，以此挽救频临崩溃的经济。他认为，只要控制住中心城市上海，全部问题就算基本解决。于是，命令蒋经国、俞鸿钧坐镇上海，严厉查办一切敢于违抗命令者。后来，蒋介石还几次打来电话，催促他们筹划平定物价的办法。

蒋经国自恃有“尚方宝剑”在手，牛气十足。一到上海，他就对金融界、工商界施以恫吓，迫使各商业银行交出金银外币，威逼工商业者按“限价”抛售物资。他们还以武力劫持方式，将申新纺织厂的荣鸿元、永安纱厂的郭棣活、大棉商吴锡麟及杂粮油饼业、纸业、糖业等公会的理事长统统加以逮捕。更有甚者，对经营侨汇的林王公司经理王以哲施以极刑处死。蒋介石指使各报纸加重报道，并叫嚷“刑乱世用重典”，不惜以人头来“祭刀”。

杜月笙感到风声骤紧，急忙唤来在沪的儿女和亲信，细细叮嘱：“眼下小蒋气势汹汹，杀气腾腾的，不几天就抓了一批人。咱们在风头上也要注意一些，免得授人以柄，招惹麻烦。”儿女们有的点头称是，有的则不以为然。三子杜维屏说：“小蒋无非是狗仗人势，来此掠财而已。我看这条狗还是不会到处乱咬人的。”杜月笙瞪了他一眼，说：“还是小心为好。蒋介石的脸色一天十八变。”杜月笙叮嘱一番后，便把他们打发走了。

第二天，家人来报，杜月笙的三儿子杜维屏被蒋经国逮捕了。杜月笙听后，气得差一点昏死过去。

原来，蒋经国到上海杀气腾腾地干了一通后，形势不但没有好转，反而日渐恶化，因而决计动动大头，把打击对象瞄准了其表兄弟孔令侃和地方势力的头子杜月笙。他认为，如果拿这两个开刀，大小奸商都会迅速收敛。

孔令侃是扬子公司董事长，在其父亲孔祥熙的保护伞下胡作非为，投机倒把，名震四方，无人敢惹。他见势头不对，蒋经国真的要把大刀架在自己的脖子上，便连夜赶往南京，哭诉于姨妈宋美龄面前，请求给予保护。宋美龄坚决反对蒋经国的做法，要求蒋介石出面制止。

蒋经国父命难违，对孔令侃奈何不得，只好把矛头指向杜月笙。他查来查去，发现其子杜维屏的罪证。杜维屏作为上海证券交易所的经纪人，违反法规，非法进行场外交易。蒋经国拿到杜维屏的罪证，命令将其拘捕，并通过媒体公开予以报道，以造成声势。

获知儿子被捕的第二天，杜月笙神志才完全清醒过来。他对蒋经国恨得咬牙切齿，对蒋介石也是一肚子不满。但他现在只能打掉门牙往肚子里咽。杜月笙极力控制住起伏不定的情绪，装出一副心平气和的样子，寻找对策。

这天下午，杜月笙把陆京士、钱新之、章士钊、徐寄庼等秘密叫到家中，商议如何解救杜维屏。第二天，他又邀请黄炎培、盛沛华、徐采丞、刘鸿生等人商量，谈了整整一个上午。杜月笙对议定的解救方案很满意，说："有诸位大力协助，不出几天，上海市场就能爆发一次强烈地震，小蒋他再有天大的本事也找不到根子在哪里。"

接着，杜月笙针对港报发表的有关此案的不利报道，曾去信要求更正，并在报上刊出一篇"辟谣谈话"，声称："此次小儿维屏，以经营场外交易，违反交易所法，适逢抛纱案发，故被牵涉解送法院。自始至终，镛即认为依法检举，依法办理，实为天经地义。其间绝无情托，绝未说情。港报所载三度请谒均被挡驾之说，全是向壁虚构，毫无故实。三十年来，镛之爱领袖，服从政府，众所周知……币制改革，只能成功，不许失败，为镛所企求，何致以事涉私情，有所非议，而港报遽以暴力、革命等字句相加，当不值识者一笑也。"

杜月笙这样秘密筹划、公开辟谣之后，便耐下心来等待时机。10 月 2 日，他听说市场上发生了大规模抢购风潮，凡官价出售的东西，不论吃喝穿用，都被抢购一空，物价一日飞涨几十倍，金圆券的价值直线下降。杜月笙心里乐开了花，但表面上却叹息不已，哀称改革不奏效。

蒋经国费了九牛二虎之力，企图速战速决，出色地完成其"重大使命"。但狂乱的市场已完全打破了他的幻想。小蒋自叹无力回天，灰心丧气，故想匆匆收场，就此罢休。这时，他突然收到杜月笙的一封来信，信中称：“我的儿子触犯法纪，罪有应得，我管教不严，也甘领应得之处分，但请一秉至公，平等办理。据我所知，扬子公司所囤积的纱布等货物，远远超过维屏等各家，泄露经济秘密的情况也远为严重。请专员立即派员去查看，万勿听其逍遥法外，如此，则万众都心服口服了。”蒋经国读罢此信，知道杜月笙咬上了他的表兄弟孔令侃，脸上露出一丝苦笑。他唤过一人，吩咐再三之后，便回南京去了。

时过不久，杜维屏被宣布无罪释放。

第二十六章

杜月笙魂赴黄泉
蒋介石颁赐挽联

1949年1月上旬，辽沈、淮海战役已经结束，平津战役正在进行中。国民党在长江以北的精锐部队即将全部被歼。国民党败局已定，内部人心涣散，充满了失败情绪。

蒋介石对乾坤于瞬间颠倒哀叹不已。他知道蒋家王朝的末日即将来临，但表面上却故作姿态，装出临大变而不惊、处大险而不慌的样子，以鼓励其部属顽抗到底。

在局势极端不利的情况下，蒋介石故伎重演，又要玩弄以退为进的老把戏。为了替再度下野作准备，1月12日，蒋介石派蒋经国率总统府军务局局长俞济时、警卫组主任石祖德，秘密潜往他的老家浙江奉化溪口，布置警卫、通讯网。1月18日，蒋介石扩大京沪警备部为京沪杭警备总司令部，任命他最宠信的三大将领之一的汤恩伯（另两位是陈诚、胡宗南）为总司令，统一指挥苏浙皖和赣东地区的军事，加紧布置长江防务。为了作更长远的打算，及早准备最后的退路，蒋介石任命陈诚为台湾省政府主席兼警备司令，任命蒋经国为国民党台湾省党部主委，让他们先期经营台湾事宜。

1月21日，蒋介石邀宴其五院院长，正式宣布“隐退”，由副总统李宗仁代行其职。蒋介石宣称：“为冀感格共党，解救人民倒悬于万一，爰特依据中华民国宪法第四十九条总统因故不能执事时，由副总统代行其职权之规定，于本月21日起，由李副总统代行总统职权。”1月23日，蒋介石在汤恩伯、陈诚、蒋经国、俞济时的陪同下，前往溪口镇，住进了其母的墓庐“慈庵”。

此次“隐退”，是蒋介石第三次下野。同前两次一样，这一次蒋介石本无归隐之心。他让李宗仁出面主事，无非是在形势不利时，由李先抵挡一阵。一俟时机成熟，就把李一脚踢开。而且，即使暂时把总统一职让出，他还有国民党总裁的头衔，照样可以凌驾于李宗仁之上。蒋介石的亲信、门生遍布各界，根本不听桂系指挥。因而，李宗仁空有总统的头衔，只是一个傀儡，一切仍在蒋介石掌握之中。

再说汤恩伯领命之后，高唱“保卫大上海”的调子，加紧构筑工事，实行所谓“总体战”。汤恩伯也懂得，要在上海有所作为，离不开上海闻人杜月笙的帮助。他对杜月笙的反共热情估计很高，几次与市长吴国桢一起登门，请杜月笙协助。为了发挥杜的作用，任命杜为上海城防工事建筑材料采购委员会主任，负责筹款购料之事。

杜月笙自从儿子杜维屏被捕获释后，心情烦闷，深居简出，闭门谢客，只是通过广播和家人转达获取一些外界信息。他见蒋家王朝如危楼之将倾，很快就会崩溃，自己也难免有一种日薄西山、命之垂危的感觉。对汤恩伯、吴国桢的几次相请，他只是满口答应，却不见行动。他已经预感到，事到如今，蒋介石有再大的本事，也已无力回天。他在考虑，自己值不值得再为老蒋卖命。

4月初，蒋介石秘密来到上海，视察长江防务，并在复兴岛召开高层军政会议。在上海，蒋介石提出，要特别召见杜月笙。杜月笙得信后，甚觉惊异，自己竟然不知道蒋介石何时到了上海。虽然他对蒋介石尚存怨恨情绪，但仍欣然前往。二人相会，互见对方一扫昔日风光，神情暗淡，一副疲态。蒋介石的那双眼睛更是失去了往日的光亮。他一改盛气凌人的惯例，对蒋经国逮捕杜维屏一事解释再三，说自己根本不知道，否则是不会让他那样乱来的。杜月笙心里明白，此时讲别的已毫无意义，忙说：“经国他严以执法，不枉不纵，无甚大错。只是维屏犯了法纪，逮他应当。”蒋介石见杜月笙给自己铺好了台阶，露出些许笑意。随之，他便谈起上海城防之事，说：“上海守军的成败，至关重要，我们必须尽全力抵住共军，坚持守城。等不多久，第三次世界大战一开，我们就会胜利的。目前，上海的防御还不充分，为了党国的命运，各方面还需要杜老弟竭诚出力。”蒋介石望着杜月笙，见他不动声色，接着说：“一旦上海失守，你可退出上海，找个适当时机，同赴台湾。”杜月笙见蒋介石言辞恳切，只好点头。

与蒋介石见面后，杜月笙仍然不问战事。此时，他最关心的是自己的退路问题。蒋介石要他去台湾，他思量再三，觉得不能接受。他想：上海一丢，便成了共产党的天下，自己是必定要走的。但蒋介石退守台湾，能待多久也很难预料。自己不如像前几年那样，再度赴港，静观时局变化，进退两易。

4月12日晚，杜月笙对家人说，明天他要宴请客人；从明天下午开始，除了邀请的客人之外，其他来客一律不见。

翌日下午三时后，杜月笙把家里的门卫、侍卫、茶房一律打发回家。厨师在上午烧好一只装有鸡、鸭、火腿、鸽子的大沙锅后，下午也回家去了。杜月笙叫来黄国栋，让他留下侍候客人。下午5时左右，徐采丞来到。

接着，钱新之、章士钊、黄炎培、张澜、盛丕华、沙千里、史良等先后赶到。黄国栋送完酒菜之后，也被杜月笙打发回家。黄国栋对杜月笙的神秘行动迷惑不解：杜月笙请来这么多被国民党排斥而被共产党欢迎的人做什么。

第二天，杜月笙告诉黄国栋："我在布置留守上海的事情，我要你留在这里，照看家中的一切。"他见黄国栋顾虑重重，有些不情愿，接着说："老蒋一定让我走，我不得不走。我到香港住一段时间，还要回来的。共产党方面的朋友向我谈到，解放后让我参加新政协，所以你在上海不会有什么问题。徐采丞也不去香港，遇到困难，可以和他商量。"说完，杜月笙又写了三封信，交与黄国栋，说："解放军进上海，队伍是正规的，不会出乱子。解放后你可以见到不少熟人，出什么事你也可以找他们。"黄国栋接过信一看，是分别给廖承志、潘汉年和盛丕华的。

不久，杜月笙就听到了解放军横渡长江、占领南京的消息。对此，他丝毫不感到惊奇。因为，他早就看出，蒋介石的彻底垮台只是时间早晚的问题。杜月笙意识到，自己离开上海的时候到了。

杜月笙临行前没有忘记去探望他的老搭档黄金荣，他驱车来到漕河泾。隐居多年的黄金荣此时见到杜月笙，既有说不出的高兴，又有几分难以名状的惶恐与哀伤。杜月笙对他说："金荣哥，我想去香港暂住一段时间，你也去吧。"黄金荣摇摇头，叹了一口气，颤颤巍巍地说："我老了，八十多岁了，是能不动就不动了。"他极力睁大眼睛，两手哆哆嗦嗦地握住杜月笙的手，继续说："月笙，念患难兄弟的情分上，我托你一件事。"杜月笙忙应道："金荣哥，你说，天大的事，只要你一句话就行了。"黄金荣见杜月笙如此爽快，就说："好，你把我媳妇志清和小囡启荣带走，我托你了。"他用力握了握杜月笙的手，又说："我走不走就无所谓了。"说着，一行老泪流下来。杜月笙也泪水盈眶，忙点头答应，并说了些安慰的话，便向黄金荣告辞。这一对昔日叱咤风云的上海大亨，今日见面如此凄凄惨惨，恐怕是他们不曾料想到的。

4月27日，杜月笙独自包了一艘荷兰商轮，偕三姨太孔佩豪、四姨太姚玉兰、同居但尚未结婚的孟小冬及子女，离沪赴港。同往的还有万墨林、朱文德、金廷荪等20余人。

杜月笙到达香港后，一家老小住在坚尼地68号。由于环境改变，生活上不适应，再加上心情忧郁，杜月笙的身体状况越来越差，日趋恶化的哮喘病折磨着他。不胜烦闷的时候，他便大发脾气，说："有脚不能远行，想说话又气促难言，我岂不是变成活死人了！"经济状况的恶化也使杜月笙愁眉不展。穷奢极欲惯了，稍不随意，杜月笙就受不了。但现在他既无心也无力再去开创"事业"。他终日无所事事，只好以赌牌和听说书打发日子。

赌牌像往日那种豪赌是不可能再有了，只是凑上几个老友，或拉上妻妾儿女摸摸罗宋，推推牌九而已。听书更是很难品到乡音，只是请几位名家唱一曲堂会，说一回《玉蜻蜓》《双珠凤》而已。尽管情景已远不及上海滩，但这样尚能减轻他的身体病痛，麻痹他的神经。

时间一晃半年多过去了。对杜月笙来说，其间没有大的变化。但是，对于中国来说，却发生了翻天覆地的巨变。蒋家王朝被推翻，新中国诞生了。蒋介石如同他早已打算的那样，灰溜溜地逃到了台湾。

一天，徐采丞突然登门，令杜月笙不胜惊喜。半年来，杜月笙对留守上海的门人、弟子们似乎有些淡忘了。徐采丞的到来，引发了他许多记忆，勾起了他对上海的关切。他急切地问："怎么样，上海如何?"徐采丞微笑着说："挺好的。共产党占领上海之后，社会秩序井然，经济也正在得到恢复，老百姓日子安定，他们都欢迎共产党。"徐采丞简单介绍了上海的情况之后，接着说明来意："我这次来香港，就是受陈毅市长的委托，来迎接您和钱新之等几位先生回上海的。"徐采丞说完后，注视着杜月笙。杜月笙满心狐疑地问："真的吗?"徐采丞点了点头，一副认真的样子。杜月笙还是将信将疑，揣摩着上海的情况。最后，他吞吞吐吐地说："这得要我好好想想，等等再说，等等再说。"

徐采丞走后，杜月笙一直琢磨着回上海的事情。不久，他听说好友章士钊来到香港，遂邀至家中叙谈，想听听他的意见。一见面，章士钊就直截了当地问："杜先生考虑得怎么样了?"杜月笙十分茫然，反问道："你指什么考虑得怎么样了?"章士钊听后，哈哈大笑起来，说："月笙兄，老蒋搞了那么多年，弄得民不聊生，如今败退台湾，难道你还想为他陪葬不成。"杜月笙这才明白章士钊是指回上海的事。只听章士钊接着说："住在香港不是长久之计。王晓籁、刘鸿生、吴蕴初都已经返回上海了，先生没听说?"杜月笙自来港后，一直疏于来往，闭门谢客，几乎与外界隔绝。他听说王晓籁等人已回上海，有些惊异，便问："这些人都能回去?"章士钊见杜月笙半信半疑，仍有顾虑，又进一步说："毛泽东主席一向开明，尊老敬贤，求才若渴。我当初就犹豫过，可共产党讲信用，我现在不是成了司法部长么。"听了章士钊这些话，杜月笙连连点头，自言自语地说："若真是这样就太好了。"稍作思索，他对章士钊说："我没有思想准备，再等些时日，有了机会，我也回去。"

章士钊走后，杜月笙翻来覆去想了一个星期，初步决定回上海。但他听家人说，国民党的《中央日报》正在大肆攻击大陆的绅商，诬蔑他们为"政治垃圾"、"经济蝗虫"。杜月笙心想，我要回上海去，老蒋肯定反对。于是，他又犯开嘀咕。

正在杜月笙进退踌躇时，军统头目汪宝瑄进了杜门。他是奉了蒋介石的命令，前来阻止杜月笙返回上海的。一见面，汪宝瑄就表明了来意，说："蒋总统希望杜先生尽早去台湾，当局还有一封亲笔信，将由洪兰友交先生，信中所说，与我说的差不多。"杜月笙本来就对汪宝瑄的到来惊诧不已，听说蒋介石让他去台湾，口气又那么强硬，一时不知所措，只好闭口不语。汪宝瑄见状，又进一步向他施加压力，说："来港的工商巨头还有一半没有回大陆，他们都在看杜先生的风色呢！蒋总统希望你能站在他的一边。"汪宝瑄用手拢了拢额前的头发，接着说："共产党惯于宣传，你回上海不是自投罗网?"在汪宝瑄的威胁利诱下，杜月笙心里乱极了。他始终眷恋着生他、养他、令他发迹的上海滩，又怕回去后，既不受共产党的欢迎，又遭蒋介石的暗算。他已无心再听汪宝瑄宣的说教，告诉汪自己不舒服，改日再作答复，把汪打发走了。

经过这么一折腾，杜月笙的病情迅速恶化。他心烦意乱，干脆暂不考虑回上海之事。气力不支的杜月笙深深感到，他这把老骨头已容不得大折腾了。于是，他决定继续留在香港，安度他的晚年。

杜月笙的健康状况历来不好。他的哮喘病是在抗战期间久居重庆时加重的，如今已发展到须臾不能离开氧气罩的地步。偶或一个接不上，他就立刻气喘吁吁，额汗涔涔，脸部涨成青紫色。到了 1951 年 7 月，杜月笙的两脚开始麻痹，下半身形同瘫痪。负责为杜月笙诊治的香港中西名医吴必彰、吴子深、丁济万、朱鹤皋等人，都是杜宅的常年医师。但是，名医良药逐一试遍，杜月笙的病情不仅不见好转，反而每况愈下。

8 月初，杜月笙已经意识到，自己的人生之旅快到尽头了。他招来陆京士、钱永铭、徐采丞、金廷荪、吴开先、顾嘉棠等人，为他起草遗嘱三件，其一对于国家社会，其二训勉子女，其三详列财产处理方式。杜月笙对遗嘱作了数处修正之后，由万墨林协助，在三件遗嘱上用了印，又请钱永铭、徐采丞、吴开先、顾嘉棠、陆京士等作证人，让他们一一签章。办完遗嘱，杜月笙长长吁叹一声，口目紧闭，痛苦之色尽显颜面。

1951 年 8 月 16 日下午 2 时 30 分，原"国民大会"秘书长洪兰友来到杜月笙的病榻之前，代表蒋介石表达"慰问"之意。看来，杜月笙已成临死之人，蒋介石也不肯放过他。洪兰友简单介绍了台湾"军民同心，气象万千"的"大好"形势，要杜月笙安心静养，勿忧勿虑。杜月笙极力睁开眼睛，望着洪兰友，紧握着他的手，滴下两滴眼泪，嘴唇动了动，说了他一生中的最后一句话："好，好，大家有希望。"当日下午 4 时 50 分，杜月笙默默死去。

杜月笙的死，不仅惊动了香港，也惊动了远在他乡的好友、门生。他们纷纷致电或送挽联、挽幛，寄托对这位好友、恩师的哀思。大殓之前三日，治丧处收到的唁电、挽幛、挽联达七百多件，分别来自美国、日本、台湾、南洋各地。其中，来自台湾的最多，共153件。国民党元老、军政巨头如宋子文、宋子良、孔祥熙、陈立夫、潘公展、陈诚、于右任、王宠惠、洪兰友、张群等，均以不同方式表示哀悼。对于这位曾为国民党立过大功的上海大亨的死，蒋介石当然不能不有所表示。他派其总统府第二局局长黄伯度代致慰问，并颁赐挽联。挽联上书有“义节聿召”四个字。挽联、唁电中，不乏对杜月笙的溢美之词，特抄录几则，供读者自辨。

国民党政府行政院院长陈诚的唁电是：“顷悉尊公弃养，深为哀悼，缅怀忠爱，弥念清芳，敬电致唁，尚希节哀。”

国民党政府监察院院长于右任的唁电说：“爱国忧国，献勤社会唯恐不及，如月笙先生者，未获目睹祖国之复兴，赍恨以逝。缅怀风范，悼痛何如！遗嘱谆谆，弥昭高义，唯希继志扬烈，倾候礼祺，谨唁。”

宋子文的挽联是：“仁义行事，忠恕持躬，忆从卅载交游，生死无忘同爱国；风雨如磐，疮痍遍地，愿睹九州兴起，英灵长护复中原。”

张群的挽联曰：“湖海耀声明，劲节犹能立顽懦；殷忧催岁月，余生不及见澄清。”

国民党军政要员的唁电、挽联，既是对杜月笙的溢美，也是送给蒋家王朝的挽歌。

杜月笙死后，其亲信顾嘉棠等把他的遗体运往台湾，停在寄柩所内。显赫一时的杜月笙竟然落得个死无葬身之地的可悲下场。

上海十六铺出身的大亨杜月笙，一生功过早有定论。但他生前风光得意，死后仍能牵动各界，委实称得上上海滩一位“奇人”。

然而，落花流水春去也。今日之上海滩已不再是冒险家的乐园，其命运也不再操纵于达官贵人、黑社会势力之手。

后 记

本书是我和我的几个学生一起撰写的。我十分珍惜这一凝聚着我和弟子友谊的成果，故反复精心加工修改，如今终于与读者见面了。出版本书，一是给读者奉献一本有品位、有趣味的读物，一是了却我的一个心愿：我与众弟子共同浇灌的友谊之树终于开花结果。

本书由我构思框架，拟定编写提纲和各章要点，由编写组成员分工撰写。各章撰稿人分别是：第一、二、二十四章，卜翔国、张强；第三、四、五、六、七章，高延勇；第八、九、十、十四、十六、十八、二十章，邵云瑞；第十一、十二、十九、二十二章，卜翔国；第十三、十五、十七、二十一、二十三、二十五、二十六章，张登波。初稿完成后，由我统一修改、定稿。

本书在编写过程中，吸收了一些专家、学者的研究成果，参考了某些论著和回忆材料，恕不能在此一一列出，谨表歉意，并致谢忱。

本书的出版得到团结出版社的大力支持，责任编辑为本书出版付出了辛劳，在此深表谢意。

由于我们掌握的史料欠丰富，加之水平有限，书中错漏在所难免，恭请读者不吝教正。

邵云瑞

2009 年 12 月于天津